SPANIEN

Wolfgang Abel, Michael Müller,
Cornelia Stauch

Oase

Umschlagfoto: Olivenhain in Orgiva am Rua Guadalfeo
(Inge und Arved von der Ropp)

Fotos: Abel/Müller/Stauch, I. und A. von der Ropp (S. 135, 189)
Archiv Oase Verlag (S. 21, 140, 169)

CIP Kurztitelaufnahme der Deutschen Bibliothek

Abel, Wolfgang:
Spanien: e. Landschafts- und Erlebnisführer/von Wolfgang Abel - 1. Aufl. - Badenweiler: Oase Verlag, 1985

NE: Müller, Michael/Stauch, Cornelia

ISBN 3-88922-004-5

Ernst Scheffelt Straße 22
7847 Badenweiler 3
Tel. 07632/7460

Karten: Franz Letsch

Druck: Hain Druck, Meisenheim

Spanien ist eine Katastrophe ...

... wenn man nicht genau weiß, wann wohin.

Wir haben die Mittelmeer-Küste für Sie ausgebadet, haben Sternchen und Flamenco abgehakt - dann hat uns der große Himmel gelockt: unter alte Olivenbäume, durch Orangenhaine, an vergessene und heiße Strände, zu Tapa- und Sherryquellen.

In unserem Spanien-Buch erfahren Sie, wo Betonbrei, Ferienwüsten und Viennersnitzel die Laune verderben; und Sie erfahren, wie man von der Küste rausfindet, nach Spanien.

Also - wenn Sie nicht in Benidorm oder Torrrrremolinos verbraten wollen, sondern auf Ziegenpfaden durch Kastilien wandern möchten, Lust auf das grüne Galicien haben, oder auch in Spanien gut essen, trinken und logieren möchten, dann sind Sie eingeladen!

Vamos!

Inhalt

Wir freuen uns über alle Tips, Kritiken und Anregungen!
Für jeden verwertbaren Hinweis schicken wir ein Exemplar der Neuauflage!

Oase Verlag
Ernst Scheffelt Straße 22
7847 Badenweiler 3
Tel. 07632-7460

Orientierungshilfe

Grünes Spanien - das ist der Nordwesten: Baskenland, Asturien, Galicien und die Pyrenäen.

Landschaft extrem - das weite Land mit dem großen Himmel, das ist Kastilien/La Mancha, Sierra Nevada, Andalusien

Zivilisation extrem - Bilbao, Barcelona, Madrid und die Mittelmeerküste

Postkartenspanien mit Kunst, Kultur, Flamenco & Stierkampf in Andalusien und Kastilien

Maurische Bauwerke und Burgen - Andalusien und Kastilien zum Staunen

Sonne im Winter - die wärmste Ecke auf dem europäischen Festland ist die Costa del Sol, etwas mehr Wind und Platz gibts an der Costa de la Luz.

Baden - macht entlang den 1500 km Mittelmeerküste nur an 20 bis 30 km Spaß - wo, steht im Buch. An der Atlantikküste sieht man außer Strand auch noch Land! Und nicht vergessen: Baden in Flüssen und Stauseen ist ein Vergnügen ohne Massen!

Wandern - in den grünen Bergen von Asturien und Galicien oder in den Pyrenäen. Im Frühjahr durch Blumen, im Sommer und Frühherbst bei angenehmstem Klima.

In den heißen Bergen, die die Meseta durchschneiden. Im Frühjahr und Herbst bei milder Witterung und dem schönsten Licht, im Sommer für sonnige Naturen unter garantieblauem Himmel - und immer allein!

Fahrradfahren - am besten in Andalusien, auch im Winter mit kurzen Hosen!

Hinkommen

Tips zum Übernachten in Frankreich:

* **Für Autobahnsüchtige**: Die Hotels der 'Ibis-Kette' liegen direkt an wichtigen Autobahnauf- oder -abfahrten, ca. alle 50 - 100 km. Die Häuser sind schlicht, funktional, mit der üblichen PVC-Einheitsmöblierung. Das Richtige also für eine kurze Nacht zwischen zwei Tagen Bleifuß. Auf Romantik und Hotelluxus muß man natürlich verzichten können. Dafür sind die Preise mit ca. 70 Mark/DZ noch einigermaßen zivil. Während der Reisezeit unbedingt reservieren. Meist genügt es, wenn man am frühen Mittag von einem 'Ibis' an der Strecke das Gewünschte reservieren läßt.

* **Für Genießer**: Kleine und gemütliche Hotels, meist Familienbetriebe der Ein- und Zweisternekategorie, haben sich zu der Kette 'Logis et Auberges de France' zusammengeschlossen. Man erkennt die Häuser an einem gelb-grünen Wappen am Eingang. Alle Mitglieder dieses Hotelverbandes garantieren bürgerliche Leistung zu vernünftigen Preisen. Praktisch alle Häuser sind akzeptabel, einige ausgezeichnet (DZ zwischen 40 und 80 Mark).

  Es gibt ein jährlich aktualisiertes Verzeichnis der insg. über 1000 'Logis et Auberges de France' kostenlos beim: Französischen Verkehrsamt, Kaiserstr. 12, 6000 Frankfurt, Tel. 069-752029.

* **Für Pragmatiker**: 'Relais Routiers' heißen in Frankreich Fernfahrerkneipen, die sich verpflichtet haben, ein preiswertes Menü und oft, aber nicht immer, preiswerte Unterkunft anzubieten. Man erkennt diese Häuser, die meisten von ihnen liegen an den großen Nationalstraßen, an dem kreisrunden rot-blauen Schild am Eingang und an den Lastzügen, die immer davor stehen. Wie zu erwarten: Herb, herzliche Atmo, gute Truckerkost und einfache Unterkunft, das alles zu sehr günstigen Preisen (Menü ab 12 Mark, DZ ab 30 Mark).

  Auch über die Relais Routiers gibt es ein jährlich aktualisiertes Verzeichnis. Erhältlich im spezialisierten geographischen Buchhandel.

Rumkommen

Ein eigenes bzw gemietetes Fahrzeug ist natürlich am besten, aber auch mit Bus und Bahn läßts sich reisen.

Das **Busnetz** ist größer als das der Bahn. Alle großen Städte sind mit Schnellbussen zu erreichen, aber auch alle kleineren Orte werden in der Regel wenigstens einmal pro Tag von einem Bus angefahren.

Das **Eisenbahnnetz** ist nicht so dicht. Natürlich sind alle großen Städte per Bahn zu erreichen und vor allem in den Ballungsgebieten Baskenland/Asturien und Barcelona/Valencia ist das Netz gut ausgebaut.

Bemerkenswert ist, daß diese Hauptstrecken von der staatlichen Gesellschaft RENFE betrieben werden und alle auf Madrid zentriert sind. Diese Strecken haben außerdem eine über 20 cm breitere Spurweite als die mitteleuropäische Norm. Viele Nebenstrecken haben eine kleinere Spurweite. Beide Systeme haben häufig auch zwei von einander getrennte Bahnhöfe, die nicht immer benachbart liegen!

Der schnellste Zug, der Talgo, der zwischen Madrid und den großen Städten verkehrt, ist übrigens deutlich teurer als die Normalzüge, ca 70 %. Die normalen Zugpreise entsprechen in etwa den Buspreisen.

Achtung Interrailer:
Das Interrailticket gilt nur bei Zugfahrten mit der RENFE!

Mietwagen kann man überall mieten, die internationalen Firmen Hertz, Avis, Interrent haben Niederlassungen, sind aber meist deutlich teurer als örtliche Kleinfirmen.

Taxis sind billiger als bei uns, allerdings muß man darauf achten, nicht zuviel zu zahlen - Preise evtl. vorher aushandeln!

Tips für **Autofahrer**:

Abweichend von der Bundesrepublik gelten folgende Vorschriften:

- Die Höchstgeschwindigkeit in Ortschaften ist 60 km/h, auf Autobahnen 120 km/h, auf Nationalstraßen 100 km/h und auf Landstraßen 80 km/h.
- Es besteht Anschnallpflicht.
- Privates Abschleppen liegengebliebener Fahrzeuge ist nicht erlaubt!
- Benzin- und Dieselpreise sind festgelegt und überall gleich.
- Mautautobahnen sind recht teuer, dafür entsprechend schnell, was bei langen Strecken aber sein Geld wert ist!

Für Dieselfahrer: vor allem auf den Autobahnen am Mittelmeer wird Ihnen von den Tankwarten gerne ein Wunderdieselzusatz aus der Dose angeboten - span. Diesel sei muy malo! - notwendig ist er nicht.

Achtung Autoklau: vor allem in den touristischen Zentren des Südens und in Madrid und Barcelona gibt es viele Spezialisten, ein Einbruch muß immer erwartet werden, auch auf bewachten Parkplätzen. Also: Nada en el coche!! Außerdem vielleicht auch die Antenne einziehen. Sicher nicht schlecht ist es, wenn man das (leere) Handschuhfach demonstrativ öffnet - ob's hilft, ist eine andere Frage.

Im Norden und überall, wo weniger Touristen sind, sind mangels Masse auch weniger Knackspezialisten - logisch.

Außerdem sollte man die **grüne Versicherungskarte** mitnehmen.

Die aktuellen **Rufnummern** der ADAC-Notrufzentrale in München (rund um die Uhr besetzt) finden Sie im Adressenteil, ebenso die Nummer des deutschsprachigen Informations- und Notdienstes des span. Automobilclubs RACE in Barcelona.

Unterkommen

In einem Land, das jährlich 25 Millionen Gäste beherbergt, gibt es natürlich jede Menge Unterkünfte. Der größte Teil davon an der Mittelmeerküste, aber auch im Landesinneren oder im Norden fehlt es nicht an Betten.

Private Unterkünfte (Schilder Camas, Betten, oder Habitaciones, Zimmer) sind nicht sehr häufig, häufiger sind **Hospedajes**, das sind Herbergen, die nicht klassifiziert sind.

Hotels und Pensionen unterliegen einer staatlich festgelegten Klassifizierung. Sie sind erkennbar an dem blauen Schild (ca. 30 x 30 cm) mit verschiedenen Aufschriften. Fangen wir mit den billigsten an:

Die Fondas, erkenntlich an dem blauen Schild mit dem weißen **F** drauf, das sind einfache Übernachtungsmöglichkeiten, meist im Obergeschoß einer Bar.

Ohne Bar, aber sonst vergleichbar, sind die Casas de Huespedes mit dem **CH** auf dem Schild.

Pensionen, gekennzeichnet mit **P**, sind den CHs ähnlich, hier gibts manchmal (auf Wunsch) Voll- oder Halbpension.

Und jetzt kommen die Sternchen:
Die nächste Klasse sind die Hostals, **HS**, die mit einem bis drei Sternen klassifiziert sind. Die Preise liegen etwa zwischen 18.- bis 35.- DM fürs DoZi, meist mit Dusche oder Bad und im allgemeinen recht ordentlichen Räumen.

Die Übergänge zu den Hotels, **H**, sind fließend, ** oder ***Hostals können besser und sogar billiger sein als *Hotels. Sie können bis ***** (= Luxusklasse) haben. Die Preise reichen in der obersten Klasse bis zu ca. 200.- DM fürs DoZi, das ist dann allerdings wirklich oberste Kiste!

Hotels und Hostals gibts noch mit dem Zusatz R, was Residencia heißt: man kann dort nicht essen, höchstens frühstücken.

Allgemein kann man sagen, daß man für 20.- bis 60.- DM fürs DoZi immer eine brauchbare Unterkunft kriegen kann. Die Preise sind, auch innerhalb der gleichen Kategorie, nicht einheitlich und variieren stark - billig auf dem flachen Land, teuer in den touristischen Zentren.

In jedem Zimmer finden Sie eine Liste mit den staatlich erlaubten Höchstpreisen, sodaß man immer weiß, womit man zu rechnen hat.

Eine ganz eigene Kategorie sind die **Paradores** (im Text oft abgekürzt PN für Parador Nacional). Die ersten dieser staatlich geführten Luxushotels wurden 1928 eröffnet. 1979 gab es bereits 66 und in der Zwischenzeit sinds über 80. Sie wurden in touristisch kaum erschlossene Gebiete mit wertvollen Kulturdenkmälern gesetzt - vornehmlich im Landesinneren.

Das Besondere an den Paradores ist ihre Lage: meist befinden sie sich in historischen toprenovierten Gebäuden, in alten Schlössern, Burgen und Klöstern, stilecht eingerichtet und mit herrlichem Blick. Weltlage kostet natürlich - aber verglichen mit Hotelpreisen in Deutschland oder mit den Preisen der privaten Hotels dieser Luxusklasse in Spanien sind die Paradores wirklich nicht teuer. Und auch unter den Paradores gibt es große Preisunterschiede, sie sind in 7 Preiskategorien unterteilt. Die teuersten (um 130 Mark) sind in Bayona und Granada - wer sie sieht, weiß warum! Die billigeren kosten ca. 75.- DM fürs DoZi. Sie haben ebenfalls ausgezeichneten Komfort, lediglich die Lage ist nicht so gut bzw. es sind neuere Häuser.

Die Paradores in den Touristengebieten der Mittelmeerküste sind im allgemeinen deutlich schlechter als die im Landesinneren bzw. im Norden. Wir weisen im Text jeweils auf die besseren und schlechteren hin.

Die **Paradorküche** ist unterschiedlich gut - manchmal fährt man besser und billiger, wenn man sich zum Abendessen ein anderes Restaurant sucht. Wir weisen auch darauf im Text hin.

Paradoresbuchungen:

Man kann sich in Spanien von Parador zu Parador hangeln und sich immer gleich vom einen Parador aus den nächsten reservieren lassen - Probleme kann es dabei nur in der Hauptsaison und bei den Starparadors in Granada und Bayona geben.

Wer damit keinen Ärger haben will, kann die Paradores auch bereits von Deutschland aus buchen, siehe 'Adressen'. Bei diesem Reisebüro gibts auch ein Verzeichnis der Paradores.

Parador-Hochsaison ist natürlich teurer als Nebensaison. Am teuersten ist es zwischen 1. Juli und 30. September, außerdem während der Semana Santa vom 14. bis 24. April. Die Nebensaison geht vom 1.April bis 30. Juni.

Unter den Sternen schlafen ....

1955 gab es im Land noch keinen einzigen Campingplatz! Dem Reisenden standen nur Gasthöfe oder Pensionen (Fondas, Casas oder Huespedes), in größeren Städten auch Hotels zur Verfügung.

Heute sieht das natürlich ganz anders aus: entlang der Mittelmeerküste reiht sich ein Campingplatz an den anderen - nach Süden hin nimmt die Dichte etwas ab. An der Atlantikküste sind die Campingplätze auch etwas dünner gesät, aber durchaus ausreichend. Besorgen Sie sich beim Fremdenverkehrsamt (s. Adressenteil) das Campingplatz-Verzeichnis **'Mapa de Campings'.**

Wo es keinen offiziellen Platz gibt, kann man auch wildcampen (falls jemand in der Gegend wohnt, vorher fragen - und keinen Abfall zurücklassen ...) - für eine Nacht findet man immer etwas. Abseits der Mittelmeerküste fängt Zelten erst an, Spaß zu machen!

Geschichte

Urgeschichte

Die ersten Siedler gehörten der Neandertalrasse an. Knochenreste wurden u.a. bei Gibraltar gefunden. Diese Altpaläolithiker waren ihrer wirtschaftlichen Organisation nach Sammler und Kleintierjäger. Das bedeutet, daß in den Jahrtausenden ihrer Existenz der Naturhaushalt nicht verändert wurde. Die Jungpaläolithiker beherrschten dann die Kunst der Knochen- und Hornbearbeitung. So wurde die Jagd auf größeres Wild möglich, das besonders im immerfeuchten Nordraum der Halbinsel vorkam; konsequenterweise finden sich Jagdszenen als Höhlenmalereien u.a. in der Höhle von Altamira bei Santander und an der nordspanischen Atlantikküste.

Neolithikum und vorrömische Zeit

Zu Beginn des Neolithikums wird der Homo sapiens aktiv: Anbau und Wirtschaft differenzieren sich immer mehr, weil Steinwerkzeuge qualifiziert hergestellt werden können. Besonders im Westen und Süden Iberiens ermöglichen ausgedehnte Granitgebirge diese Entwicklung; hier finden sich auch die meisten Megalithgräber. Von Nordafrika aus etablierte sich dann die Almeriakultur im Südosten der Halbinsel. Mit ihr entstand die Technik der Kupfer- und Bronzegewinnung und Verarbeitung, haltbares und effektives Werkzeug konnte hergestellt werden: die eigentliche Kulturgeschichte beginnt.

Nachfolger der Almeria Kultur sind die **Iberer**. Charakteristisch für ihre Kultur sind bemalte, keramische Erzeugnisse (z.B. die Dame von Elche, zu sehen im archäolog. Museum in Madrid). Zwischen 600 und 500 v. Chr. kam es zu einer Vermischung mit indogermanischen Stämmen, die die Fertigkeit der Eisenbearbeitung mitbrachten. Aus diesen beiden Stämmen entstanden die Keltiberer.

An die Ostküste gelangten zunehmend Kulturelemente aus dem antiken östlichen Mittelmeerraum. Schon um 1200 v. Chr. entstand an der Guadalquivirmündung eine große Thyrenserkolonie (Tartassos), dort wurden Getreide, Wein und der Ölbaum kultiviert. Später landeten die Griechen: Um 1100 v. Chr. gründeten die Phöniker Gadir (Cadiz), das die Karthager um 500 v. Chr. zerstörten.

Römische und Germanische Zeit

Noch heute haben wesentliche Teile der Kulturlandschaft ihren Ursprung in der römischen Besetzung der Halbinsel, die bis 400 n.Chr. dauerte. Baumaterialien der Römer waren luftgetrocknete Ziegel und ein Lehm-Kalk-Gemisch als Mörtel. Bis zur Einführung der industriellen Bauweise wurden diese Materialien fast 1500 Jahre lang verwendet. Die Römer brachten den Pflug und die meisten Ackerpflanzen, die noch heute kultiviert werden. Die Bewässerungssysteme der Küstengebiete wurden verbessert. Das Wort 'vega', das die weiten künstlich bewässerten Flußtäler bezeichnet, ist lateinisch (veca = Talaue). Der Bergbau wurde intensiviert, die Siedlungen durch gerade Straßen verbunden. Auch der für das heutige Spanien, insbesondere Südspanien, oft so verhängnisvolle Rentenkapitalismus hat in der römischen Besiedlung seinen Ursprung. Schon damals wurde Besitz nicht zur Innovationssteigerung genutzt, sondern möglichst teuer verpachtet, um dem Besitzer und dessen Nachkommen eine fette Rente zu sichern.

409 n. Chr. erreichte dann die Völkerwanderung Spanien. Nacheinander kamen Vandalen, Sueben (in den klimatisch vertrauten Norden) und Westgoten, die ab 567 von Toledo aus die gesamte Halbinsel kontrollierten. Die Westgoten waren aber eine zahlenmäßig begrenzte Führungsschicht, die im Laufe der Zeit assimiliert wurde. Die wohl älteste Kirche der Halbinsel ist auch das einzige große, guterhaltene Monument aus dieser Zeit: Die Basilika San Juan Batista in Banos de Cerrato bei Palencia wurde ab 611 erbaut, es entstand ein dreischiffiger Pfeilerbau mit reichem Steinornament.

Maurenzeit und Reconquista

Ein Streit im Westgotischen Königshaus führte dazu, daß die eine Seite Hilfe bei den Arabern suchte. So landete ein Haufen Araber 711 von Marokko kommend in 'Gibal Tarik', heute Gibraltar. Mit einer schier unglaublichen Schnelligkeit konnte daraufhin die Halbinsel islamisiert werden. In sieben Jahren gelang es den Arabern von Süd nach Nord ihre außergewöhnlich hohe Zivilisation in einem fremden Land zu etablieren und aufrechtzuerhalten - bis 1492, als das letzte maurische Königreich Granada der christlichen Reconquista zum Opfer fiel. Nur im immerfeuchten Nordwesten, im wald- und schluchtenreichen Asturien, konnten die Mauren nur wenige Jahrzehnte Fuß fassen. Hier nahm auch der christliche Widerstand seinen Anfang: Fast 8 Jahrhunderte brauchten die Christen um den Verlust von 7 Jahren auszugleichen.

Die kulturelle Überlegenheit der Mauren (Mauren ist ein Sammelbegriff für Araber und Berber) muß damals verblüffend gewesen sein. Monumente ihrer Zivilisation finden sich besonders im Süden, der Region der längsten und intensivsten Einflußnahme, in faszinierender Fülle. In Al-Andalus, so das maurische Wort für den besetzten Teil, erinnern eine Unmenge von Bauwerken an die Blüte arabischer Kultur. Am imposantesten sind die Burgen, die heute noch arabische Namen tragen: Alcazar = Schloß, Alcazaba = Akropolis. Viele Städte haben einen maurischen Grundriß mit engen, winkligen Gassen und Plätzen, ganze Morerias sind erhalten, in diesen Vierteln wurden die Mauren dann auch nach der Reconquista konzentriert. 1400 arabische Worte sind in die spanische Sprache eingegangen, zahlreiche topographische Namen sind arabischen Ursprungs.

Unter arabischer Herrschaft kamen Landwirtschaft, Handel und Kultur in Schwung, dabei fällt auf, daß die Mauren nicht blindwütig kolonialisierten, sondern regionale Eigenheiten, ja selbst ideologische Fixierungen, wie den christlichen Glauben, nicht fanatisch verfolgten, sondern tolerierten und um Integration bemüht waren. So wurde z.B. das Wasserrecht demokratisiert, indem das Recht der Wassernutzung mit dem Grundbesitz verknüpft wurde, und obwohl der Koran Alkoholgenuß verbietet, ging der Weinbau nicht zurück.

Cordoba muß zu dieser Zeit die wohl glanzvollste Stadt, zumindest Europas, gewesen sein. Sevilla und Granada waren ähnlich prächtige Metropolen. Noch heute ahnt man bei einem Gang durch die alten Viertel dieser Städte ein wenig vom Glanz dieser Epoche, am reinsten vielleicht bei einem Besuch der Alhambra von Granada, wo maurische Baukunst wie nirgendwo sonst konzentriert zu bestaunen ist.

Die Weltmacht

Nach der Unterwerfung der Mauren beginnt beginnt der beispiellose Aufstieg Spaniens zur Weltmacht. Wesentliche Voraussetzung hierfür waren die Einigung der rivalisierenden Königreiche durch die Heirat von Ferdinand dem II. von Aragon mit Isabel von Kastilien im Jahr 1469. Die Einheit Spaniens war hergestellt. Macht und Intoleranz wurden zu Leitlinien der expansiven Politik. Die Inquisition im Lande verfolgte alles Andersartige, über eine Million Juden und Mohammedaner müssen fliehen, unzählige sterben. Kreativität und Diskussion sind passe, das 'geistige Loch' entsteht. Die absolute, monotheistische Struktur des Christentums, die keine anderen Götter neben sich duldet, dient auch in Übersee zur Rechtfertigung schier jeder Greultat. Ein erster Höhepunkt wird 1492 mit der Entdeckung Amerikas durch Columbus erreicht. Darauf folgt die Unterwerfung der neuen Welt Schlag auf Schlag, ungeheure Reichtümer fließen ins Land.

Interessant vielleicht in diesem Zusammenhang, daß der einzige ernstzunehmende Konkurrent, Portugal, seine Expansionspolitik in Übersee aufgrund anderer Motive führte. Die portugiesische Expansion war merkantil inspiriert. Es gab zu jener Zeit in Portugal bereits ein stark entwickeltes Bürgertum, Händler und Kaufleute suchten nach neuen Märkten und Rohstoffquellen in Übersee, folglich wurde die Eroberung planmäßig, fast rational geführt: die Entdeckungen verliefen von nahen Küsten in Afrika gezielt zu ferneren in Asien und Südamerika. Anders in Spanien: Columbus mußte lange bei Isabel hoffieren, bis sein 'unmögliches Vorhaben', einen neuen Kontinent zu entdecken, unterstützt wurde. Die vom Königshaus und nicht wie in Portugal von geschäftstüchtigen Kaufleuten gesponserte Expedition führte dann ja zur eher zufälligen Entdeckung Amerikas und dort zu einem fanatischen Christianisierungsdrang. Die Portugiesen führten dagegen praktisch keine religiös motivierten Feldzüge, sie konzentrierten ihre Kräfte auf die Entwicklung des Handels.

Der Niedergang

Die Verankerung der spanischen Expansionspolitik in religiösen Motiven führte letztlich auch zu deren Untergang: Der fanatische Kampf gegen alles nicht Katholische führte nicht nur in Übersee zu vielen zehrenden Fronten, auch in Europa wuchsen erbitterte Feinde. Die in der Reformation neu entstandenen gesellschaftlichen Kräfte wurden nicht integriert. Die Niederlande (1581) und etwas später England wurden zu Gegnern. 1588 versenkte England die spanische Armada im Ärmelkanal.

Es folgte eine Unmenge von Religionskriegen und Erbschaftsauseinandersetzungen, die allesamt eine Schwächung des Staatswesens zur Folge hatten. Wesentlich war hierbei für Spanien, daß zu dieser Zeit in anderen Ländern Europas die Industrialisierung begann. So war Spanien zu einer Zeit, in der in anderen Ländern eine ökonomische und soziale Entwicklung ohnegleichen begann, durch Erbstreitigkeiten geschwächt. Die Geschichte des 19. Jh. ist eine Ansammlung von Bürgerkriegen und außenpolitischen Niederlagen, allein zwischen 1833 und 1900 gab es 7 Verfassungen und 81 Regierungen! So blieben Reformen aus und die innovative Kraft der industriellen Revolution ging an Spanien zunächst völlig vorbei, eine Entwicklung, die dem Land noch heute zu schaffen macht. Mit Ausnahme einiger Küstengebiete bleibt Spanien bis lange ins 20. Jh. ein Agrarland, die nivellierende Wirkung der industriellen Revolution greift nicht.

Das 20. Jahrhundert

Zwar blieb Spanien im 1. und 2. Weltkrieg neutral, aber die sozialen Spannungen im eigenen Land waren doch zu groß. Verpaßte Reformen und fehlende demokratische Tradition sorgten für Konflikte. Besonders die Interessengegensätze zwischen dem wenig entwickelten Zentralspanien und den wirtschaftsstarken und aufgeklärt denkenden Küstenregionen in Nordspanien und speziell Katalonien in und um Barcelona waren nicht friedlich zu regeln. Nach mehreren Reformen und Gegenreformen verschlechterte sich die Wirtschaftslage zunehmend. 1931 wird nach freien Wahlen die 2. Republik mit einer liberal-fortschrittlichen Verfassung ausgerufen. Die Unruhen halten weiter an und als bei den Wahlen 1936 eine Volksfront aus Mitte-Links-Parteien die Mehrheit gewinnt, kommt es zum Bürgerkrieg.

Der Bürgerkrieg: Rechte Kräfte formieren sich unter der Leitung Francos in Burgos zu einer Gegenregierung. Als Anführer der faschistischen Falange wird Franco von weiten Teilen des Adels und des Klerus unterstützt. Militärisch erhält Franco Hilfe von den Diktaturen Deutschlands (Legion Condor), Italiens und Portugals. Die gewählte republikanische Regierung wird dagegen von den Demokratien der westlichen Welt nicht unterstützt. Mexiko und die UdSSR und ein internationales Freiwilligencorps helfen den Republikanern in geringem Umfang. Nach drei Jahren und weit über 1 Million Toten marschieren die faschistischen Truppen am 28.3.1939 in Madrid ein. Bis zu Francos Tod 1975 bleibt das Land unter Diktatur. Francos Spanien war ein Schreckensregime mit allem, was dazugehört: Verfolgung und Ermordung Andersdenkender, Konzentrationslager, Hunger und Armut für breite Bevölkerungsschichten. Daran änderte auch der Wirtschaftsboom der 60er Jahre, der durch Massentourismus und Gastarbeiterüberweisungen ausgelöst wurde, nichts. Die permanenten Krisen der 70er Jahre lassen dann die Rückständigkeit und Isolation des Landes vollends deutlich werden.

Die neue Demokratie: 1975 wird Juan Carlos König von Spanien, er leitet eine moderate Demokratisierung ein. 1977 gibt es nach 41 Jahren die ersten freien Wahlen. Die Christdemokraten unter Suarez bilden das neue Kabinett. Bei den Wahlen vom Oktober 1982 gewinnen die Sozialisten mit Felipe Gonzales an der Spitze mit deutlicher Mehrheit.

Milans del Bosch befördert

wha. MADRID, 21. Dezember. Der spanische Hauptmann Milans del Bosch, Sohn des Putschistengenerals gleichen Namens, ist zum Major befördert worden. Der jetzt beförderte Milans del Bosch, der aus seiner kämpferisch antidemokratischen Einstellung nie einen Hehl gemacht hat, war bekannt geworden, als er lautstark und vor anderen Offizieren und Zivilisten den König Juan Carlos I. als „ein Schwein und einen unfähigen Kerl" beschimpfte. Für einen weiteren schweren Zwischenfall sorgte der Hauptmann, als er den Präsidenten des Inselparlamentes von Fuerteventura in den Rücken schlug, weil dieser angeblich bei der Fahnenehrung nicht stramm genug gestanden habe. Beim Prozeß gegen seinen zu dreißig Jahren Gefängnis verurteilten Vater versuchte der junge Milans del Bosch, Berichterstatter tätlich anzugreifen.

Offen faschistische und unter dem Verdacht der Mitarbeit mit Putschisten stehende Offiziere werden auch von dem sozialistischen Verteidigungsminister Serra ohne Schwierigkeiten weiter befördert, während Offiziere, die schon früher, sogar in der Diktatur, kein Geheimnis aus ihrer demokratischen Einstellung gemacht hatten, im Heer immer noch benachteiligt werden, ohne daß die demokratischen Regierungen, auch nicht die jetzige, gegen die willkürliche Zurücksetzung dieser Offiziere etwas unternehmen. Einige von diesen Offizieren haben schon die Konsequenzen gezogen und die Streitkräfte verlassen.

Die junge spanische Demokratie bleibt gefährdet. Entscheidende Positionen beim Militär und bei der paramilitärischen Guardia Civil sind mit Rechten besetzt. Die spektakuläre Besetzung des Parlaments (cortes) durch den Guardia Civil General Tejero am 23.2.1981 ist symptomatisch für die Anfälligkeit des jungen demokratischen Systems. Nur zwei der Verantwortlichen, Tejero und del Bosch wurden zu langen Freiheitsstrafen verurteilt. Tejero ist heute wieder frei und hetzt auch schon wieder. Der Sohn von del Bosch, der seine faschistische Haltung offensiv vertritt, wurde unlängst zum Major befördert (vgl.FAZ-Ausriß links). Und nur 3 der 10 mächtigen Regionalkommandeure verhielten sich während der Besetzung des Parlaments loyal gegenüber der gewählten Regierung.

Auch in jüngster Zeit dienen dem Militär und der Rechtspresse die Aktivitäten der terroristischen Separatisten im Baskenland dazu, nach einer starken rechten Hand zu rufen. Dazu kommen die wirtschaftlichen und sozialen Schwierigkeiten des Landes. Schwere Zeiten für Spaniens Demokraten....

Bewegungsgeschichte

Pfade - Wege - Straßen - Schienen: Die Industrialisierung der Bewegung.

"Über die Küstenstraße, die mehr einem asphaltierten Eselsweg glich als einer Autostraße, ging es nach Süden. In vielen Ortschaften, die wir passierten, war die Höchstgeschwindigkeit mit 5 km/h angezeigt!" Aus einem Spanienreisebericht aus dem Jahr 1953.

Die Industrialisierung der Bewegung kam in Spanien ungleich später, dafür wesentlich brutaler in Gang. Oft parallel zur touristischen Entwicklung einer Region wurden Verkehrswege ausgebaut oder neu geschaffen - allzuhäufig um den Preis der völligen Veränderung bzw. Verschandlung einer Region. An der Costa del Sol berichten noch heute die Alten von einem ausgeklügelten System von Ziegenpfaden, das die Küstengebirge durchzog und soziale Bindungen zwischen entlegenen Siedlungen ermöglichte. Intakt sind heute nur noch die Asphaltzufahrten zu den Ferienvillen.

Las Alpujarras ist eine wilde, einsame Bergregion, Ausläufer der Sierra Nevada zum Mittelmeer hin, nur wenig abseits der überlaufenen Sonnenküste. Die Einwohner der Gebirgsdörfer erzählen, wie noch vor Jahrzehnten nur alle paar Monate einmal ein Auto zu sehen war - heute stehen an der Küstenstraße riesige Hinweisschilder, die Autotouristen auf einer 'ruta touristica' durch die Alpujarras schleusen sollen.

Noch vor 10 Jahren, als die Costa del Sol schon voll touristisch entwickelt war, führte die stets verstopfte Küstenstraße N 340 dort, wo es keine Brücken gab, durch die sommertrockenen Flußbette. Heute ist die Strecke breit ausgebaut und bietet, wie praktisch alle Strecken entlang der Mittelmeerküste, kaum mehr Freude am Fahren. Innerhalb von 2 Jahrzehnten ist aus einer Traumküste ein Alptraum geworden: Ein wüster Cocktail aus Schildern, hausgroßen Reklametafeln und Unbauten, dazu jede Menge Verkehr - ganz besonders **Radler** seinen vor der gesamten Mittelmeerküste gewarnt. Die einzige Fluchtmöglichkeit besteht darin, auf Nebenstraßen auszuweichen.

Ganz anders dagegen die weiten, oft schier entvölkerten Hochebenen und deren Gebirge und die nördliche Atlantikküste. Wer in Ruhe autofahren oder radeln will, wird hier vielerorts fündig.

Pfade (sendas, veredas)

Da es keine Wanderwege in unserem freizeitorientierten Sinne gibt, ist es vielleicht interessant, etwas über das alte System der Pfade zu wissen. Wer sich in die Logik der historischen Wege hineindenkt, wird sich schnell zurechtfinden. Die sendas waren früher ein abgeschlossenes Nahverkehrssystem. Jede Gemarkung, besonders die Gebirgsgemarkungen, waren so eine kleine geschlossene Welt. Die Pfade halten sich in den Gebirgen an die Höhenzüge, verlaufen entlang von Wasserscheiden, die Täler und Schluchten werden in kurzen, steilen Windungen durchquert. Folgt ein Pfad dem Wasserlauf, so wird im Sommer das leere Flußbett (rambla) genutzt. Im Frühjahr sind diese Abschnitte oft nicht begehbar.

Wege

Aus wichtigen Fußpfaden wurden oft Karrenwege (camino carril). Früher fuhren auf diesen caminos Ochsenkarren. In Nordspanien sieht man noch heute vereinzelt diese Wagen in der für den Norden typischen Ausprägung mit massiven Holzscheibenrädern, die fest mit einer Achse verbunden sind:

"Die Achsen bleiben meist ungeschmiert. Der beladene Wagen erzeugt dann in der Bewegung einen schrillen Ton ... Alltäglich hört man diese Melodie des 'ächzenden Wagens' kilometerweit über die Heiden, durch die lichten Bauernforste ..." Lautensach, 1964.

Straßen

Die ersten Straßen auf der iberischen Halbinsel wurden von den Römern angelegt, die weiten Hochebenen eigneten sich gut für lange gerade Fernstrecken. So wurden Zaragoza, Sevilla, Merida und Astorga miteinander verbunden. Von dort führten Straßen nach Braga und Lissabon in Portugal. Ansonsten waren nur regionale Küstenräume mit Straßen erschlossen.

Heute sind die wichtigen Fernstraßen auf Madrid zentriert. Strahlenförmig verlassen 6 Hauptverkehrswege die Hauptstadt. Weitere wichtige Verkehrswege sind die aus touristischen Motiven entstandenen Autobahnen entlang der Mittelmeerküste, und die Querverbindung Tarragona - Bilbao, die Mittelmeer und Atlantik verbindet.

Spaniens Straßen wurden in den letzten 20 Jahren fast unglaublich verbessert. Reiseberichte aus den 60er Jahren berichten noch von schwindelerregenden Bergstrecken, unbefestigte Ortsdurchfahrten waren in der Provinz die Regel. Heute ist zügiges Vorankommen die Regel. Man sollte aber nicht vergessen, daß Spaniens Relief zu 70% von Gebirgen geprägt ist, so sind der monotonen Raserei natürliche Grenzen gesetzt.

Bahn

Am 28. 10. 1848 fuhr der erste Zug von Barcelona ins 28 km entfernte Mataro. Das Königshaus wählte die ungewöhnliche Breitspur (via larga) von 1,67 m, diese Spurbreite hat bis heute den Anschluß an die europäische Normalspur vereitelt. In den ausgedehnten Bergregionen ist die Breitspur wegen der Notwendigkeit großer Kurvenradien und breiter, teurer Viadukte zudem unzweckmäßig. So wurden im Gebirge oft Schmalspuren angelegt, nicht einmal national besteht also eine Durchgängigkeit der Strecken.

Die relativ spät einsetzende Erschließung des Raumes zeigt, daß Spanien lange ein reines Agrarland war. Die Industrialisierung der Produktionsweisen geht immer einher mit der von Zeit und Raum. Diese setzte folgerichtig zuerst in England ein, wo die Eisenbahn schon in den 20er Jahren des 19. Jh. ein wichtiges Transportmittel war. Die Entwicklung kam dann über Mitteleuropa stark zeitverzögert nach Spanien.

Wer sich für die Entwicklung der Eisenbahn interessiert sollte unbedingt Wolfgang Schivelbusch, Die Geschichte der Eisenbahn, Ullstein TB, lesen. Von ihm stammt auch die griffige Formel von der 'Industrialisierung von Zeit und Raum'.

Essen & Trinken

Paseo, Tapas & Comedor

Die üblen Vorstadtgegenden der größeren spanischen Städte lassen ahnen, daß es die Menschen aus ihren Hasenställen drängt. Sobald das Klima in den Abendstunden angenehm wird, findet ein allgemeines zielloses Herumgeschlendere in bestimmten Straßenzügen statt. Die Grenzen dieses 'paseos' sind so abrupt, daß ein paseo-Neuling leicht den Umkehrpunkt verpaßt und unvermittelt in einem gähnend leeren Viertel landet.

Zu einem paseo gehört außerdem noch der Besuch verschiedener 'Tascas', das sind Stehkneipen, teilweise mit ein paar Tischchen oder gar einem Speisesaal, dem 'comedor'. Je nach ihrer Spezialisierung nennen sich die Tascas: Marisqueria, Cerveceria, Pulperia ...

Früher setzte man eine 'tapa', eine Untertasse mit Appetithäppchen auf das Wein- oder Bierglas, heute stehen hinter jeder Theke die verschiedensten tapas aufgereiht, die man auf Unterteller oder Schälchen warm oder kalt serviert bekommt. Da wären zunächst einmal die Allerweltstapas wie Oliven, Schinken, Käse, Sardinen, Krabben oder Tortillas, die aufgespießt auf Zahnstocher serviert werden - Zahnstocher, Kerne, Schalen samt Papierservietten gehören anschließend auf den Boden! Und dann gibt es richtige Gerichte wie Paella, Eintöpfe, Suppen, Braten, die in kleinen Schälchen warm serviert werden.

Zu beachten ist noch, daß die Spanier nicht in einer Kneipe hängenbleiben, sondern ihr Heil in mehreren suchen. Nach dem zweiten Bier wird man fast schon als Alkoholiker eingestuft ..., also immer wieder raus an die frische Luft und ins Paseogewühl!

An einer **paella** kommt keiner vorbei! 'Paella' bedeutet Pfanne und ist Spanien wie Flamenco und Sangria. Sie kommt ursprünglich aus der Ebene an der Mittelmeerküste bei Valencia, der Levante, der Heimat des Reises, der auch die Grundlage der paella bildet. Heute bekommt man sie überall in Spanien. Reis, Safran und Olivenöl sind allen Rezepten gemeinsam, dazu kommen verschiedene Gemüse, Fleisch, Geflügel, Fisch und Meeresfrüchte.

Dann gibts aber auch noch eine ganze Reihe anderer Spezereien:

TAPASPANISCH

aceitunas	Oliven
albondiga	Fleischbällchen
almeja	Miesmuschel
anguilas	Glasaale
boquerones	Anchovis, in Essig eingelegt oder gebraten
cachelos	in Schale gekochte Kartoffeln (Galicien)
calamares	Tintenfische
chorizo	rote Paprikawurst
champiñones	auch gut!
caldo	Suppe (Fischsuppe oder Hühnerbrühe
cocido	Eintopf
ensaladilla	Salat aus Mayonnaise, Oliven u. anderen Ingredienzen, schmeckt interessant und füllend!
empanada	Pastete mit Fleisch- oder Fischfüllung (Galicien)
fabada	weiße Bohnen mit Fleisch (Kastilien/ Asturien)
gamba	Krabben
gazpacho	kalte Gemüsesuppe (Andalusien)
guisado	Gulasch
jamon	Schinken
jamon serrano	kräftiger, in Kälte getrockneter Schinken
lacon con grelos	Schweineschulter mit Kohl, Kartoffeln (Galicien)
langostinos	Garnelen
pisto	Gemüseeintopf
pulpo	Polyp
queso	Käse
queso manchego	Manchaschafskäse
salchichon	Salami
salchicha	Würstchen
sopa	Suppe
sopa de ajo	Brotsuppe mit Knoblauch, Eiern und Zwiebeln
sopa de verduras	Gemüsesuppe
ternera	Kalbfleisch
tortilla	Eierkuchen mit Kartoffeln; i.G. dazu:
tortilla francesa	das ist ein normales Omelette ohne Kartoffeln
bocadillos	belegte Brötchen - gibts überall.

Die Decke jeder Kneipe hängt voller **jamon serrano.** Das ist der lange, dünne, schimmelüberzogene Schinken. Nachdem die dicke Fettschicht abgeschnitten worden ist und das Fleisch mit Salz eingerieben wurde, wird er ca. 10 Monate an der Luft getrocknet.

Berühmt sind die Schinken von Jabugo aus der Sierra Morena. Warum es diese feine Sache nicht bei uns gibt? Weil es die Lebensmitteleinfuhrgesetze nicht erlauben!

Und für den Durst:

Bier	*cerveza, presion (vom Faß)*
Apfelwein	*sidra*
Rot-/Weißwein	*vino tinto/blanco*
Orangensaft	*zumo de naranja*
Wasser	*agua*
Mineralwasser mit/ ohne Kohlensäure	*agua mineral con/sin gas*

Und dann gibts meist noch diese üble Mischung aus Rotwein, Zucker, Orangen- und Zitronensaft, Branntwein .... Sangria

Postres - Nachtische

Eis	*helado*
Torte	*tarta*
Eiertörtchen	*flan*
Eiermilchschnitten in geschlagenem Ei u. Paniermehl in Olivenöl knusprig ausgebacken	*leche frita*

Und dann natürlich noch jede Menge frutas: Weintrauben aus Almeria, Orangen aus Valencia, Zitronen aus Murcia, Äpfel aus Oviedo, Feigen aus Huesca, Datteln aus Alicante, Melonen aus Madrid, Bananen von den Kanarischen Inseln, Erdbeeren aus Barcelona ...

GEFAHREN:

Da die Spanier meist bis 19.30 Uhr arbeiten, hat das Abendessen (cena) Zeit bis um 22 Uhr.
Viele Restaurants machen in Spanien frühestens um 20 Uhr auf, meist erst gegen 21 Uhr!
In den Tascas trifft man so oft auf hungrige Touristen die, auf der Suche nach einem offenen Restaurant eine Linderung suchen, um dann gegen 21 Uhr völlig tapagesättigt und menüunlustig vor den offenen Comedores zu stehen.
Mittagessen (comida) gibts zwischen 14 und 15 Uhr.

Spielautomaten in Kneipen sind fürs Auge schon ein Ärgernis - die spanischen Spielautomaten sind auch eins fürs Ohr: in regelmäßigen Abständen machen sie mit unüberhörbarem Gedudle auf sich aufmerksam - was an sich in Spanien gar nicht nötig wäre.

Friteusen haben in Spanien großen Anklang gefunden - alles kommt frito auf den Tisch! rawülps!!!

Es gibt aber im Spanischen noch Wörter, die darauf hinweisen, daß es auch noch andere Zubereitungsarten gibt:

asado	gebraten, gebacken
asado a la parilla	gegrillt
cocido	gekocht
tostado	geröstet
estofado	geschmort
crudo	roh
ahumado	geräuchert
al horno	im Backofen gebacken
a la plancha	auf einer heißen Platte gegrillt
a la romana	im Teigmantel

Churros con chocolate:

"Ein schwerer bekömmliches Frühstück läßt sich wohl kaum denken, aber auch kein besseres. Meine Churros waren so fett, daß ich pro Stück drei Papierservietten brauchte, aber weit wohlschmeckender als Krapfen; die Schokolade absolut unverdaulich, aber viel besser als Kaffee; und die großen halbzerlaufenen Zuckerkristalle das I-Tüpfelchen. Ein Volk, das Churros und Schokolade zum Frühstück verträgt, braucht keinen anderen Beweis für seinen Mut."
J.A. Michener, Iberia

Es gibt aber auch noch andere **Desayuno**-Freuden:

Brot	*pan*
Brötchen	*panecillo*
belegtes Brot	*bocadillo*
Butter	*mantequilla, nicht burro!*
Honig	*miel*
Marmelade	*mermelada*
Käse	*queso*
Wurst	*embutido*
Hörnchen	*croissant*
Milchkaffee	*cafe con leche*
Espresso	*cafe solo*
Rührei	*huevos revueltos*
Spiegelei	*huevo frito*

Was wo essen - regionale Küchen grob

Das Baskenland, Asturien und Galicien sind kulinarisch ohne Zweifel die angenehmsten Gebiete. Fische und Mariscos gibts täglich frisch, das fruchtbare Land bietet genug Weideflächen für Vieh und Wild. Gemüse, Obst, Fleisch und Fisch schmeckt alles noch so, wie es sein soll. Grillexperimente und Würzakrobatiken sind überflüssig.

Im Norden der zentralspanischen Hochebene gibts vorzugsweise Lämmer, im zentralen Hochland sind gebratene Spanferkel empfehlenswert. Mittelspanien jagt noch - gute Braten!

Die mittlere Ostküste ist spezialisiert auf Reisgerichte und hat 'das' spanische Gericht aufgebracht: Paella.

Andalusien abseits der betonierten Küste, an der es außer fritierten boquerones und pommes nichts gibt, serviert allerfeinste gazpacho!.

Spanischer Wein

Spanien hat mehr Rebfläche als jedes andere Land der Erde. Hinsichtlich der Erzeugung nimmt es aber hinter Italien und Frankreich erst die 3. Stelle ein. Dies liegt daran, daß ein großer Teil des Bodens unfruchtbar ist, viele Rebstöcke zu alt sind und erneuert werden müßten und daß die Anbauflächen oft zwischen vielen Pächtern aufgeteilt sind, die zuwenig Geld und Erfahrung haben, um ihre Weinberge richtig zu betreuen.

Die Hitze der langen Sommer sorgt für viel Zucker in den Trauben und die traditionellen Ausbaumethoden führten zu robusten Weinen mit übermäßigem Alkoholgehalt. Mit der Einführung des Edelstahltanks, der eine gesteuerte Gärung bei niederen Temperaturen ermöglicht, änderte sich der Wein.

Da es z.B. allein schon in Galicien 130 verschiedene Rebsorten gibt, die dazu noch innerhalb Spaniens unterschiedliche Bezeichnungen haben, beschränken wir uns hier auf **Grobtips** Ausführliches steht bei der Beschreibung der jeweiligen Region.

Die besten Tischweine werden in den Gebieten Rioja, Penedes und Ampurdan erzeugt. Arg daneben liegt man eigentlich nie, wenn man sich zwischen einem **roten Rioja** aus dem Ebrotal oder einem **weißen Penedes** oder **Ampurdan** aus dem Hinterland der Costa Brava entscheidet.

Das große zentrale Hochland La Mancha produziert 35% der spanischen Weine. Es sind eher Massenwein, vorwiegend Weißweine, die für den täglichen Gebrauch verschnitten werden.

Es gibt viele billige Weine, aber für Spanien gilt, was auch für Frankreich und Italien zutrifft: eine gute Flasche Wein ist nicht billig!

Weinetikette:
Der Großteil der besseren spanischen Weine wird mit einer Denominacion de Origen (D.O) abgefüllt, die der französischen Appellation d'Origine Controlée (A.O.C. oder A.O.) entspricht.

Neben Vorschriften bezüglich Weinbau- und Kelterungsverfahren ist bei den D.O.- Weinen noch das geographische Gebiet bestimmt, innerhalb dessen der Wein mit entsprechender Herkunftsbezeichnung erzeugt und angebaut werden darf, außerdem noch zulässige Rebsorten, Bestockungsdichte, Höchstwerte für Alkohol etc.

Weinglossar:

4° ano etc.	im 4. Jahr nach der Ernte abgefüllt, also nicht: 4 Jahre alt!
blanco	weiß
bodega	Weinkellerei
bodega cooperativa	Winzergenossenschaft
brut	sehr trocken
cepa	Rebsorte
clarete	leichter, roter Tischwein
crianza, vino de	Diese Angabe auf dem Rükkenetikett besagt, daß der Wein in Eichenfässern gealtert wurde.
criado/elaborado y embottelado por	ausgebaut und/oder verschnitten u. abgefüllt von
denominacion de origen	Garantie d. Aufsichtskomm. für kontroll. Herkunft
dulce	süß
espumoso	Schaumwein
reserva	ausgebauter Qualitätswein,
gran reserva	Qualitätswein sehr guter Q.
rosada	Rosee
seco	trocken
tinto	Rotwein
vendimia	Weinlese, Jahrgang
vino de mesa	Tischwein

Spanien von A - Z

Bäume

Faszination des Nackten

Die Waldvernichtung durch Menschenhand begann auf der iberischen Halbinsel schon in vorrömischer Zeit. Bereits in der Bronzezeit und davor im Neolithikum wurde durch Rodung Ackerland gewonnen. Schon in römischen Quellen wurden die zentralspanischen Landschaften als öde und kahl beschrieben. Die Waldvernichtung ist eine Konstante in der gesamten spanischen Geschichte: Bergbau und Schiffbau der zur Weltgeltung strebenden Nation verlangten nach riesigen Holzmengen, die so schnell nicht nachwachsen konnten. Dazu kam eine schwer faßbare Faszination spanischer Denker für die öde und kahle Weite der kastilischen Hochebene und der Mancha. So hat Unamuno noch im vergangenen Jahrhundert den "tiefen und stärkenden ästhetischen Eindruck" gepriesen, den der Anblick der von keinem Baum gestörten Einöde der Mancha vermitteln soll. Nacktheit sei das Letzte, das man zu genießen lerne, so Unamuno weiter. Er sah "dunkle Ewigkeitsgedanken aus der Erde aufkeimen".

Auch die tiefe Religiosität der Spanier hat die Feindschaft dem Baum gegenüber gestärkt. Wilde und reiche Vegetation war schon immer eine passende Grundlage für Polytheismus, Götter- und Schamanenglauben, die den monotheistischen Vorstellungen des Christentums zuwider sein muß. So haben auch die Aufklärer immer wieder die Schwierigkeiten von Aufforstungskampagnen beschrieben. Religiöse Dorfbewohner wehrten sich gegen Bäume, weil diese "die Feuchtigkeit anziehen", und so die Reinheit der Luft beeinträchtigen würden. Im letzten Jahrhundert wurden Prämien für jeden gepflanzten Baum gezahlt und Baumfeste, 'Fiestas de Arbol', gefeiert - mit wenig Erfolg. Die Volksmeinung war und ist: "Im dürren Spanien der Landesmitte regnet es nicht, weil es keine Bäume gibt, und es gibt keine Bäume, weil es nicht regnet."

Erst die massiven, dirigistisch gesteuerten Kampagnen der letzten Jahrzehnte brachten einen bescheidenen Erfolg, das ursprüngliche Bild einer bewaldeten iberischen Halbinsel wird es aber nie mehr geben. Die Eichen, die in der Naturvegetation Iberiens den Hauptanteil bildeten, starben mehr und mehr aus, wegen ihres langsamen Wuchses werden sie nicht mehr nachgepflanzt. 94% der Aufforstungsfläche wurden bislang mit Pinienarten, besonders mit der schnellwachsenden Seestrandkiefer, bepflanzt, die zudem noch der Harzgewinnung dient. An feuchten Plätzen werden auch Eukalyptusbäume und Schwarzerlen gepflanzt.

"das ganze jahr über nimmt man sich vor, sich einmal unter einen baum zu legen." otl eicher. gehen in der wüste

Die Baumarten

Auch in der vielfältigen Baumvegetation spiegeln sich die ungewöhnlich großen klimatischen Unterschiede der iberischen Halbinsel. Die zusammenhängenden Wälder im immerfeuchten Nordspanien erinnern an Vegetationsbilder des Schwarzwaldes, während die lichte Baumvegetation Südspaniens eher derjenigen der nordafrikanischen Gebirge gleicht. Viele Baumarten wurden im Laufe der Kolonialzeit aus Übersee eingeführt, so entstand eine in Europa einzigartige Vielfalt.

Nordische Bäume: Rotbuche, von den Pyrenäen nach Westen bis zu den Picos de Europa. Edeltanne - in Gesellschaft mit Buche und Stechpalme bildet die Tanne herrliche Wälder, z.B. in den Pyrenäen und nördl. Barcelona in der Sierra del Montseny, vgl. dort. Überall im Land die gemeine Kiefer. Seltener, im Norden: Weißbirke, Hainbuche und Eberesche. Im Norden auffallend sind die ausgedehnten Eukalyptus-, Eßkastanien-, und Stieleichenhaine.

Bis weit in den Süden, oft entlang von Flußläufen, sieht man Winterlinde, Silberlinde und Zitterpappel. Wunderschöne Flußauen gibt es, wenn diese Bäume im Herbst Farben bekommen: Leuchtendgelbe Baumkronen in der milden Herbstsonne ..

Mediterrane Bäume: Die Steineiche ist der verbreitetste Laubbaum auf der Halbinsel. Früher bildete sie in ganz Iberien ausgedehnte Wälder. Als Busch oder Baum zeigt die Steineiche außerordentliche Anpassungsfähigkeit an Klima und Boden. Nur im feuchten Nordwesten Spaniens fehlt der Baum. Im Süden gibt es in der Sierra Nevada Steineichenwälder bis 1600 m Höhe.

Die lusitanische Eiche ist seltener. Der Baum ist sommergrün, die ausgewachsenen, braunen Blätter bleiben aber im Winter hängen. Im April treiben dann schöne kupferrote Blattknospen.

Die Korkeiche ist ein geschätzter Kulturbaum, sie wächst oft in Gesellschaft mit der Steineiche. Ein Erlebnis für sich ist die Fahrt durch die lichten Korkeichenwälder in Südwestspanien. Die größten Wälder liegen aber in Südportugal im Alentejo. Die Korkeichen können das erste Mal nach 15 - 20 Jahren geschält werden, danach wird alle 10 Jahre eine ca. 3 cm dicke Rindenschicht abgeschält. Die Erntezeit ist im Sommer; frisch geschälte Bäume leuchten rosagelb, später kräftig rotbraun.

Fruchtbäume: Hier nur eine kurze Übersicht der wichtigsten Sorten, weitere Details im Ortstext.

Der Ölbaum oder Olivenbaum ist mit einem Bestand von über 300 Mill. der dominierende Fruchtbaum der iberischen Halbinsel. Er prägt wie keine andere Pflanze das Vegetationsbild, man spricht sogar von der 'Charakterpflanze des Mittelmeerraumes'. Wo der Ölbaum wächst, kann man auch typisch mediterranes Klima erwarten. Und die Einschätzung als Charakterpflanze scheint nicht übertrieben, wenn man bedenkt, daß allein in Spanien die Zahl der Ölbäume mehr als doppelt so hoch ist, wie die aller Obstbäume Deutschlands. In weiten Landesteilen bieten Ölbäume praktisch einen Waldersatz und verhindern Austrocknung und Erosion. Dreiviertel der spanischen Ölbäume stehen in Andalusien.

Für das touristische Auge macht es aber ein Riesenunterschied, ob man etwa durch alte Haine fährt, deren Boden mit einer artenreichen Kleinpflanzengemeinde aus Traubenhyazinthen, Orchideen, wilden Tulpen, Mohn, Wildgladiolen und Anemonen bewachsen ist, die im Frühjahr bunt blüht (vgl. das Titelbild), oder ob man entlang der neuen maschinenbearbeitbaren, stereotypen Baumreihen kommt, die nichts als öde abgerichtete Nutzlandschaft zeigen.

Der Ölbaum blüht mit unscheinbaren weißgelben Blüten zwischen Mai und Juni. Mit zunehmender Reife wechselt die Farbe der Früchte von grün nach schwarzblau. Bewässerte Kulturen bringen große, grüne Früchte. Die Ernte ist von November bis März. Der Ölgehalt der Früchte liegt zwischen 30 und 35%. Verlesene reife Früchte ergeben ohne Pressung das begehrte 'oleo extra vergine', das Jungfernöl. Durch weitere kalte Pressung entsteht Speiseöl zweiter Qualität, durch Erhitzung und Auslaugung mit Lösungsmitteln entstehen dann Industrieöle.

In guten Jahren werden in Spanien fast 1 Mill. Tonnen Oliven geerntet, leicht vorherzusehen, daß nach einem EG-Beitritt Spaniens zum Wein- der Ölsee kommt, vgl. auch unter EG.

Mandelbäume können mit ihrer Blüte ganze Landstriche verzaubern. Die beginnt im warmen Süden schon im Januar und verzögert sich nach Norden bis in den März. Geerntet wird von Juli - September.

Der Feigenbaum ist auf der ganzen Halbinsel verbreitet. Besonders charakteristisch ist die karge, aschgraue und blattlose Silhouette im Winter.

Die Edelkastanienwälder im feuchten Norden sind im Sommer am schönsten, wenn das leuchtende Hellgrün der frühen Früchte den großen Bäumen zusätzliche Pracht verleiht.

Die Citrusfrucht- oder Agrumenbäume stammen ursprünglich aus dem sommerfeuchten ostasiatischen Raum, sie müssen deshalb in bewässerten Hainen angebaut werden. Die größten Plantagen liegen in der Ebene um Valencia, über 30 Mill. Bäume wurden hier gepflanzt. Die Hauptblütezeit ist von April bis Mai, die Haupternte geht von November bis April, oft trägt ein Baum Blüten und Früchte zugleich. Betörend ist der Duft blühender Haine.

Auch die Dattelpalme zählt nicht zum ursprünglichen Baumbestand. Der Sehnsuchtsbaum der Mitteleuropäer wird eher zu dekorativen Zwecken gepflanzt. Ein Drittel der Bäume wächst in der Palmenoase von Elche bei Alicante (vgl. dort). Die goldgelben Fruchtstände können im November geerntet werden, die Kultur in Elche dient aber mehr der Gewinnung von Wedeln für Palmsonntag.

Die größten Pfirsichbaumkulturen liegen zwischen Barcelona und Tarragona, hier werden ab September 40% der gesamten Ernte erzielt, besonders schön ist der Baum zur zartroten Blüte zwischen Februar und März.

Der Erdbeerbaum ist trotz seiner max. 5 m Höhe eher ein Strauch, er zählt zur Familie der Erikagewächse und ist eine Macchiapflanze. Ein Glück, wenn man ihn in freier Natur findet:

"Herrlich ist der Anblick zur Blütezeit, d.h. etwa von Ende Okt. bis in den März, wenn die überhängenden weißen, aber rötlich angehauchten, maiglöckchenähnlichen Blüten, zu stattlichen Rispen vereinigt, sich vom dunklen Laubwerk abheben."
Rilki, Das Pflanzenkleid der Mittelmeerländer, Bern 1943.

Die äußerlich erdbeerähnlichen Früchte schmecken nicht, dies deutet schon der Name an: Arbutus unedo, unedo = eine esse ich. Dafür wird ein hervorragender Schnaps daraus gebrannt, der beste dort, wo die meisten Sträucher stehen - im Monchique Gebirge in Südportugal.

Literaturtip: Reiseführer durch das Pflanzenreich der Mittelmeerländer. Schröder Verlag. Pflichtlektüre für alle botanisch interessierten Traveller.

EG

Ob es zum 1. Januar 1986 mit dem Beitritt der EG-Aspiranten Spanien und Portugal klappt, war bei Redaktionsschluß Anfang 1985 noch nicht sicher. Ganz sicher aber sind die Riesenprobleme, mit denen der Beitritt der iberischen Länder das schon existierende EG-Chaos anreichern wird. Nur drei Beispiele:

* Olivenöl: Derzeit werden die 750 000 Tonnen, die hauptsächlich Italien und Griechenland erzeugen, gerade noch verbraucht. Beide Länder kassieren aber schon heute 2,1 Milliarden Mark an Erzeugerbeihilfen. Wenn Spanien mit seinen 570 000 Tonnen in den EG-Markt drängt, läuft der Ölsee über, weitere 1,6 Milliarden Mark an Subventionen werden nötig sein.

* Wein: Schon jetzt hat die EG 35 Millionen Hektoliter zuviel in den Fässern. Kaum auszudenken, was abläuft, wenn Spanien und Portugal mit der größten Weinbaufläche der Welt freien Zugang zum EG-Markt bekommen. Die Schnaps- und Essigfabriken, die diesen Überschuß verarbeiten können, sind noch nicht gebaut.

* Kraftfahrzeuge: Spaniens PKW-Hersteller verkauften in den letzten drei Jahren 1,3 Millionen PKW in die EG, reduzierten den Import aber mit einem 37%-Schutzzoll auf nur 140 000 PKW. Wenn nach dem EG-Beitritt die Handelsbeschränkungen fallen, wird die gesamte spanische Wirtschaft unter einen extremen Importdruck hochwertigster Güter geraten. Wie dies die einheimische Wirtschaft verkraftet, bleibt ein Rätsel...

Hoffnung & Chaos

Spanien und Portugal erwarten vom EG-Beitritt natürlich vor allem eine Steigerung des Wohlstandes, der nach den EG- üblichen europäischen Zahlungseinheiten immer noch am unteren Ende der Skala liegt: Portugal: 3,7; Spanien: 6,5; Italien: 8,1; Bundesrepublik: 10,3; Dänemark: 10,4. Die EG-Staaten erhoffen durch den Beitritt der iberischen Länder insbesondere Impulse für den Handel mit dem riesigen lateinamerikanischen Markt. Einige tonangebende EG-Länder sehen den Beitritt auch unter militärischen Gesichtspunkten: Die Aufkündigung der Nato-Mitgliedschaft wäre für ein EG-Spanien ungleich schwerer geworden.
1972, als die beiden Länder die Aufnahme beantragten, war alles einfacher. Die Geldtöpfe waren voll. Inzwischen sind die Kassen durch die aberwitzige Überschußproduktion und Subventionspolitik leer. Nur noch der Mangel wird teuer verwaltet.

Guardia Civil

Die paramilitärisch organisierte Guardia Civil erkennt man gleich an den eigenartigen schwarz lackierten Dreizackhüten. Streitigkeiten mit dieser bekannt schlagkräftigen Vereinigung sollte man tunlichst vermeiden.

Die Guardia Civil wurde 1844 von andalusischen Großgrundbesitzern zur Unterdrückung des besitzlosen Landarbeiterproletariats gegründet. Die Landarbeiter versuchten damals, anarchistische und sozialistische Ideen, die vom Norden immer mehr in den feudal strukturierten Süden gelangten, in die Tat umzusetzen. Mit Streiks, Sabotage, Landnahme und Besetzung versuchte das Proletariat, aus seiner hoffnunglosen, dumpfen Armut fliehen zu können. Es hatte in der Guardia Civil brutal entschlossene Widersacher. Noch heute dient die Guardia der Erhaltung von Ruhe und Ordnung, besonders auf dem flachen Land. Sie ist eine durchgehend konservative Truppe, mit teilweise deutlich faschistischen Tendenzen. Rechte Hand Francos nach dem Bürgerkrieg (1936 - 1939). 1982 brachte es die Truppe erneut zu trauriger Aktualität, als der Guardia Civil Terrorist Gereral Tejero das Parlament besetzte. (Vgl. auch unter Geschichte).

Klima

Das Riesenland hat auch dementsprechend große klimatische Unterschiede:

Zentralspanien ist im Sommer und Winter nur erträglich, wenn man sich auf extremes Klima einstellt, auf sehr heiße Sommer und auf sehr kalte Winter. Die Nächte können auch im Sommer recht ungemütlich werden - je nachdem, wie hoch der Ort liegt. Aviles hat z.B. nur im Juli frostfreie Nächte! Das Schöne in Zentralspanien ist im Sommer, daß man eine Blauen-Himmel-Garantie hat. Die wenigen Niederschläge im Jahr fallen hauptsächlich im Frühjahr und Herbst, im Juli und August ist überhaupt kein Regen angesagt.

In den Küstengebieten ist das Klima gemäßigter: relativ warme Sommer und milde Winter. Niederschläge zu allen Jahreszeiten, besonders im Spätherbst, Frühjahr und Winter.

Der ozeanische Einfluß macht sich vor allem an der nordspanischen Küste von Pyrenäen bis Galicien bemerkbar. Wer hier baden möchte, darf nicht auf die Nebensaison warten! Die regenreichste Stadt Spaniens ist Santiago de Compostela.

An der Mittelmeerküste ist das Klima am ausgeglichensten. Die südspanische Mittelmeerküste hat die wärmsten Wintertemperaturen des europäischen Festlandes - nur an 40 Tagen ist in Malaga der Himmel bedeckt!

Die Küsten

Die Mittelmeerküste: "Zum Onkel Willi" und "Winner Snitzel"

Kurz und knapp: die gesamte spanische Mittelmeerküste ist eine Katastrophe, teilweise 40, 50 gar 60 km Baubrei, Natur ist praktisch nirgendwo mehr zu sehen, dafür ein einziger Freizeitpark untersten Niveaus. Apoklaypse now! Bei der Beschreibung dieser Region haben wir ein Prinzip dieses Buches extrem angewandt: Je touristischer eine Region ist, desto weniger schreiben wir darüber. Deutsche Speisekarten, die den allerletzten Fettpamp als regionale Spezialität ausgeben und der Hinweis auf Filterkaffee machen ein Reisebuch ja überflüssig. Deshalb nur ein paar Hinweise zur Struktur der Gegend, ein paar ruhigere Oasen und Hinweise, wo's rausgeht - nach Spanien.

Wer sich aber die kleine Mühe macht, ein paar km ins - meist bergige - Hinterland zu flüchten, kommt in eine andere Welt, in ruhige und schöne Landschaft. Wohl nirgendwo liegen Traum und Alptraum so dicht beisammen, wie an der Mittelmeerküste.

Die Atlantikküste: Paradies mit Fehlern

Auch die südspanische Atlantikküste, die das werbewirksame Etikett 'Costa de la Luz' bekam, ist schon in weiten Abschnitten versaut, wieder andere Bereiche sind noch recht ruhig - aber auch monoton bis zur Langweile.

Ganz anders die **nordspanische Atlantikküste:** Hier gibt es noch viele ruhige, teilweise völlig unerschlossene Abschnitte. Oft rauhe Atlantikküste, dann wieder herrliche einsame Strände, mit ruhigem, unverbautem grünen Hinterland. Eine Ausnahme sind die sehr belebten Buchten bei Vigo und Pontevedra, die sog. Rias Bajas, und die stark industrialisierte Region um Bilbao. Ausführliche Hinweise zur nordspanischen Küste siehe in den entsprechenden Kapiteln.

Die Entwicklung der Küsten als Innovationsparks

Einer der nachhaltigsten Eindrücke auf Spanienreisen ist der Unterschied zwischen hochentwickelten und dichtbevölkerten Küsten und rückständigen und fast entvölkerten Binnenräumen, sieht man einmal vom Ballungsgebiet um Madrid ab. Die Landflucht und die damit verbundene Verstädterung der Küstenräume hat Gründe, die bis ins 18 Jh. reichen: Die Bourbonen-Könige waren damals an einer raschen Entwicklung der Technik interessiert, wie dies außerhalb Spaniens schon der Fall war. Die spanischen Könige versprachen sich davon insbesondere eine Stärkung des Militärapparates. So entstanden staatlich subventionierte Manufakturen, später Fabriken an den Küsten: Marinewerften in Cartagena, Cadiz und El Ferrol. Diese Werften und die angegliederten Artilleriefabriken beschleunigten den modernen Erzabbau. Dieser führte dann zur Gründung des 'spanischen Ruhrgebietes' um Bilbao auf der Basis von asturischer Kohle und baskischer Eisenerze.

Für die Mittelmeerküste war die Baumwollverarbeitung von Bedeutung. Baumwolle kann nicht wie Wolle dezentral und mit geringem Aufwand verarbeitet werden, vielmehr werden viel Wasser und aufwendige Spinnmaschinen gebraucht. Dies konnte nur der Raum Barcelona bieten. Eine weitere Voraussetzung für die industrielle Entwicklung ist außerdem eine große, aufgeklärte Bürgerschicht, die die Herausforderungen der neuen Produktionsweise erkennt und bereit ist, Risikokapital zu investieren und sich auf neue Handelsformen einzulassen. Diese Voraussetzungen waren nur im Küstengebiet des Baskenlandes und in Katalonien gegeben. Hier entstanden dann auch fast zwangsläufig die beiden großen Industriegebiete des Landes. Ein weiteres Wirtschaftsrevier an der Mittelmeerküste bildete sich um Valencia. Industrielle Fundamente waren hier bereits durch die Seidenraupenzucht gegeben. Ein Schädlingsbefall an der Futterpflanze, dem

Maulbeerbaum, zwang zur Umorientierung: In der riesigen, klimatisch begünstigten Küstenebene entstanden die größten Citrusfrucht- und Reisplantagen des Landes. Im 20. Jh. kam die Schwerindustrie dazu, vorläufiger Höhepunkt dieser Entwicklung sind die Ford-Werke in Almusafes, 10 km südl. Valencia, mit 15 000 Beschäftigten.

In neuester Zeit wurde die Entwicklung der Küstenräume noch durch die explosionsartige Ausbreitung des Massentourismus verstärkt. Der Tourismus löste einen Bauboom ohnegleichen aus, davon profitierten wieder Zulieferer und Dienstleistungsbereiche.

Öffnungszeiten

Cerrado ist alles zwischen 13.00 und 15.30 Uhr!
Museen haben Montags geschlossen.
Banken haben mittags oft nur für eine Stunde geöffnet und Freitagnachmittag meist ganz geschlossen.
Speiserestaurants öffnen abends erst zwischen 20 oder 21 Uhr.

Presse

Überregionale Blätter
ABC: sauber und rechts, mit rigoroser nationalkonservativer Linie. Ya: konservativ, katholisch. El Alcazar, das übelste Blatt, Sprachrohr der Faschisten. El Pueblo: das spanische Bild. Diario 16: Mitte, mit einem Faible für Stories und Sensationen. **El Pais**: vielleicht die beste überregionale Zeitung im Land.

Die Lokalblätter sind meist in den Händen konservativer Industrieller und Verleger, sie sind deshalb meist deutlich nationalkonservativ bis offen rechts.

Schaufenster

Z. B. die von Schuhgeschäften: Eine Fülle von Modellen, blankgeputzt glänzend vor Spiegelglas, rot, schwarz, braun, Schuhe in Fülle, und gleich nebenan die Konkurrenz, ein Schuhgeschäft, und gegenüber ein Schuhgeschäft, eine Schuhstraße, Schuhe für alle - neue Schuhe braucht das Land ... oder sind die Spanier Schuhfetischisten?

Oder die Fenster von Eisenwarenladen. Fein säuberlich die Auslagen, Muttern, Sechskant, von M3 bis M20, das gleiche in Vierkant, mit den dazugehörigen Schrauben, Sechskant, Schlitz, Halbrund, Senkkopf. Oder brauchen Sie ein Absperrventil? 1/2 Zoll, 3/4 Zoll, oder 2 Zoll? Wir haben auch die seltenen 3 Zoll, Messing oder vernickelt. Wie wärs mit Fittings? 10, 15, 20 mm?

Hungrige betrachten lieber andere Fenster - die von Delikatesswarenläden oder Restaurants. Hier hängen sie, die Hasen, Spanferkel, Schinken etc., liegen auf Eis, zucken noch, Hummer, Muscheln, Krebse ...

Spanisch

Das Spanisch gibt es nicht, und seit der beginnenden Demokratisierung tauchen auch die nicht-kastilischen Sprachen Spaniens wie 'katalan', 'euskera' oder 'gallego' mehr und mehr aus der Versenkung auf. Kastilisch wird in der Regel überall verstanden, während das 'euskera' der Basken den übrigen Spaniern spanisch vorkommt.

Im folgenden ein paar Überlebenshilfen - man sollte aber auf jeden Fall ein kleines Lexikon mitnehmen und, in Ermangelung eines besseren, auch Langenscheidts Sprachführer Spanisch. Dieser ist, wie üblich und sinnvoll, nach verschiedenen Situationen geordnet, aber nicht ohne Lexikon zu gebrauchen, da das Register die Existenz von Verben leugnet und mit Substantiven auskommt. Verstehen?

Zur Aussprache:

'c' vor e und i wird wie stimmloses englisches th gesprochen
'g' vor e und i wie ein Mittelding aus g und ch, aber stimmhaft
'h' wird nicht gesprochen
'j' wie deutsches stimmloses ch
'll' wird wie j gesprochen
'ñ' wie nj
'qu' wie k
und 'z' wie englisches th.

Die Betonung der Wörter ist ganz einfach:
Alle Wörter, die auf n, s oder auf einen Vokal enden, werden auf der vorletzten Silbe betont, alle anderen auf der letzten Silbe.

Ausnahmen werden durch Akzent gekennzeichnet, z. B. Málaga, nación. (Leider mußten wir aus satztechnischen Gründen im Text auf die Setzung des Akzentes verzichten.)

Kleine Wörtchen mit großer Wichtigkeit:

'**hay**' ist eines der wichtigsten - bedeutet: es gibt.
Man kann es auch als Frage verwenden - gibt es?, z.B.: hay una habitacion? (Gibt es eine Unterkunft?)
In Geschäften verwendet man besser 'tiene'...?, haben Sie...?
Oder 'quiero'...., ich möchte....
Por favor pongame ... gramos de ...., geben Sie mir bitte .... Gramm von .....
Cuanto es? heißt: was kostet das?
mas/poco ... wenig/mehr
Como se dice en espanol? Wie heißt das auf Spanisch?
a la derecha / a la izquierda ..... rechts/links

Grüßen:

'Buenos Dias' verwendet man bis ca. 14 Uhr, danach bis Sonnenuntergang 'buenas tardes', noch später 'buenas noches'.

Einfacher und unformell sagt man 'hola', zu jeder Zeit, zum Abschied 'adios'.

Spanisches Allerlei

Alcazaba: maurisches Kastell

Alcazar: urspr. maurisches befestigtes Schloß, später auch Residenz

Ayuntamiento: Rathaus

Azulejo: (azul-blaue oder farbige) Fliesen, die Häuser und Sakralbauten schmücken

Feria: Jahrmarkt, Messe

Gaita: Überbleibsel des galic. Keltentums, der Dudelsack

Hidalgo: Angehöriger des niederen Adels

Es war möglich, sich in den Adel einzukaufen. Dadurch hatte man diverse Vorteile: man mußte keine Steuern zahlen, konnte wichtige Ämter bekleiden und genoß soziales Ansehen als jemand, der nicht mit den Händen arbeitet und nur auf die Einhaltung eines komplizierten Ehrenkodexes bedacht ist - egal, wenn der Verdienst kaum fürs Essen reichte. "Die Hidalgos fühlten sich als Herrenmenschen, die nur für den Kampf geboren waren und verachteten jede produktive Arbeit (diese war Sache der 'Moriscos'). Der Hidalgo entwickelte sich zum Ideal der spanischen Herrengesellschaft. Schon 1541 zahlten im Königreich Kastilien 15% aller Familien weder Steuern, noch leisteten sie volkswirtschaftlich etwas Produktives. Die Zählung von 1787 weist aus, daß ein Viertel der spanischen Bevölkerung zum unproduktiven Adel zu rechnen war. Selbst verarmte Hidalgos lehnten jede Form der Erwerbstätigkeit ab. Der Hidalgogeist bildete noch am Beginn der Neuzeit ein schweres Hindernis für die Entwicklung des Landes." Toni Breuer, Spanien (Klett/Länderprofile)

Fumo di Fidalgo - Rauch des Adels ....

"Verwundert notierte schon 1513 der florentinische Diplomat Guicciardini, daß in Spanien das Handwerk darniederliege, weil die Handwerker 'fumo di fidalgo', den Rauch des Adels im Kopf hätten. Aus dem fumo di fidalgo wurde vor allem im 17. Jh. ein eigentlicher Adelskomplex. Die niederen Volksschichten konnten zwar kaum mehr zu der Kaste der Noblen aufsteigen, ahmten sie dafür um so eifriger nach. Ein ausländischer Reisender schrieb zu Beginn des 17. Jh. nach einem Besuch in Valladolid, daß die Handwerker, vor allem die Silberschmiede, 'mit Verachtung' arbeiteten und sobald sie etwas Kleingeld in der Tasche hatten, den Säbel gürteten und wie Adelige in den Gassen der Stadt promenieren."
Herzog, Spanien

Huerta oder **Vega**: Pflanzung, Gemüseanbaugebiet

Inquisition: kirchliche und später auch staatliche Institution zur Verfolgung und Bestrafung von 'Ketzern'. Seit 1481 wachte die Inquistion über die Rechtgläubigkeit. Das letzte Todesurteil wurde 1781 vollstreckt, die Inquisition selbst wurde erst 1834 aufgehoben. Vgl. auch 'Geschichte'.

Las Espanas ...span. Redewendung, die die Vielfalt des Landes widerspiegelt. Gemeint ist damit, daß es nicht 'das' Spanien gibt, sondern viele Landschaftsformen mit unterschiedlichster Vegetation und verschiedene Bevölkerungsgruppen mit unterschiedlichen Sprachen.

Marisma: Marschland mit unterschiedlichem Wasserstand (Trockenzeit: Juli - Oktober) vgl. 'Cota Donana'

Mauren (span. moros): Bewohner Nordafrikas

Mesta: einflußreiche Gilde der Schafzüchter
1273 gegründet, 1840 aufgelöst. Nach der Eroberung Andalusiens vergaben die kastilischen Könige riesige Ländereien an Offiziere und Adlige. Da der Handel mit Wolle immer lohnender wurde, wurde das Land zum großen Teil in Weidefläche für Schafe verwandelt. Die kastilischen Städte wie Burgos, Medina del Campo und Segovia, in denen Wolle gewebt wurde, unterstützten diese Entwicklung, die zur Verödung von fruchtbarsten Landstrichen führten. "Die Macht dieses frühen 'Interessenverbandes' wuchs ständig,

schließlich durchzogen Millionenherden von Schafen im Besitz großer Ritterorden und Großgrundeigentümer über festgelegte Triftwege (sog. 'canadas') das gesamte Land, wobei rechtliche Auseinandersetzungen zwischen den Herdenbesitzern und der ansässigen ackerbautreibenden Bevölkerung nicht ausblieben." Toni Breuer, Spanien (Klett/Länderprofile)

Moriscos: Mauren, die nach Vertreibung der arab. Herrscher im Lande blieben und den christlichen Glauben annahmen.

Mozaraber: Christen unter maurischer Herrschaft

Mudejare: Mauren unter christlicher Herrschaft
Mudejar-Stil: span.-islam. Baukunst (11. - 16. Jh.), die auch unter christlicher Herrschaft weiterlebte. Typisches Beispiel für Mudejar-Stil: Alcazar in Sevilla und Cordoba.

Parador: Staatliches Hotel (vgl. 'Unterkommen')

Patio: Innenhof spanischer Häuser

plateresk: nach Art der Silberschmiede
Die mitteleuropäische Kunstgeschichte kennt diesen Stil nicht, es ist eine Mischung spätgotischer, maurischer und ital.- klassischer Einzelformen. Charakteristisch ist das Übergewicht des Ornamentalen. Beispiel: Fassade der ehemaligen Universität Alcala de Henares.

Reconquista: der jahrhundertelange Kampf der christl. Spanier gegen die maurische Herrschaft. Vgl. 'Geschichte'.

Reyes Catolicos: span. für kathol. Könige;
Papst Alexander VI verlieh 1494 diesen Ehrentitel an Ferdinand II von Aragon und Isabella von Kastilien, die sich besonders mit der Vertreibung der Juden und Mauren hervortaten.

Semana Santa: hlg. Woche, Karwoche
Wird besonders in Andalusien ausgiebig gefeiert. In beinahe allen größeren Städten des Landes werden Umzüge und Prozessionen abgehalten.

Städte

Auf den ersten Blick sind die meisten spanischen Städte ein Greuel: Fast überall die gleichen Hochhausschluchten in den Vorstädten, eine chaotische Mischung von Neubauten und Halbverfallenem. Phantasielose, rein profitorientierte Baumasse, wo man hinsieht. Gegen die spanischen Schlafstädte wirken die mitteleuropäischen Wohnmaschinen wie gepflegte Paläste.

Die Ursachen des rasenden, planlosen Ausuferns der Städte liegen in dem unglaublich raschen Strukturwandel der spanischen Wirtschaft. In nur 2 Jahrzehnten, zwischen 1960 und 1980, wurde aus einem Agrar- ein Industrieland mit allen Begleiterscheinungen wie Verstädterung, Wohnungsnot, Ghettobildung etc. Für ein planmäßiges gesteuertes Wachsen der Städte blieb da natürlich keine Zeit Der Anteil der Bevölkerung, die im ländlichen Raum wohnt, ist zwischen 1950 und 1980 von 50% auf unter 25% gesunken! Am schlimmsten hat es wieder die Mittelmeerstädte erwischt, die Einfahrten nach Valencia oder Málaga würden jeder Geisterbahn eine würdige Kulisse liefern. Aber praktisch jede Stadt hat mittlerweile ihre Krebsgeschwüre, die sich gnadenlos weiterfressen.

Nur in den alten historischen Stadtkernen, von denen freilich noch sehr viele sehr gut erhalten sind, kann man noch erleben, wie anregend eine Stadt und das Leben in ihr sein kann.

In vielen - aber lange nicht allen - Städten verschwanden mit der faschistischen Vergangenheit auch die Straßennamen, die an diese Zeit erinnern. Die meisten 'Avenidas del Generalisimo' sind mittlerweile verschwunden. Die neuen Straßennamen sind oft noch nicht in allen Karten und Plänen eingetragen. Das führt manchmal zu Verwirrung und Sucherei - aber der Anlaß sollte ein paar Unannehmlichkeiten wert sein.

Die Stadtpläne im Buch sind nur als Orientierungshilfen für Autofahrer gedacht. Sie zeigen, wie man am schnellsten zu den wesentlichen Punkten des Zentrums kommt. Für alle weiteren Stadterkundungen besorgen Sie sich dann am besten die kostenlosen Stadtpläne bei der Touristen Info.

Tourismus

"Die Menschen waren unglaublich freundlich und überall winkte man uns auf der Fahrt zu und warf uns auch Kußhändchen zu. Als wir uns in Barcelona verfahren hatten und auf der Hauptstraße wenden mußten, sperrte der Polizist den Verkehr. Einmal wollten wir an die Küste, konnten aber nicht hin, weil ein Bahndamm dazwischen lag. Ein Polizist wollte sofort, zusammen mit anderen Leuten, das Motorrad über den Bahnkörper rübertragen." Otto Riedl über seine Reise 1953.

Schöne Zeiten! - Heute hat der Massentourismus, wie kein anderer Wirtschaftszweig, die spanischen Küsten verändert. Dies gilt ganz besonders für die Mittelmeerküste. Die Veränderung und Entstellung dieser Kulturlandschaft war während der letzten 30 Jahre radikaler als in den Jahrtausenden der Besiedlung davor. Die einzelnen Orte fließen wie zäher Brei ineinander, gesichtslos, austauschbar, wie die Bewohner und die Programme der Veranstalter. Aber: Nur wenige km abseits der Küsten, in Zentralspanien und im Landesnorden hat der Massentourismus noch nicht Fuß gefaßt - und wird es bei stagnierenden Touristenzahlen wohl auch nicht. Hier ist genug Platz für Entdeckungen.

Man kann über die Entwicklung der Mittlmeerküste herziehen, kann über die Urlauber in den Hasenställen spotten, oder weinen. Tatsache bleibt, daß Millionen von Gästen hier finden, was sie suchen, und daß Spanien bekommt, was es braucht. Eine postmoderne Freizeitwüste, notwendige Ergänzung zu den Produktionsregionen im Norden.

Ein paar **Zahlen:** Touristen 1984 ca. 25 Mill., die Deutschen stellen mit über 4 Mill. den größten Teil. Netto-Deviseneinnahmen über 20 Milliarden DM, Steigerung gegenüber 1970: 300%. Campingplätze 1955: 0. 1970: 1000! Hotelbetten 1960: 130 000, 1983: über 2 Mill. Aber: An der Costa Brava stehen 5 mal soviel Hotelbetten wie im gesamten Binnenland (mit Ausnahme von Madrid), und: 90% der gesamten Beherbergungskapazität beschränkt sich auf die Mittelmeerküsten. Da wird klar: wer Landschaft erleben will, muß von der Mittelmeerküste wegbleiben!

Wandern

Unterwegs auf wilden Wegen

Bis auf ganz wenige Ausnahmen findet man in Spanien kein ausgebautes und markiertes Wanderwegenetz. Lediglich in einigen Nationalparks im Norden gibt es leidlich markierte Wege (Hinweise hierzu im Ortstext).

So muß man meist auf wilden Wegen wandern, oft Trampelpfade, die irgendwo anfangen und genauso unvermutet enden, oder man ist ganz auf die eigene Laufkunst angewiesen. Das Wandern auf wilden Wegen ist zunächst ungewohnt, eröffnet aber nach und nach die Chancen zu neuer Erfahrung: Gehen über freie Landschaft erfordert Geschicklichkeiten, die im asphaltierten Mitteleuropa nur wenig gefordert werden. Auf wilden Wegen, die ja ganz der Landschaft angepaßt sind, sind wir dieser näher. Gehen wird unmittelbarer. Die Wanderei, in ihrer organisierten Form oft eine sture, rezeptive Mechanik, wird so zur lustvollen Sache. Der Körper spürt Umgebung: mal weicher, mal harter Grund, Schrägen müssen ausgeglichen werden, konzentriertes Gehen auf lockerem Grund, endloses Laufen über weite Steppen ....

Hinweise zu geeigneten Wanderregionen geben wir im Ortstext.

Was beim Wandern alles zu sehen ist - und wieviel einem beim Durchfahren einer Landschaft entgeht - der folgende Auszug läßt es einen ahnen:

"Nein, lieblich - in unserem Sinn - ist die Landschaft des kastilischen Gebirges nicht. Es ist eine auf Weniges reduzierte, eine radikalisierte Landschaft. Unten, am Fuß der Berge, hohe, lichte Wälder, Kiefern zumeist, das dunkle Grün an vielen Stellen durchflammt, vom hellen Gold der ausladenden Ginsterpflanze; dann, weiter oben, kriechendes, zähes, hartes Gestrüpp, immer flacher und dürrer, immer enger am Untergrund haftend, dazwischen, wo Erde blieb, gelblich braunes Gras, das nur am Wasser grün und üppig ist; dann, noch weiter oben, dünnes Moos oder vertrocknete Reste davon auf glühenden Blöcken und schließlich im gleisenden Licht, zwischen grau und grün changierend, nackter Stein, Felsstücke fest ineinandergekeilt, unverrückbar. Auch die großen grünen Eidechsen, die an den Steinen haften, mit klopfendem Schlund, scheinen erstarrt. An einigen Stellen sieht man Ansammlungen von Marienkäfern, zwanzig, dreißig oder mehr, eng nebeneinander. Sonst ist hier nichts, nur Erde, allen Zierrats entkleidet". Hans Martin Gauger, in der "FAZ".

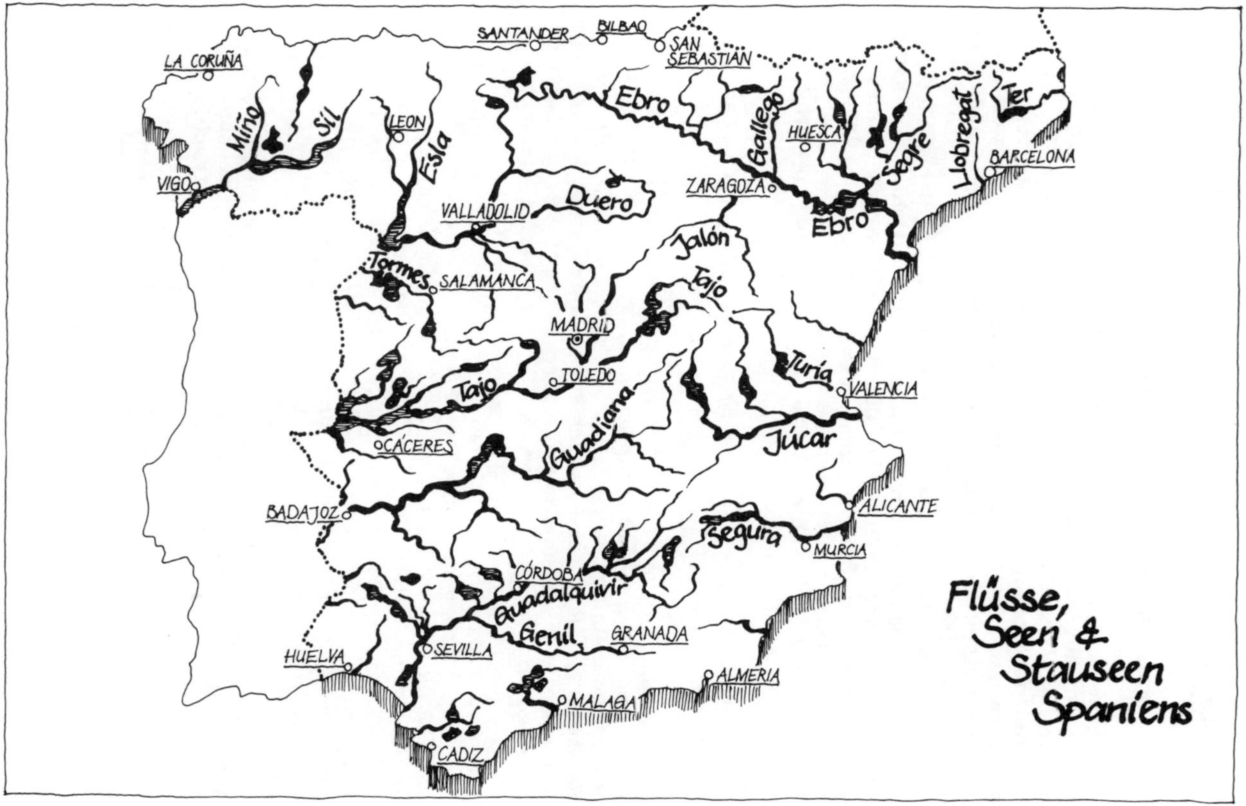
Flüsse, Seen & Stauseen Spaniens
LA CORUÑA
SANTANDER
BILBAO
SAN SEBASTIÁN
VIGO
Miño
Sil
LEON
Esla
Ebro
Gallego
HUESCA
Segre
Lloregat
Ter
BARCELONA
ZARAGOZA
Ebro
VALLADOLID
Duero
Tormes
SALAMANCA
Jalón
Tajo
MADRID
TOLEDO
Tajo
Turia
VALENCIA
CÁCERES
Guadiana
Júcar
BADAJOZ
ALICANTE
Segura
MURCIA
CÓRDOBA
Guadalquivir
Genil
GRANADA
SEVILLA
HUELVA
ALMERIA
MALAGA
CADIZ

Wasser

Für Strandflüchtlinge: Seen, Flüsse, Naturbrunnen

Wer gerne schwimmt und am Wasser Freude hat und von den Küsten enttäuscht ist - was ja mit Ausnahme der nordspanischen Atlantikküste leicht der Fall sein kann - sollte auf die vielen Binnengewässer achten, die Spanien dem Wasserfreund bietet. Die Seen, Stauseen und Flüsse werden von den meisten Touristen in ihrer Ausdehnung und Bedeutung oft unterschätzt.

Spanientourismus ist eben Küstentourismus. Dabei bieten manche Stauseen herrliche, einsame Bademöglichkeiten. Selbst im Südosten Andalusiens, der dürrsten Region des Landes, gibt es Seen und Naturbrunnen, die erfrischende Süßwasserbäder inmitten von Hitzesteppen ermöglichen. Z.B. die 'Baños Arabicos' nördlich Velez Malaga, vgl. dort, weitere Hinweise finden Sie jeweils im Text.

So schön kann die Suche nach Wasser in einsamer Landschaft sein:

"An manchen Stellen freilich ist das Gras nicht bräunlich gelb, sondern grün und üppig: dort, wo Wasser ist. Kleine gluckernde Rinnsale zumeist, aber kühl und klar. Manchmal sammeln sie sich zwischen den Felsen und bilden - ein, zwei Meter tief - , was die Spanier poza nennen: El pozo heißt Brunnen, die weibliche Variante la poza meint also etwas Analoges und zugleich größeres. ...Schön ist es zu baden in diesen durchsichtigen, kühlen, von warmen Steinen umrandeten, von Fischen durchzuckten Brunnen. 'Das Schwimmen zeigt', hat Valery einmal notiert, 'was die Liebe sein könnte im äußersten Fall'. Daran muß ich hier denken. Was Wasser ist, was es sein kann, erlebt man hier in dieser trockenen Landschaft beglückender als bei uns, als zum Beispiel im Schwarzwald, wo es überall zuviel davon gibt." (Hans Martin Gauger)

Eigentliches Baumotiv der Stauseen waren die ehrgeizigen Bewässerungsvorhaben im Landesinneren und der trockenen Küstenregionen im Süden. So konnten zahlreiche unfruchtbare Steppen, besonders in Zentralspanien und im Süden, fruchtbar gemacht werden. Im niederschlagsreichen, immergrünen Norden dienen die Seen zudem der Elektrizitätsgewinnung und tragen so zur Deckung des noch immer wachsenden Energiebedarfes der nordspanischen Industriegebiete bei.

Mittelmeerküste

VON NORD NACH SÜD: Versaut & Verschandelt

Kurz und ehrlich: Die gesamte Mittelmeerküste ist - bis auf ganz wenige Ausnahmen - völlig versaut, verbaut, verschandelt. Als wir vor 15 Jahren das erste mal nach Spanien kamen, gab es selbst an der Costa Brava noch eine paar schöne, lauschige Plätze. Heute kann man sich die Mühe des Suchens sparen. An den fast 2000 Küstenkilometern zwischen Port Bou und Gibraltar finden Sie alles, nur keine ruhige, einigermaßen intakte Küstenlandschaft. Geben Sie's auf, Geduld hat keinen Sinn, der Frust wird nach jeder Kurve grösser. (Vgl. auch Stichwort Küsten)

Wir haben versucht, in der Wüste aus Beton, Urbanisacion und Pommes Frites wenigstens ein paar Orte und Flecken zu finden, die erträglich sind, an denen man noch angenehm baden kann und wo Nepp und schlechte Manieren einem nicht den ganzen Tag verderben. Viel ist dabei nicht herausgekommen - und wenn Sie da sind, sind vielleicht auch diese Oasen schon wieder verwüstet.

Die Städte - das Hinterland

Eine Ausnahme bilden in mancherlei Hinsicht die Städte an der Mittelmeerküste. Die historisch gewachsenen Zentren haben trotz des immensen Tourismus mehr Eigenart bewahrt als die schnellgewachsenen austauschbaren Ferienorte. So ist Barcelona zweifellos allein einen Aufenthalt wert, und mitten im Betonbrei der Costa del Sol bietet Malaga angenehme Zerstreuung. Dazu kommt, daß oft schon wenige km landeinwärts landschaftlich und kulturell reizvolles Binnenland beginnt, das mit den uniformen Küstenorten nichts gemein hat. So gilt gerade an der so arg verschandelten Mittelmeerküste der Hinweis auf 'Las Espanas', es gibt kein Spanien. Spanien ist kilometerlange Enttäuschung und wer endlich die Nase voll hat von der Küste, findet nur ein paar km daneben sein Spanien.

Costa Brava

Die 'wilde Küste' reicht von Port Bou an der französischen Grenze bis zur Mündung des Rio Tordera nördlich Barcelona. Die Pyrenäenausläufer formen eine zerklüftete, buchtenreiche Küstenlandschaft mit markanten Steilküsten. Dazwischen liegen im Mündungsbereich der Flüsse weite Schwemmlandschaften.

Vor dem Bauboom war die Costa Brava sicher eine der schönsten Küsten in Europa, abwechslungsreich, mit reizvollen Küstendörfern, vegetationsreichem Hinterland, dazu ein Licht, das Marc Chagall vom 'blauen Paradies' schwärmen ließ. Ja, früher ... Heute sind die weiten Buchten am übelsten zugebaut, die schwer zugänglichen Steilküsten sind teilweise noch ansehnlich, mit viel Glück, noch besser mit einem Boot, findet man dort sogar noch einen ruhigen Platz.

Am schönsten ist die Costa Brava noch bei den kleinen Orten im nördl. Teil, also von N - S, bei: Puerto de Llansa, Puerto de la Selva, Cadaques; und weiter südlich im wild zerklüfteten Teil zwischen Cap Begur und Cap Roig, um Llafranch. Hier gibts Traumbuchten, manchmal Vegetation, manchmal Beton bis ans Meer.
Am häßlichsten ist der südliche Teil um Tossa de Mar mit dem Gipfel Lloret de Mar.

Die ruhigeren Orte sind in der Hochsaison meist ausgebucht (Juli - Mitte Sept). Sehr schönes warmes Wetter gibt es aber bis weit in den Oktober hinein. Im Winter sind fast alle Hotels und Pensionen der kleinen Orte geschlossen. In den größeren Orten bleiben im Winter die Hotels offen, dann ist die Zeit der Rentner und Rheumadeckenverkäufer.

Entlang der Küste verkehren Badeboote, sog. cruzeros, die von den Badorten aus die stillen, von Land nicht erreichbaren Buchten anlaufen. Schöne Buchten z.B. bei Punta S. Aranella, nahe Puerto de la Selva, s.u.

Puerto de la Selva ist noch einer der angenehmeren Orte in diesem Küstenabschnitt, der Yachthafen hat dem Ort Leben und Luxus beschert. Zum Baden gibt es nur einen Schotterstrand, deshalb fehlen die Massen und die sommerliche Hektik. Zu entdecken sind von hier aus diverse, von Land aus unzugängliche Buchten bis zum östlichsten Punkt Spaniens, beim Cap Creus und weiter bis Cadaques. Wer mit dem Boot unterwegs ist, was wirklich lohnt, muß auf den Wind achten:

Tramuntana...

heißt der trockene Nordwestwind, der im nördlichen Teil der Costa Brava auf See Orkanstärke annehmen kann. Mit bis zu 160 km fetzen die Böen von den Pyrenäen hinab aufs offene Meer. Südlich vom Cap Begur kommt die Tramuntana nur abgeschwächt vor und sorgt im Sommer oft für angenehme Abkühlung.

Wandern: In die Sierra de Roda

Von Port de la Selva führt eine schöne Wanderung in die Sierra de Roda zu dem 460 m hoch gelegenen ehemaligen Benediktinerkloster San Pedro de Roda. Anmarsch: Ca. eine Stunde zu Fuß in südwestlicher Richtung. Die mächtige Klosterruine liegt am Verdera-Berg. Von oben hat man einen großartigen Blick auf die Pyrenäenausläufer beim Cap Creus und auf die Bucht von Port de la Selva. Der Aufstieg führt über einsame, leichtbewachsene Berghänge. Die schönste Sicht hat man vom Kastell über dem Kloster. Der Klosterbau stammt aus dem 8. Jh., es war ein päpstlicher Bauauftrag, der in rein romanischem Stil verwirklicht wurde.

CADAQUES

Cadaques ist einer der angenehmsten Plätze an der Costa Brava, ein Beispiel, wie schön Orte sein könnten. Kein Massentourismus, kein Hochhaus, intaktes Ortbild: Weiße Häuser rahmen einen kleinen Hafen ein. Natürlich ist die Idylle längst entdeckt und gibt jetzt die ideale Kulisse für Künstler, Snobs und Schickeria ab, die dafür sorgen, daß keine Ställe für Normalurlauber gebaut werden. Im Dunstkreis von Salvador Dali, der lange Zeit im nahen Ortsteil Port Lligat Hof hielt, hat sich Allerlei versammelt - dem Ort und der Atmo hats genützt.

Im Sommer ist die Bucht von Cadaques voll mit Booten, die kleine Hafenpromenade wird zum Laufsteg, dazu kommen Busladungen, die durch den Ort geschleust werden. Große Strände gibts beim Ort keine, deshalb auch kein Badetrubel.

Essen & Wohnen & Freizeit: Wie an solchen Orten üblich wechseln Besitzer und Qualität schneller als wir drucken können, aber es gibt genug Kneipen und Restaurants jeder Preislage am Ort. Rarer sind die Übernachtungsmöglichkeiten. Der 1 500 Seelen Ort hält die Kapazität bewußt klein, so sind die 500 Betten in der Saison meist belegt. Ausweichmöglichkeit bieten dann nur die Privatvermieter. Wunderschön liegt das Hotel Port Lligat***, Tel. 258162. Der Ortsteil Port Lligat liegt ca. 1 km außerhalb. Vom Hotel mit Pool herrliche Sicht. Gleich daneben Dalis spektakuläre Burg, beliebter Pilgerort für Touristen, die dann staunend vor den hohen Mauern stehen.

Im Ortszentrum an der Plaza, wo die Busse halten, ist der große Treff. Eine Infotafel gibt Auskünfte über das Übliche. Gleich an der Plaza der In-Treff L'Hostal, Bar, Club, Restaurant mit Garten, gutes Angebot zu nicht überteuerten Preisen.

Das Museo Perrot Moore an der Plaza Frederic Rahola hat eine der wichtigsten Sammlungen europäischer Graphik vom 15.-20. Jh., offen nur am Nachmittag, im Winter geschlossen.

Markt ist jeden Montag am Paseo del Generalisimo, ein Fest gibts zu Ehren der Virgen de la Esperanza am 17. und 18. 12., ein Sommerfest am 5. und 6. August.

Figueras - Dali satt

Der Geburtsort Dalis, Figueras (31 000 E.), liegt einige km westl. der Küste an der Autobahn. Ein Pflichtstop für Freunde des skurrilen Meisters wegen des berühmten Museo Dali.

Handfester sind die guten Übernachtungsmöglichkieten am Ort, die besonders für Durchreisende interessant sind. Man schläft preiswerter als in Frankreich und ist gleich wieder auf Strecke:

Hotels: Das vielgelobte Hotel Ampurdan***, Tel. 500562, liegt an der alten Landstraße (N 2) am Ortsausgang. Von außen eher ein schlichtes Motel. Innen ruhig und gepflegt. Die Zimmer sind für das Gebotene preiswert, (DZ ab DM 60.-). Zum Hotel gehört angeblich eines der besten Restaurants des Landes. Als wir das letzte Mal da waren, hatten wir Pech, auch der Service wirkte eher bemüht als souverän. Trotzdem bietet das Haus sicher weit überdurchschnittliches zu annehmbaren Preisen.

Das Hotel Duran***, Tel. 501250 ist das traditionsreichste Haus (seit 1890) am Ort. Das klassisch stilvolle Hotel liegt im Stadtzentrum, ebenfalls mit ausgezeichnetem Restaurant. Im Ort und an den Ausfallstraßen 14 weitere Hotels.

Museen

Museo Dali, Plaza Salvador Dali. 11-13 Uhr/16.30-19.30 Uhr. In dem umgebauten Theater und auf dem Platz davor begegnet einem allerlei Überraschendes: Philosophenfiguren auf Lastwagenreifen, eine Freiheitsstatue auf einer Säule, in die Fernsehapparate eingelassen sind, etc .... Auch Dali durchaus geneigte Kritiker bezeichneten das Museum schon respektlos als "Geisterbahn und Jahrmarktsbude". Dali-Freunde wird dies alles nicht stören, für Überraschungen ist jedenfalls gesorgt. Die Sammlung wird ständig mit Werken besonders katalanischer Künstler erweitert.

Museo del Ampurdan, Rambla Sara Jorda 2. Im Bezirksmuseum sind griechische und römische Stücke aus dem Ampurdan zu sehen, außerdem Bilder vom 17.-20. Jh.

Dali und die Katalanen

In seinem sehr lesenswerten Essay über die katalanische Lebensart schreibt Werner Herzog (vgl. unter Literatur) auch über die Motive von Dalis Arbeit: Herzog betont dabei den Unterschied zwischen typisch katalanischen Einstellungen und Dalis Arbeiten. Nicht die katalanischen Tugenden Einfachheit, Mäßigung und Ausgewogenheit, sondern Irrationalität und befreiende und zerstörende Impulse und Launen seien in Dalis

Werken zu finden. Andererseits, so Herzog, zeigten Dalis Werke bei aller Chaotik auch eine große Liebe zum Detail und näherten sich hierbei wieder katalanischer Art.
Werner Herzog schreibt hierzu:
"Dalis Steine sind Steine, seine Uhren sind Uhren, seine Schubladen, Pferde, Sterne und phantasiereichsten Gegenstände sind sofort erkenntlich. Sie sind weder abstrakt noch irreal. Die magische Wirkung erzielt der Künstler nur durch die überraschende Verbindung von Elementen."

Ampurias/ La Escala

Die Ruinen bei Ampurias sind Pflicht besonders für Freunde klassischer Kultur. Die Reste der im 6. Jh. v. Chr. gegründeten Siedlung liegen in aussichtsreicher Lage am Meer. Von der griechisch-römischen Bausubstanz sind noch die Stadtmauer, ein Amphitheater, die - mittlerweile versandeten - Hafenanlagen und verschiedene Hausruinen mit sehr reizvollen Mosaiken zu sehen. Bei den Ruinen der 'neuen Stadt' ist ein Museum. Und wer genug gesehen hat, findet an den nahen Stränden reichlich Bademöglichkeiten.

Baden: Gute Strände gibts direkt neben den Ruinen, z.B. nördlich der antiken Mole. Während der Hochsaison natürlich viel Betrieb. Weiter im Norden beginnt die riesige Schwemmebene des Rio Fluvia, endlos lange Sandstrände bis San Pedro Pescador, die selbst die Massen von S.Pedro nicht füllen können.

Sa Tuna Tamariu Llafranch Calella:

Südl. Cap Bagur liegen ein paar einigermaßen normale Ferienorte: Sa Tuna mit wenig Strand, dafür aber mit einer Postkartenbucht voll bunter Boote. Dann der Minihafen Fornells, ein Luxushotel (Fornells Park****, Tel. 476125) und eine Urbanisación stören die Traumkulisse nur wenig: eine bizarre, weitverästelte Bucht mit reicher Vegetation und herrlichen Meerfarben - so schön kann die Costa Brava sein.

Weiter südlich, aber nur vom Land her über Palafrugell zu erreichen, die kleine Bucht von Tamariu. Nur ganz unten am Meer, wo aus alten Fischerhäusern Restaurants und Pensionen geworden sind, ist es reizvoll; landeinwärts wird das Tal mit Ferienhäusern zubetoniert. 2 km weiter südl. Llafranch, ein vergleichsweise organisch gewachsener Ferienort, mit weniger Bausünden als anderswo. Llafranch ist praktisch zusammengewachsen mit dem größeren und lauteren Calella im Süden, dieser Badeort verteilt sich auf sechs Buchten, manche schön bewachsen und luxuriös bebaut. Schön muß es hier einmal gewesen sein:

"Im Sommer jedoch, bei eintretender Abenddämmerung, wenn der Wind sich legt und die Luft so sanft wird, daß die Linien der Dinge weicher und leichter zu werden scheinen, dann kommt die beste Zeit ... Das Licht der Sonne fällt nicht mehr direkt auf die Häuser ein, das Weiß ihrer Mauern nimmt eine seltsame, pfirsichfarbene Tönung an, aus den Fensterscheiben scheint dicker Orangensaft zu fließen ..." (Josep Pla im Merian)

An der Bucht von Aiguablava der staatliche Parador, die Herberge erinnert von außen wirklich eher an "ein Flughafengebäude als an ein Hotel", wie der ADAC-Strandführer nörgelt. In die Landschaft paßt der Klotz sicher nicht, Service und Speisen bestätigen leider den äußeren Eindruck. Auch hier machten wir wieder die Erfahrung, daß Paradores in beliebten Touristengebieten, und ganz besonders an den Mittelmeerküsten, weit unter dem gewohnten Niveau liegen - nur die Preise sind auf konstant hohem Niveau.

Adios Costa Brava: **Lloret de Mar**

An Häßlichkeit kaum zu übertreffen sind die Orte ab **Playa de Aro** und weiter südlich, den Gipfel bildet die Ferienwüste von **Lloret de Mar.** Hier steigt die Einwohnerzahl in der Saison von 12 000 auf 120 000, übelste Hotelbauten, sprachlos stiert man auf Beton, Beton, Beton...

Allein in den Hauptferienmonaten Juli und August kommen ca. 150 000 'Urlauber' nach Lloret, 40% davon sind Deutsche. Soviel Fremde kommen im gleichen Zeitraum nicht nach ganz Portugal. Und auch während der Wintermonate nimmt das Elend kein Ende: Busreiseveranstalter karren dann zu Tausenden Billigreisende und Renter in die Bettenburgen. Auch **Tossa de Mar,** früher einmal ein schöner Ferienort, hat es mittlerweile erwischt. Die Altstadt ist eingeschnürt von geistlosen Hotelsilos. Ferienbrei wohin man sieht.

Schlimm: Mit den Grundstückspreisen steigen die Hochhäuser, mit denen der Abfall. Obwohl alljährlich gut abkassiert wird, haben einige Gemeinden noch nicht einmal eine Kläranlage. An der Spitze wieder einmal Lloret. Über 200 Hotels und über 600 Restaurants und Buden - keine Kläranlage, die ist erst für 1986 geplant, derweil wird das Abwasser mit einer 2 km langen Leitung in 60 Meter Tiefe ins Mittelmeer gepumpt. Der Wind sei den armen Irren gnädig ...

GERONA

90 000 E..
TI Calle Ciudadanos 12. 100 km von Barcelona, 725 km von Madrid.

Die Provinzhauptstadt ist für viele Touristen erster und letzter Kontakt mit Spanien: Charterflugreisende fliegen via Gerona an die Costa Brava, dann gehts in die Busse und ab. Eilige Autotouristen kennen Gerona nur von den Autobahnschildern, halber Weg zwischen der Grenze und Barcelona. Das ist schade, denn obwohl auch Gerona einige Industrieansiedlungen verkraften muß, bietet die Stadt einiges: Einen wunderschönen alten Stadtkern mit klassischen Sehenswürdigkeiten, angenehme Atmosphäre und einige Ausflugsmöglichkeiten. Sie eignet sich außerdem als Ausgangspunkt für Fahrten in die östlichen Pyrenäen.

Orientierung

Den besten Überblick über Gerona bekommt man von einer der Brücken im Stadtkern. Der Rio Onyar teilt die Stadt, von Süden aus gesehen rechts die Altstadt, leicht ansteigend zur mächtigen Kathedrale. Links vom Fluß die neueren Stadtteile, dort auch der Bus- und Zugbahnhof, ca. 20 Fußminuten zum Zentrum. Die Sehenswürdigkeiten liegen im alten Stadtteil, den man zu Fuß am schönsten über die baumgesäumte Hauptstraße Rambla de la Libertad erreicht. Die Rambla ist weitgehend verkehrsfrei, mit den Bars und Cafes ist sie zugleich Treff und Ausgangspunkt für den abendlichen Paseo.

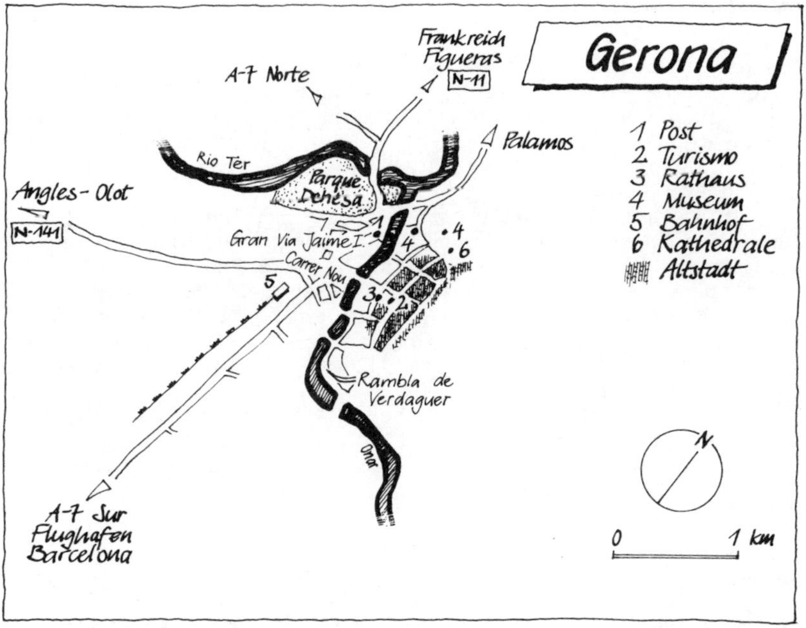

Das **Turismo** liegt in der Altstadt, nahe der zentralen Plaza del Vi, in der Calle Ciudadanos 12, Tel. 101694. (Stadtplan, eingezeichnet die klassischen sights und Museen, Unterkunftslisten, auch mit Privatvermietern). In der Ciudadanos liegen auch viele preiswerte **Unterkünfte** (z.B. Hostal del Centro, Nr. 4).

Essen: Zahlreiche, oft sehr urige Restaurants in der Altstadt, z.B. in der Calle del Forca, die hinauf zur Kathedrale führt. Die Forca war früher Zentrum des Judenviertels, in diesem Bereich liegen noch heute die reizvollsten Gassen, oft nur Treppenpfade, alle zur Kathedrale zentriert.

Der lokale Schlemmertreff ist das Restaurant Cipresaia, Carreras Peralta 5, Tel. 215662. Wir waren selbst nicht drin, soll aber bei moderaten Preisen sehr gut sein - schreiben Sie mal wie's war!

Stadtrundgang

Die eigentliche Sehenswürdigkeit Geronas ist das kompakte, guterhaltene Altstadtviertel. Am einfachsten man läuft durch die Gassen vom Turismo oder von den Ramblas aus in nordöstlicher Richtung nach oben, man gelangt so von allein in die höhergelegenen Teile der Altstadt und zum krönenden Abschluß zur Kathedrale.

Zur Kathedrale führt eine 90-stufige Freitreppe. Mit dem gotischen Hauptbau wurde im 12. Jh. begonnen und er wurde erst im 16. Jh. abgeschlossen. Die barocke Fassade wurde noch später angefügt. Imposant ist besonders der mächtige innere Kirchenraum, der als größter gotischer Kirchenraum der Welt gilt. Darin diverse Grabmäler und eine Schatzkammer mit einem Wandteppich aus dem 11. Jh., der die Schöpfungsgeschichte zeigt.

Nahe der Freitreppe zur Kathedrale kann man sich die Baños Arabes ansehen. Die arabischen Baderuinen in Gerona sind, neben der prächtigen Anlage in Granada, die eindrucksvollsten im Land.

Umgebung von Gerona

Das Umland von Gerona bietet ein paar schöne Ausflugsmöglichkeiten, interessant ist besonders die unerwartet reiche Vegetation und die wilde, teilweise einsame Landschaft westlich Gerona im Bereich des aufgestauten **Rio Ter** - hier gibts eine Menge ruhiger Bademöglichkeiten für Costa Brava Geschädigte.

Die Region wird von Auslandstouristen kaum besucht, eher von Einheimischen als eine Art Sommerfrische, aber im Vergleich zur Küste ist nichts los - an vielen Orten kann man einkehren und gut, spanisch und preiswert essen.

Vorschlag für eine Rundfahrt in die Provinz: Wer die Nase voll hat von der quirligen Küste, kann auf dieser Rundfahrt viel Landschaft und spanische Provinz sehen, freilich auch schon hier wieder achtlos verbautes Land, eben spanischer Alltag.

Von Gerona zuerst nach Nordwesten bis **Banolas** (10 000 E.) Die Kleinstadt mit altem Stadtkern liegt in angenehm grüner Umgebung, sehenswert die Plaza Mayor, mittwochs Markt im Zentrum. Gute Wandermöglichkeiten um den See, z.B. nach Porqueras, am See diverse Bademöglichkeiten, an Wochenenden aber viel Motorboote und Lärm.

Ab Banolas gibt es zwei schöne Strecken bis Olot und weiter nach Ripoll, beide Städte sind schon recht stark industrialisiert und verbaut. Am lohnendsten ist die Variante über **Besalu** (2000 E., 151 m). Besalu ist mit seinem vollständig erhaltenen mittelalterlichen Stadtkern ein Freilichtmuseum, und wenn die Tagestouristen abgezogen sind, bietet das Städtchen eine wunderbare Stimmung, Übernachten in einer der einfachen Fondas lohnt also ganz sicher. Wunderschön die Plaza Major im Zentrum (Di. Markt auf der Plaza Liberdad).

Auf die historische Bedeutung von Besalu deutet schon die große Brücke über den Rio Fluvia hin. Der kleine Ort war so wichtig, weil die Mauren aus diesem nördlichen Teil des Landes schon zwischen dem 8. und 9. Jh. vertrieben wurden. Der so entstandene herrschaftsfreie Raum wurde von kleinen Königtümern ausgefüllt, eines davon war Besalu. Die guterhaltene Bausubstanz ist so ein Symbol vergangener Bedeutung. Ein weiteres historisches Dokument liegt außerhalb der Stadt im alten Judenviertel, auf der anderen Seite der Brücke: 'Mikwah' - ein Badehaus aus dem 12. Jh.

Weiter auf der C-150 erreichen Sie **Ripoll**, sicher keine Stadt für längeren Aufenthalt. Aber für Freunde romanischer Bauwerke ein Pflichtstop: das Benediktinerkloster Santa Maria (erbaut ab 874) hat einen der eindrucksvollsten Kreuzgänge der Halbinsel, prächtig auch das Westportal.

Entdecken: Die Gegend südlich von Ripoll ist etwas für Freunde einsamer Landschaft, besonders mit dem Auto gibts hier viel zu entdecken. Schmale Straßen führen durch das reizvolle Mittelgebirge der Sierra de Monsent - touristisches Niemandsland, viele Wandermöglichkeiten ohne feste Wege, z.B. um S. Augustin, S. Eulalia, S. Baudilio.

Die Pyrenäen nördlich von Ripoll bieten dagegen wenig Anziehendes, durch die Erschließung zum Skigebiet während der letzten Jahre wurde die Gegend sicher nicht attraktiver.

Von Ripoll weiter nach Süden in Richtung **Vich** (35 000 E.).In Vich gibts ein Gourmet-Restaurant, L'Anec Blau, Verdaguer 21-23, Tel. 8853151, nicht billig, auch etwas rausgeputzte Räume, aber feine Gerichte.

Interessanter als die Stadt ist die Landschaft im Osten von Vich: Der Rio Ter wurde zu einem Seensystem aufgestaut, das in einsamer wilder Berglandschaft liegt, ideal zum Relaxen und für ruhiges Schwimmen. Anfahrt z.B. nach Villanova de Sau (der alte Ort verschwand im Stausee). In Villanova das einsame Hostal La Riba, Tel. 8887331, schön am See gelegen, ideal für ruhige Tage am Wasser.

Hoch über dem See liegt der staatliche Parador Nacional de Vich****, Tel. 8887211, Neubau in Traumlage über dem See, Pool, Tennis, recht gute Küche.

Barcelona

"Es ist keine einfache Stadt, es ist keine Stadt, deren Tugenden und Fehler, deren Charakter in wenigen, wohlgesetzten Worten zusammengefaßt werden könnte. Wer das Unkomplizierte liebt, dem wird sich die Stadt kaum erschließen."

Jose Maria Carandell

2,5 Mio. E.

Wer erst einmal die schier endlosen Industrievororte mit ewig qualmenden Schloten und die tristen Wohnsteppen hinter sich hat, wird vielleicht begeistert sein. Barcelona, die Hauptstadt der autonomen Region Katalonien, ist im Zentrum eine ungemein lebendige, vielfältige Stadt mit einer Fülle urbaner Attraktionen: Die breiten Boulevards der Ramblas, die lebendige Altstadt mit bunter Alltagskultur im gotischen Viertel, der Hafen, international bekannte Einkaufsmöglichkeiten, ein kulinarisches Angebot jeder Qualitäts- und Preisklasse. Natürlich auch klassische sights.

Sicher, Barcelona ist ein Moloch. Der Ballungsraum mit über 3 Mill. Einwohnern ist die wirtschaftsstärkste Region im Land - mit allen Vor- und Nachteilen, dazu gehören auch die unsäglich tristen Vororte, die permanent schlechte Luft, Dauerlärm, Wohnungsnot, Armut und Reichtum im Zentrum: eine lebendige, brutale, schöne Großstadt...

Im Zentrum ist Barcelona attraktiv. Hier ist die Bühne, der Brennpunkt spanischer Alltagskultur. Und im Eintauchen in dieses Wuseln, im schlichten Dasein liegt auch die Hauptattraktion, die Barcelona dem Fremden bieten kann. Wenn Sie sich also gern treiben lassen, sich einer Stadt ausliefern können, dann werden Sie in Barcelona Ihre Freude haben - mehr als in jeder anderen Stadt Spaniens.

Und wenn es irgendwo einen Sinn hat, an der toten Kultur der Geschichtsbücher und oberlehrerhaften Reiseführer einfach vorbeizulaufen, dann in Barcelona. Der Alltag ist hier allemal spannender als Tempelstufen.

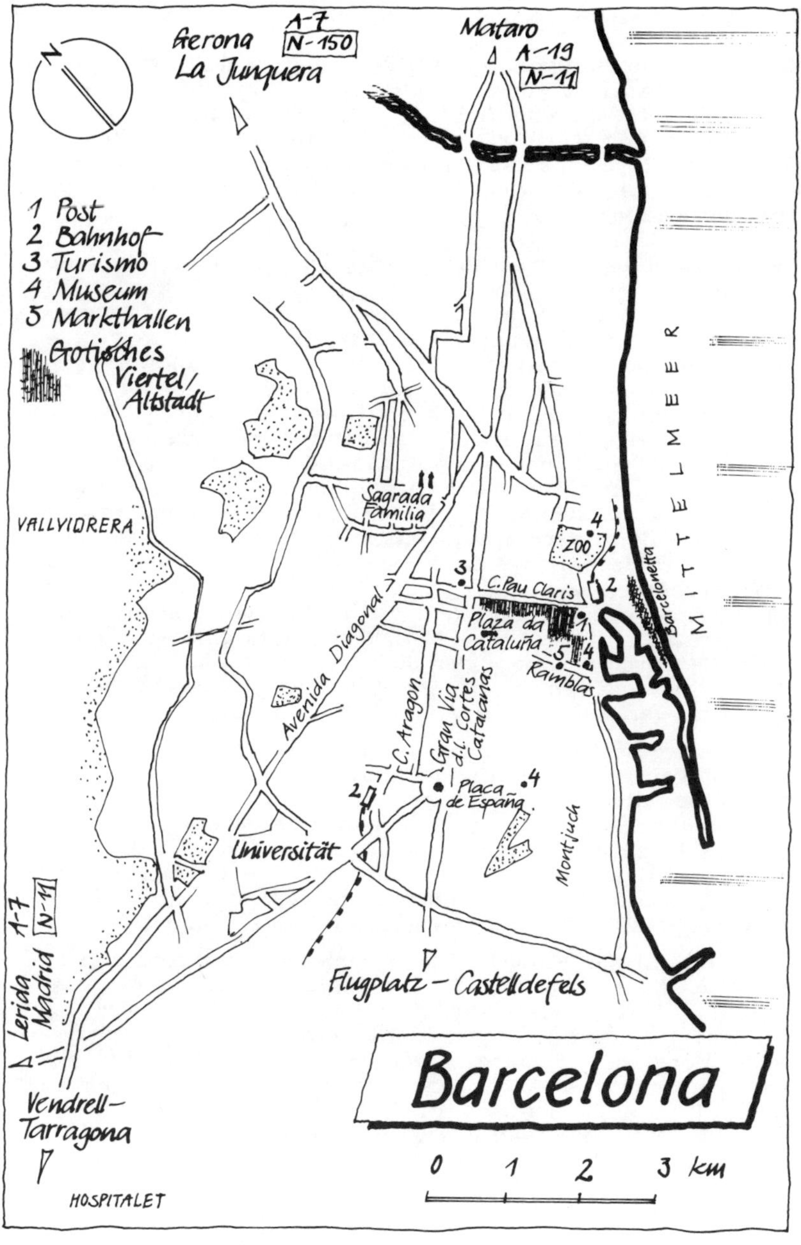

Gerona
La Junquera
A-7
N-150
Mataro
A-19
N-11
N
1 Post
2 Bahnhof
3 Turismo
4 Museum
5 Markthallen
Gotisches Viertel/Altstadt
Sagrada Familia
VALLVIDRERA
ZOO
C. Pau Claris
Plaza da Cataluña
Ramblas
Barceloneta
MITTELMEER
Avenida Diagonal
C. Aragon
Gran Via d.l. Cortes Catalanas
Placa de España
Montjuch
Universität
Lerida
Madrid
A-7
N-11
Flugplatz – Castelldefels
Vendrell–Tarragona
HOSPITALET
Barcelona
0 1 2 3 km

Barcelona: Geschichte und Hintergrund

Zählen Eigenständigkeit, Vitalität und Wirtschaftskraft, dann ist Barcelona nicht nur die heimliche Hauptstadt des Landes - Barcelona lebt aus sich heraus, das größere Madrid verdankt seine Bedeutung den dirigistischen Maßnahmen einer Zentralregierung. Barcelona ist das historisch gewachsene Zentrum Kataloniens, der ökonomisch und politisch bedeutendsten Region des Landes.

Die Entwicklung: Barcelona war römische Kolonie, Hauptstadt während der westgotischen Invasion, die Mauren kamen 716 und mußten schon 801 wieder gehen. Dann wurde Barcelona neben Genua und Venedig der wichtigste Handelsplatz am Mittelmeer. Schon früh organisierten sich die Handwerker zu Ständen (menestrals), die, sozial anerkannt, den Schutz der Kirche hatten und damit auch politisches Gewicht.

Diese straffe Organisation der Handwerksklasse, die in südeuropäischen Ländern die Ausnahme ist, war sicher ein Hauptgrund für die ungewöhnlich schnelle und dauerhafte Entwicklung der Region Katalonien. Nirgendwo sonst in Spanien gibt es ein derart rationales, seit Jahrhunderten entwickeltes Wirtschaftssystem, das das Produkt eigener Hände Arbeit schätzt. Ganz im Gegensatz zu der noch immer üblichen mediterranen Einstellung, daß nicht Kompetenz, sondern Besitz ehre. Wichtig für die Entwicklung Kataloniens war sicher auch die Durchlässigkeit der Stände. Neben den Handwerkern hatten die 'artistes' (u.a. Ärzte, Notare, Apotheker) sowie Kaufleute und Adlige eine Stimme im Rathaus.

Der Niedergang: Bürgerkriege, der erzwungene Anschluß an das Königshaus Kastiliens und damit verbunden die Unterwerfung unter die zentralspanischen Interessen führten zu einer Schwächung Barcelonas, dazu kam die Entdeckung Amerikas und als Folge die Verlagerung des Seehandels von der Mittelmeer- zur Atlantikküste. Die Madrider Zentralregierung sah die Chance zur weiteren Entmachtung des Rivalen und er schwerte den Handel immer mehr mit Gesetzen und Zöllen.

Das katalonische Wunder: Der gewachsene Handwerksstand und die alten Handelsbeziehungen zu England waren die ideale Grundlage, als es darum ging, neue Technologie rasch anzuwenden. 1740 gab es in Barcelona keinen einzigen mechanischen Webstuhl, 50 Jahre später um 1000. Die Textilindustrie war denn auch der Anfang der enormen industriellen Entwicklung, die ab 1800 im Großraum Barcelona einsetzte. Die verkehrsgünstige Lage und der Wasserreichtum waren unerläßliche Voraussetzung für diese Entwicklung.

Die Lebensart: Es ist klar, daß sich auf dieser Insel ökonomischen Wachstums auch eine eigenständige Lebensweise ausprägte. Das Katalanentum ist noch heute - obwohl durch Zuwanderung vielfach gebrochen - eine lebendige Lebensart und nicht folkloristisches Kastagnettengeklapper. Im katalanischen Rundtanz 'sardana' (siehe weiter unten) findet diese Einstellung ihre reinste, rituelle Ausdrucksform. Weniger asketisch überformt, dafür vielleicht symphatischer und allemal faszinierend ist das Katalanentum in Zentrum Barcelonas. So ist die Flaniermeile Ramblas, trotz aller Neuerungen und Touristenmengen, noch immer eine einzigartige Freilichtbühne. Augen auf - Leben pur wartet!

Barcelona Orientierung

Zurechtfinden im Zentrum ist einfach, der Altstadtbereich ist übersichtlich, die meisten Adressen sind zu Fuß zu erreichen. Zu den entfernteren Plätzen fährt man am einfachsten mit der effektiven Metro. **Parken** im Zentrum ist schier unmöglich, außerdem wird systematisch geklaut. Am besten und sichersten parkt man im Parkhaus (s. auch weiter unten).

Besorgen Sie sich zunächst einen großen Stadtplan, den gibt es z.B. bei den drei **Touristenbüros**: Am zentralsten das Büro im gotischen Viertel Barrio Gotico, an der Plaza de San Jaime, beim Rathaus. Die anderen: Gran Via Nr. 658 (Hauptoffice), nahe der Plaza Cataluna; und das Büro im Bahnhof Estacion Francia. Alle Büros verteilen den Stadtplan mit Metroplan, informieren über Bus-, Zug- und Fährverbindungen, ha ben Hotellisten etc.

Vorsicht: In der Altstadt wird extrem geschleppt und geklaut. Laufen Sie also nicht jedem 'Helfer' nach. Halten Sie Ihre Siebensachen gut fest, und befolgen Sie den klugen Rat der Parkwächter, "Nada en la coche" = Nichts im Auto lassen!

Zurechtfinden

Orientierungspunkt und Zentrum des urbanen Lebens sind die **Ramblas**: Das sind die weltberühmten Prachtboulevards, fast 2 km lang, baumgesäumt. Sie verlaufen vom Kolumbusdenkmal am Hafen leicht ansteigend bis zum Ende der Altstadt bei der riesigen Plaza Cataluna. Die U-Bahn folgt den Ramblas.

Die Altstadt beginnt direkt hinter dem Hafenbereich mit einer Unmenge von Kneipen, Kabaretts und Amüsierbuden, ein einziges red-light-district, am konzentriertesten im 'Barrio Chino', hier gibt's fast alles, ganz sicher sex & drugs & rock'n roll (oder Flamenco), sicher auch Klau & Nepp und triste Unterhaltung in abgewetzten Höhlen. Aber auch preiswerte und originelle Pensionen, besonders in den Seitenstraßen der Ramblas, speziell um die C/Escudellers und die C/Boqueria. Hält man sich an die üblichen Vorsichtsregeln, ist das Viertel auch nicht sonderlich unsicher. Die beiden o.g. Straßen liegen schon am Übergang zum gotischen Viertel, dem Schmuckstück der Altstadt, zwischen den beiden Straßen liegt die charmante **Plaza Real**, ein Platz zum Träumen, mit leicht verkommenen Barockfassaden, Arkadengängen, Bars und dem gesamten Stadtpublikum von Tauben, Freaks und Rentnern.

Östlich der Plaza Real beginnt das **Barrio Gotico** mit einem Gewirr von immer engeren Gassen und Winkeln. Wohl kaum eine andere Stadt Südeuropas bietet so ein lebendiges Altstadtquartier. Kein langweiliger Vorzeigekitsch und keine überrenovierten Fassaden, sondern ein Nebeneinander von traditionsreichen Läden, Handwerkern, einfachen, oft ärmlichen Wohnungen und Kneipen. Im Zentrum des gotischen Viertel steht, auf dem höchsten Punkt der Altstadt, die Kathedrale.

Die **Plaza de Cataluna** ist das Verwaltungs-, Banken- und Verkehrszentrum (Bus/U-Bahn) der Stadt. Sie bildet das nördliche Ende der Altstadt und der Ramblas. Nördlich der Plaza beginnen die riesigen Häuserquadrate der am Reisbrett geplanten neuen Stadt. 1856 wurde mit dem Bau dieser sozialen Utopie begonnen, die heute nur noch trist und traurig wirkt. Das neue, moderne Geschäftszentrum, das weniger von Touristen besucht wird, liegt zwischen dem Paseo de Gracia und der Avenida Diagonal. Die Gracia ist die eleganteste Einkaufsstraße der Stadt, hier liegen die Trendläden wie auf einer Perlenkette.

Barcelona erleben

Nochmal: lassen Sie den Baedeker im Hotel, Barcelonas Alltag ist so reizvoll, daß man sich nicht in Museen verkriechen muß.

Wir geben im folgenden ein paar Hinweise für Stadtwanderungen, jeder Tip kann aber leicht zum Halbtagesprogramm werden, alle zusammen sind fast schon ein Wochenprogramm und dürften deshalb für die meisten Reisenden genügen. Wer ein paar Tage in der Stadt ist, braucht eh kein Buch mehr. Für Leute, die es ganz genau wissen wollen, noch zwei Literaturtips:

Wer Barcelona ausführlich mit allen klassischen Sehenswürdigkeiten anschauen möchte, kauft sich am besten den neuen dtv-Merian Reiseführer über Barcelona/Costa Brava. Darin jede Menge sights und Rundgänge, dazu (für Statistiker), eine Fülle brauchbarer und nutzloser Adressen, Telefonnummern, etc...

Wer Barcelona abseits der ausgelatschten Touristenpfade entdecken möchte und wenigstens ein paar Worte Spanisch kann, muß sich den 'Guia Secreta de Barcelona' von Jose M. Carandell kaufen. In jedem Buchladen in der Stadt.

Die offiziellen Veranstaltungskalender der Stadt 'Barcelona Dia a Dia' und 'La Guia del Olio' gibts z.B. im Touristenbüro.

Ramblas und Plaza Real

Der Stadt zuschauen und ausruhen, träumen und mittendrinsein, dazu gibts die Ramblas. Zwei Kilometer Laufsteg, Kioske, die tausendmal fotographierten Vogelhändler, Flaneure. Seitengassen, in denen sich eine neue Welt auftut. Hier ahnt man, wie anregend Stadtleben sein kann. In einem Merian-Essay erzählt Gregor von Rezzori wehmütig von den großen Promenierstraßen, die heute mehr und mehr verschwinden, weil ihr Geist, die mußevolle Bewegung, ersetzt wird durch den hastigen Takt des Verkehrs und der Bürogänger.

"Die heitere Lässigkeit und die Menschlichkeit dieser Straßen ist im Schwinden begriffen, wenige sind geblieben, was sie einmal waren: Oasen des vom Alltag befreiten Müßigganges."

Auf den Ramblas spürt man trotz allem Verkehr, Lärm und Gestank noch ein wenig von dieser alten Boulevard-Stimmung.

Der obere Teil der Ramlas ist der noblere. Hier liegen die prächtigen Blumenstände und die edlen Straßencafes. Mit zunehmender Hafennähe wird die Szenerie volkstümlicher. Im untersten Teil und beim Hafen wirds lebendig bis herb.

Ein paar kuriose Treffs: 'Mumbru', der wohl älteste Kolonialwarenladen (gegr. 1897) an der Rambla de Estudio, Nr. 115, mit einem schönen Jugendstileingang. Scenetreff: Cafe de la Opera, Rambla Nr. 74. Drei schöne, originelle Bars nahe der Rambla: Bruno, Calle Lauria 69, Centro, Calle Girona 69 und London Bar, Nous de la Rambla 34.

Am eindrucksvollsten an den Ramblas kann der Besuch vom 'Mercado de la Boqueria' sein, die Einheimischen nennen den unglaublich reichhaltig bestückten Markt kurz '**San Jose**' (nach dem Teil der Rambla, an dem er liegt).

Ab morgens 6 Uhr (außer So.) Obst, Gemüse, Fisch in jeder denkbaren Sorte. In der wuseligen Halle mehrere Bars, u.a. der Treff 'Pinocchio-Bar', wo Sie ab 6 Uhr morgens frühstücken oder die Nacht beenden können, mit Kaffee, oder mit feinem, herben Weißwein. Auch der Markt ist am frühen Morgen am schönsten, wenn nur die Profi-Einkäufer durch die riesigen Hallen eilen.

Plaza Real

Wem die Ramblas zu quirlig sind, wer mitten in der Stadt seine Ruhe haben will - aber nicht allein sein möchte - , der geht im unteren Teil der Rambla ein paar Meter nach Osten, zur Plaza Real. Ein riesiger Patio, Arkadengänge, Cafes und Kneipen (z.B. Reixas !!), wohl nirgendwo läßt sichs angenehmer herumhängen, zwischen Rentnern, Privatiers, Freaks, Touristen und Dealern (Standardfrage: "You want chocolate?"), alles gerahmt von maroden Barockfassaden, wer hier mit einer guten Zeitung sitzt, kommt so schnell nicht mehr weg. (Nebenbei zur Presse: La Vanguardia, rechtskonservativ; Diario de Barcelona, früher rechts, heute liberal; El Periodico, linksliberal.)

Barrio Gotico

Nur ein paar Meter östlich der Ramblas liegt, im Herz der Altstadt, das gotische Viertel, nur wenige Großstädte können noch ein so intaktes, lebendiges Viertel bieten, das trotz der unvermeidlichen Touristenmassen noch soviel unverkrampfte Vitalität besitzt. Es gibt viele guterhaltene gotische Bauten, die eine reizvolle Fassade für Kleinkunst jeder Art abgeben: Wunderschöne kleine Geschäfte, Kneipen, abends Nachtleben bis über die Grenze des Halbseidenen.

Viele 'botiguers', dies sind die Besitzer der kleinen, spezialisierten, traditionell eingerichteten Läden, haben sich hier niedergelassen. Auch sie sorgen dafür, daß das Viertel noch nicht ganz zur hohlen Fassade für den Verkauf von Touristentand geworden ist. Über eine der charaktervollen Gassen, die enge, nur 150 m lange Carrer de Petrixotl, schreibt Werner Herzog (vgl. auch unter Literatur):

"Am Eingang der Gasse hat sich Joseph Roca niedergelassen. Er führt einen gediegenen Laden, der solides Bürgertum und sorgfältig erworbenen Reichtum atmet. Der Verkaufsraum ist mit dunklem Holz ausgekleidet... alles ist blitzsauber, der Ton ist gedämpft, ältere Herren bedienen. Joseph Roca verkauft nur Messer und Scheren.... Im Haus Nummer zwei neben den Rocas hat sich der Buchhändler Quera niedergelassen. In dem engen Laden riecht es nach Leder, Holz und Kampfer. Queras Buchladen ist ein Hort des Katalanentums. Der ältere Herr und seine Tochter verkaufen nur Bücher über Katalonien und die Berge der Welt ...."

Neben der Buchhandlung ein weiteres Kleinod, die Chocolateria Dulcinea, seit 160 Jahren wird hier Schokolade ausgeschenkt: Die dickflüssige, mit Wasser gerührte Spanische. Die Schweizer mit Sahne und die Französische mit Milch. Dazu köstliche Kleinigkeiten zum Imbiss. Ein traditioneller Treff, besonders am späten Nachmittag - oder vor dem Abend.

Straßennamen

Auch hier wieder ein Ausdruck des Selbstbestimmungswillens: Schneller als anderswo waren nach Francos Tod in Barcelona die verhaßten Straßennamen weg. Während in der Provinz noch viele Avenidas und Plazas an den Generalisimo erinnern, war in Barcelona schnell Kehraus. Die Avenida Generalisimo heißt schon lange wieder Av. Diagonal und die Plaza Hispanidad wurde zur Plaza Pablo Neruda. Aus der Straße der Einheit wurde eine Straße der Autonomie, aus der Straße der nationalen Bewegung eine Straße der Demokratie.

Die Kathedrale: Wer im Barrio Gotico nicht auf klassische Kultur verzichten mag, sollte sich die Kathedrale im Zentrum des Viertels ansehen. Der gotische Bau entstand ab Ende des 13. Jh., nach über 150 Jahren war der mächtige Dom in wesentlichen Teilen fertig. Innen ist die Kirche reich ausgestattet, z.B. mit farbenprächtigen Glasgemälden, beeindruckend der Kreuzgang mit Palmen im Innenhof, gut zur Orientierung der Blick vom südwestlichen Turm. Vor der Kathedrale ist jeden Sonntagmorgen um 12 Sardana angesagt, vgl. weiter unten.

Vom Barrio Gotico ist es nicht mehr weit zum berühmten **Picasso-Museum** in der Carrer Montcada 15, (Mo. geschl.). Das Museum liegt nahe der breiten Carrer Princesa, die vom gotischen Viertel zum Stadtpark führt. Zu sehen ist die größte Sammlung von Picassowerken der blauen und rosa Zeit, aber auch Exponate aus der kubistischen und neo-klassischen Zeit Der Meister wurde zwar in Malaga geboren, lebte aber im Alter zwischen 14 und 23 in Barcelona. Drei Jahre vor seinem Tod, 1970, schenkte Picasso die Werke der Stadt Barcelona.

Stadterweiterung Eixempla Slums

1850 hatte Barcelona gerade 170 000 Einwohner, trotzdem muß die Enge in der Stadt schier unerträglich gewesen sein. Die alten Festungsmauern schnürten die Stadt ein, sie erschwerten Leben und Handel. Epidemien waren üblich. Die kastilische Zentralregierung in Madrid verhinderte lange Zeit das überfällige Schleifen der Mauern, weil ihr klar war, daß Barcelona nach dem Fall der Mauern stärker und selbstbewußter werden würde. 1859 war es dann aber endlich soweit: nach einem Plan des noch jungen Ingenieurs und Sozialpolitikers Cerda wird im großzügigen Schachbrettmuster eine Neustadt angelegt. Das quadratische Raster war Basis eines Gleichheitskonzeptes, jeder sollte genügend Luft, Licht und Raum zum Leben haben. Die Straßen waren ungewöhnlich breit, angelegt für Dampfmaschinen. Bebauungshöhe und Zahl der sozialen Einrichtungen pro Viertel waren festgelegt. Doch aus der am Reißbrett geplanten schönen neuen Welt wurde nichts: Die ordnenden Kräfte der Sozialutopisten waren schwächer als die einer boomenden kapitalistischen Metropole. Die gerasterten, erschlossenen Bauflächen zogen Spekulanten an, schon damals vollzog sich, was ein Jahrhundert später nochmal an den Küsten ablief: Mit dem Wert des Geländes wuchsen auch die Häuser in den Himmel, der Staat war einmal mehr zu schwach zur sozial gelenkten Intervention. Cerda plante eine Bewohnerdichte von 250 pro Hektar, 1890 mußten auf dieser Fläche schon 1400 Menschen leben, 1925 gar 2000 und 1960 über 3800!

Heute sind Cerdas Utopien eine riesige Hypothek für die Stadt geworden: Die Wohnungen in der Neustadt wurden immer teurer, unbezahlbar für die Arbeiter, die, angelockt vom raschen Wachstum der Metropole, in immer größeren Scharen aus den ärmeren Landesteilen zuzogen. Besonders die hoffnungsvollen Armen aus Andalusien, die 'anderen

Katalanen', siedelten zunächst in den Slums am Stadtrand oder in der Altstadt. In rasendem Tempo wurden zwischen 1960 und 1980 immer neue, qualitativ schlechte Wohnghettos ohne soziale Infrastruktur gebaut, z. B. Badalona und Sabadell. Aber anders als bei uns verkrochen sich viele Bewohner nicht in der Isolation, sondern organisierten sich, größtenteils in linken, kommunistischen oder anarchistischen Zirkeln, wobei Anarchismus in Spanien eine andere, historisch gewachsene, positivere Bedeutung hat als etwa in Deutschland. Die sozialen Spannungen in den neuen Vorstädten sind denkbar groß, Extremismus und Kriminalität haben Konjunktur. Da sind eben neue Lebenstechniken gefragt, eine davon hat gerade in Katalonien Tradition.

Spruch in einer der Vorstadtkneipen, die für Sozialtouristen ganz sicher interessanter sind, als die Bodega-Folklore im Zentrum:
"El anarquismo, hombre, es una forma de la vida".
1936, vor dem Franco-Faschismus, war Barcelona einen kurzen, heißen Sommer lang anarchistisch. (Als Lektüre dazu kann man Enzensberger, Der kurze Sommer der Anarchie, nicht genug empfehlen). Eine leistungsfähige Metropole, damals ständig gegängelt von der Zentralregierung in Madrid, eigentlich ist es klar, daß in diesem Klima 'la anarquia' entstehen mußte. Auch heute gibt es libertarios, die in den tristen Vororten cooperativas betreiben, von der Polit- und Sektkneipe, wo es xampagna für 40 Pfennig gibt, bis zum Gemüseladen. Gegrüßt wird dort nicht mit dem bürgerlich, formellen "buenos dias", sondern mit einem geraden "salud".

Zum Hafen und nach Barcelonetta

Hafenfreunden braucht man ja die Reize eines großen Hafens nicht zu erklären, aber auch überzeugte Landratten sollten in Barcelona mal durch die Hafengegend schlendern, in Barcelonetta wird der Ausflug dann mit einer Fülle von Fischrestaurants belohnt.

Am besten startet man unten am Hafen beim Kolumbusdenkmal an der Plaza de la Paz. Barcelona ist neben den Atlantikhäfen Gijon und Bilbao der wichtigste Hafen des Landes. Hafenrundfahrten gehen ab der Mole beim Denkmal. Hier fahren auch die Fähren auf die Balearen (Auskunft bei den

Agenturen im Hafenviertel und beim Touristenbüro). Der Balearen-Quai liegt am Ende der Muelle de Barcelona, die ca. 100 m südl. vom Denkmal beginnt. Ebenfalls an der Plaza de la Paz (Südseite) liegt das Marinemuseum (Mo. geschl.). Zu sehen gibt es dort Schiffsmodelle in historischen Hallen und einen Nachbau der Kolumbus-Caravalle 'Santa Maria'. Lebendiger ist ein Gang entlang der ausgedehnten Hafenanlagen. Wenn Sie etwas Zeit und Lauflust haben, können Sie dem Paseo de Colon nach Norden folgen und um das Hafenbecken herum zum Stadtteil **Barcelonetta** wandern. Das alte Fischerviertel ist heute natürlich weitgehend verstädtert, aber noch immer gibt es eine Menge von Fischrestaurants, die meisten am Stadtstrand 'Playa San Miguel'. Nach Südwesten hin beginnt die kilometerlange Außenmole 'Muelle de Levante', nach Nordosten erreicht man den Stadtstrand, baden möchte man in der Brühe nicht, eher dasitzen oder am Paseo Maritimo flanieren.

Essen: Die Qualität der Restaurants in Barcelonetta streut gewaltig, warnen möchten wir gleich vor dem größten und auffälligsten 'El Deporte', zwar sieht alles sauber und adrett aus, weiße Decken und eine einsehbare Küche sollen Vertrauen erwecken, die auffällige Leuchtreklame lockt scharenweise Kunden an, die sich dann einen weitgehend geschmacklosen Pamp vorsetzen lassen müssen. Besser hat es uns im 'L'Aurora' (ebenfalls Playa San Miguel) geschmeckt. Auch von der Deutsch übersetzten Karte sollte man sich nicht verunsichern lassen - kein Touristennepp, der Fisch ist frisch und wird sachgerecht zubereitet, die Preise sind o.k. Aber es gibt noch genug andere Kneipen für weitere kulinarische Entdeckungen, z.B. auch das bekannte und vielgelobte 'Can Costa', Calle Juicio, schreiben Sie uns doch über Ihre Erfahrungen...

Ausruhen in der Stadt

Im Stadtpark: Parque y Jardines de la Ciudadela. Das 30 ha große Grüngelände mit Zoo, See und Museo de Arte Moderno (Malerei 18.-20. Jh., auch Dali und Miro) beginnt nördlich des Bahnhofs Estacion Francia, er bietet genug Platz für Ruhe und Entspannung.

Parque Güell:

Calle Larrad, Buslinien 10, 24 und 31. Diverse Arbeiten des Meisters Gaudi, der wohl der bekannteste Exponent des 'Modernisme', der spanischen Spielart des Jugendstils, ist, sind in dem Park verstreut. Nichts war zu kurios, als daß es hier nicht realisiert worden wäre: Ruhebänke in Schlangenlinien, steinerne Storchennester, Häuser wie Zuckerguß, am Ende der Bauzeit von 1910 bis 1914 wollte niemand in der als Wohnpark gedachten Anlage wohnen, nur Gaudi und sein Mäzen Graf Güell zogen ein.

Weitere Werke des Meisters findet man an vielen Stellen der Stadt. Der Modernisme als typisch katalanische Formensprache war für die Architekten mehr als eine skurrile Ausdrucksmöglichkeit. Zum einen wollte man den Formen der Natur möglichst nahe kommen, zum anderen war mit Modernisme immer auch ein Symbol katalanischer Eigenständigkeit gemeint. Weitere bekannte **Gaudi-Bauten**: Die Casa Mila, 'La Pedrera' am Paseo de Gracia 92, und natürlich die unglaublich skurrile Kirche 'Sagrada Familia', der noch immer unvollendete Sakralbau, "eine Predigt aus Stein" (Gaudi). U-Bahn-Station: Sagrada Familia, Linie 5. Bus: 4,19,20,45,47,50,51,54.

Montjuch:

Die ausgedehnte Park- und Freizeitanlage liegt südl. der Innenstadt auf dem 213 m hohen Montjuch. Das Gelände der Weltausstellung von 1929 bietet Grünanlagen, etwas Oktoberfest-Tingltangel, fünf Museen und einen weiten Blick über die Innenstadt, gut zur ersten Orientierung. Dazu im Sommer Scharen von Touristen, Cityflüchtlingen und Taschendieben.

Am interessantesten ist das Museo del Arte de Cataluña (Mo. geschl.) mit Malerei vom 17.-18. Jh., darunter Bilder von El Greco und Velazques. Berühmt ist auch die Sammlung romanischer Kunst, im besondern Fresken aus dem 11. und 12. Jh., die größtenteils aus Kirchen der Pyrenäen stammen. Das Museum ist im riesigen Palacio Nacional untergebracht, an der Westseite des Parque de Montjuch. Die anderen Museen liegen nahe dem Palacio. Weiter westlich das 'Pueblo Espanol', geplant als Freilichtmuseum zur Weltausstellung, das Wohn- und Arbeitsformen aller spanischen Provinzen zeigen soll, herausgekommen ist aber ein arges Disneyland, überall wird der übliche Folkloreramsch angeboten.

Anfahrt: Mit dem Auto über die Av. Paralelo zur Plaza Espana. Oder Schwebebahn vom Hafen und von der Av. Paralelo.

Tibidabo: Der 521 m hohe Aussichtsberg liegt 12 km nördlich vom Zentrum, ideal für Leute, die mal einen Mittag aus der Stadt fliehen wollen. Lohnend ist der Ausflug aber nur bei klarem Wetter, wenn dann noch der Wind richtig bläst und den Dauersmog wegpustet, haben Sie vielleicht das Glück, den vielzitierten Blick "auf 80 Ortschaften und bis zu den Balearen" erleben zu können. Der unvermeidliche Freizeitpark auf dem Berg ist eher störend als unterhaltend, auch die diversen Restaurants sind mehr auf Busladungen als auf Genießer eingestellt - eben ein typisches Ausflugsziel. Aber schon die aussichtsreiche Anfahrt mit dem Auto lohnt, am besten über die Calle Balmes. Oder U-Bahn ab Plaza Cataluña bis Tibidabo, dort die blaue Tram bis Endstation und weiter mit der Zahnradbahn auf den Gipfel.

In der Avenida Dr. Andreu neben der Zahnradbahn zum Tibidabo liegt eines der besseren Trendlokale der Stadt: "La Venta", ein umgebautes Stundenhotel der Jahrhundertwende, mit schöner Terrasse zum Draußenspeisen über der Stadt, innen Art Deco-Gemütlichkeit und viel junge Scene, gute baskische Küche.

Hotels

Preiswerte Hotels und Hostals, allerdings oft sehr einfache, finden Sie am einfachsten in den Nebenstraßen der Ramblas, speziell in den Straßen Escudellers und Boqueria und darumherum.

Ruhiger, freilich auch teurer, dafür aber zentral und in einem der schönsten Viertel der Stadt wohnt man in den Unterkünften im gotischen Viertel. Sehr schön und gediegen z.B. das Colon****, Avenida Catedral 7, Tel. 3011404. Gegenüber der Kathedrale, schön ausgestattetes Haus mit 160 Betten. Der Klassiker hat natürlich seinen Preis, DZ ab DM 90.-

Das Oriente***, an der Ramblas Nr. 45-47, Tel. 3022558, ist das Richtige für Leute, die gern im etwas angestaubten Luxus vergangener Zeiten leben. Das frühere Grandhotel und seine Einrichtung haben zwar reichlich Patina angesetzt, trotzdem wohnt man hier gut, absolut zentral und recht preiswert, DZ ab DM 65.-

Ein angenehmes Mittelding zwischen Hotel und Pension ist die Casa del Metge, Calle Tapineria 10, Tel. 3101590. Für das Gebotene sehr preiswert, DZ ab 45 Mark.

Über neue Tips freuen wir uns!

Essen

Auch hier wieder die gleiche Situation wie bei den Hotels. In den Seitenstraßen der Ramblas gibt es für jeden Geschmack etwas. Barcelona gilt als Schlaraffenstadt für Feinschmecker und tatsächlich gibt es wenig Plätze im Land, die so eine gastronomische Vielfalt bieten, die so enthusiastisch wahrgenommen wird. Allabendlich füllen sich die teilweise winzigen Freßhöhlen bis zum letzten Sitz. Die Abendessen nehmen - gerade unter Einheimischen - dann oft die Form von Gelagen an. Der Stadtteil Barcelonetta am Hafen ist bekannt für seine Fischrestaurants (vgl. weiter oben). Aber auch in der Altstadt gibts natürlich Fisch und Meerestiere. Tapa-Bars für den kleinen Hunger findet man überall im Zentrum, besonders wieder im Barrio Gotico und nahe dem Picasso-Museum. Noch ein paar spezielle Tips:
Wenn Sie dorthin wollen, wo alle Touristen hingehen, die vermeintlich gut und üppig essen wollen, dann gibts nur eins: Los Caracoles, Escudellers 14. Der Touristen-Freß-Treff beim gotischen Viertel. Eintritt durch die Küche, dann ein Tohuwabohu (oder so ähnlich) mit selten weniger als 300 Gästen auf drei Stockwerken, unzähligen Nischen und Ecken, randvoll mit lärmenden, schmatzenden Schlemmern. Daß man in diesem spanischen Hofbräuhaus keinen lauschigen Abend mit gastronomischen Finessen erwarten kann, dürfte klar sein. Schlecht ist das Essen sicher nicht, billig auch nicht.

Katalanische Küche

Reizvoller finden wir die einfacheren Restaurants, die man bei uns gutbürgerlich nennen würde: Z.B. Agut, Calle Gignas 16, im gotischen Viertel, viele katalanische Gerichte, teilweise recht derb, reichliche Portionen, preiswert. Vielleicht noch eine Idee besser das Cullertes, Calle Quintana 5, eines der ältesten Restaurants der Stadt in einer Seitenstraße der Ramblas, typisch katalanische Küche. Eines der traditionsreichsten Restaurants ist das Siete Puertas, Paseo Isabel II, Nr. 14, in der Nähe vom Hafen, riesen Speisehalle. Gerade das Gegenteil ist die kleine, intime Casa Isidre, Calle Flores 12, noch weniger bei Touristen bekannt, auch hier katalanische Küche. Eines der erfreulichsten gehobenen Restaurants ist vielleicht das **Florian**, Bertrand y Serra 20, Tel. 2124627, weder Einrichtung noch Service wirken aufgemotzt, wie ansonsten leider so oft in 'besseren' Häusern. Konstant gute Küche ohne modischen Schnick-Schnack. Kleiner, gemütlicher Gastraum.

Luxus: Ein Gourmetrestaurant der obersten Klasse: Agut d'Avignon, Calle de la Trinidad 3, Tel. 3026034, Reservierung erforderlich. Schön renoviertes altes Haus in der Altstadt. Oberste Preisklasse. Wie bei vielen Luxusrestaurants in Spanien wird auch hier viel Wert auf Einrichtung, Kleidung und Stil gelegt, oft aufdringlich bemühter Service, der den reinen Eßgenuß eher stört als ihm nutzt.

Ein ausgezeichnetes Fischrestaurant der obersten Kiste: Jaume de Provenca, Provenca 88, Tel. 2300029, reservieren. Klein, schlicht, sachlich eingerichtet, sehr gute Küche.

Das Restaurant mit der meisten Publicity und den schönsten Räumlichkeiten ist das Ama Lur, Mallorca 275, Tel. 2153024, herrliche Terrasse, oberste Preisklasse, viel Stadtprominenz.

Die meisten Luxusrestaurants haben, wie die o.g., im August geschlossen.

Snacks/Tapas: Für den kleinen Hunger oder zum Relaxen zwischendurch geht man am besten in eine der unzähligen Bars mit Tapas. Weit über das übliche Angebot hinaus geht der stadtbekannte Schlemmertempel Farga, direkt an der Einkaufsstraße Diagonal 391, ein Bistro, Cafe und Feinkostladen in einem, aus einer riesigen Vielfalt von Happen, Salaten, Fisch- und Fleischgerichten kann man sich sein Menü zusammenstellen, breites Getränkeangebot. Das alles gibts von 9-23 Uhr, sonntags nur bis 15.30 Uhr. Farga betreibt noch zwei Delikatessenläden in der San Gervaiso 58 und der Mayor de Gracia 262.

Ebenfalls in der Einkaufsstraße Diagonal Nr. 409 liegt ein zweiter Treff für feines, leichtes Schlemmen: Die Pasteleria Mora. Salate, Sandwiches von einfach bis Kaviar, alles in angenehm ruhiger Umgebung.

Vegetarisch: 'Vegetariano', Canuda 41, bei der Plaza Cataluna (8.30 - 18.30 Uhr); Makrobiotisches im Zentrum bei: Prana, Gran Via 603.

Centro Internacional de Dietica y Nutricion, Madrazo 102 (So. gschl.). Das Angebot an Vegetarischem ist schmackhafter als es der umständlich trockene Name der Stätte vermuten läßt. Kleine Kneipe, täglich wechselnde Gerichte mit frischem Gemüse etc., sehr preiswert.

Nachtleben

Wer nach üppigem Abendessen, reichlich Tinto und Paseo auf den Ramblas immer noch nicht müde ist, geht am besten in die Altstadtviertel östlich der unteren Rambla - und hält seinen Brustbeutel schön fest, viel Auswahl und St-Pauli auf katalan, z.B. in und um die Calle Escudellers, etwas ruhiger um die Plaza Real.

Einkaufen/Märkte

Auch hier gilt es einen kühlen Kopf zu bewahren: Barcelona ist ein Einkaufsparadies, neben Madrid findet man hier das reichhaltigste Angebot im Lande. Nach Originalität und Trend ist Barcelona sogar Nr.1 fürs zeitgemäße Styling. Angenehmes Einkaufen ist durch die konzentrierte, zentrale Lage der meisten Läden möglich, das Haupteinkaufsviertel liegt nördl. der Plaza Cataluna, die Haupteinkaufstraßen sind: Der arkadengesäumte Paseo de Gracia, die breite Diagonal, außerdem die Carrer Puertaferissa mit Boutiquen und Trendläden.

Die Konsumtempel der führenden Kaufhauskette 'Corte Ingles', Plaza Cataluna und Diagonal 619, sind in Barcelona natürlich besonders gut sortiert (wie sonst nur in Malaga, wo die Araber ihre Öldollars loswerden müssen).

Die Restaurants der Corte Ingles Häuser sind bekannt für ihre opulenten 'á la discretion' Angebote: Für ca. 20 Mark kann man bis zum Umfallen aus dem Vollen schaufeln. Außerdem einfache snack-bar.

Wer gern im Kaufrausch schwelgt, sollte vielleicht an folgenden Läden nicht vorbeigehen: Yanko, Gracia 100, Maßschuhe. Loewe, Gracia 35, feinstes aus Leder. Bel, Gracia 20, Männer, Männer! Leckermäuler kommen am "Potpetit", Paseo de Sant Gervasi 26, nicht vorbei: Listig-lustige Süßigkeiten, über 50 eigene Marmeladen und, ganz im Trend, frische Pralinen.

Märkte: Für die, die immer noch auf Flohmarkt stehen - Els Encants, 2. de Mayo. Mo.,Mi.,Fr. und Sa. Viel interessanter ist der tägliche Obst-, Gemüse- und Fischmarkt im Mercado San Jose an den Ramblas, den wir weiter oben beschrieben haben.

Sardana

Sonntagmorgen vor der Kathedrale in Barcelona: Ein heller Flötenton signalisiert den Beginn des katalanischen Nationaltanzes Sardana. Die Tänzer fassen sich bei den Händen, jeder kann mittanzen, der Kreis wird größer, getanzt wird nach überlieferten Schritten, die genau eingehalten werden müssen. Der streng formalisierte Volkstanz hat seine ursprüngliche Funktion bis heute erhalten: Ausdruck katalanischer Lebensart und Eigenständigkeit und somit auch Demonstration der kulturellen Unabhängigkeit. Dieser politisch-philosophische Hintergrund verhinderte es bis heute, daß die Sardana, wie viele andere Volkstänze, zum närrischen Schenkelklopfen verkommen ist.

Ganz in dieser Weise versteht der Katalane Joseph Ferrater Mora die Sardana als reinste, rituell ausgeformte katalanische Empfindung:

"Der Kreis der Sardana ist geschlossen, aber nie endgültig. Immer öffnet und bildet er sich wieder neu, um die Eintretenden aufzunehmen und die Austretenden zu befreien. Der Sardanakreis vereint ohne Zwang und schließt ohne Strafe aus. Er ist Bewegung, in der die Unterordnung nie Sklaverei bedeutet und die Freiheit nie zur Unordnung wird. Die Sardana ist weder Tanz für Virtuose noch für Ungelenke, weder für Kühne noch für Scheue, weder für Arrogante noch für Demütige. Sie will nicht Einsamkeit, sondern Unabhängigkeit, auch nicht Kollektivität, sondern Kameradschaft... Die unbekannte Gottheit, die ihr seit Jahrhunderten zugrunde liegt, hat einen Namen: es ist das Maß."

Die Sardana wird in ganz Katalonien meist Sonntagmorgen auf dem Dorf- oder Kirchplatz getanzt. In Barcelona vor der Kathedrale, sonntags ab 10 Uhr und mittwochs ab 17 Uhr. Sonntagmorgen auch auf der Plaza Cataluna.

Was Wann Wo

Banken, Reisebüros, Airlines etc. am häufigsten an der zentralen Plaza Cataluna und an den Ramblas. **Post**: Plaza Antonio Lopez, **Telephonzentrale**: Plaza Cataluna.

Deutsches **Konsulat**, Gracia 11, Tel. 2184750.
Österreich, Calle Sardenya 480-490, Tel. 3263544.
Schweiz, Gran Via Carlos III Nr. 94, Tel. 3309211.

Feste: Am Vorabend vom Johannistag (23.6.) ist ganz Barcelona in Licht und Feuer. Am Patronatsfest zu Ehren der Virgen de la Merced (24.9.) Festlichkeiten in der ganzen Stadt. Vor Weihnachten Markt um die alte Kathedrale.

Verkehr

Der Verkehrsknoten der Stadt, die zentrale Haltestelle für Busse und U-Bahn ist die Plaza Cataluna am oberen Ende der Ramblas. Hier gibts auch eine Gepäckaufbewahrung. Das Nahverkehrssystem ist gut entwickelt, einen U-Bahnplan gibts im Touristenbüro (Adresse s. oben). Im Vorraum jeder U-Bahn-Haltestelle gibts eine übersichtliche Streckentafel. Die Metro ist werktags von 5 bis 23 Uhr, an Sonn- und Feiertagen bis 1 Uhr in Betrieb.

Hauptbahnhof ist die Estacion de Francia. Züge in den Süden fahren von der Estacion de Sants. Von dort fährt auch alle 15 Minuten (v. 6-23 Uhr) ein City-Zug zum 12 km entfernten Flugplatz Prat de Llobregat (Info-Tel. des Touristenbüros 3255829). Von der Estacion de Sants kommt man mit der Metro Nr.1 leicht ins Zentrum zur Plaza Cataluna. Die Estacion del Norte für die Linien nach Zaragoza/Madrid liegt nördl. vom Stadtpark an der Av. Vilanova, er ist zugleich der Hauptbusbahnhof für Fernbusse.

Hilfe: Deutschsprachiges Nottelefon des span. Automobilclubs: 93-2180792. Notfall-Polizei: 091. Rotkreuz: 3105050.

Barcelona Umgebung

Montserrat ist der obligatorische Standardausflug von Barcelona, ja von der gesamten Costa Brava. Er führt 60 km nach Westen zum 1200 m hohen Bergmassiv Montserrat und zum gleichnamigen Kloster. Montserrat heißt gesägter Berg und die geologische Formation des Massives ist tatsächlich imposant. Lautensach schrieb 1964 begeistert:

"Im Montserrat werden rote eozäne, schwebend lagernde Konglomerat- und Sandsteinschichten... von einer 550 m mächtigen, fast ungeschichteten Nagelfluh horizontal überlagert. In ungeheurer Wucht bäumen sich die hellgrau gebleichten Nagelfluhwände mit prall vorgewölbten Mauern auf. Nur an den steilen, den senkrechten Spalten folgenden Schluchten faßt etwas Vegetation Fuß, eine im Frühling farbenfrohe Macchie in den Südbarrancos, Eibe, Weißdorn, Haselnuß, Buchsbaum, Stechpalme und Efeu in den Nordbarrancos, in denen sich der Schnee bis in den März hinein hält."

Das könnte noch heute alles sehr beeindruckend sein, wäre da nicht die Kolonne von Autobussen und Kitschbuden, die sich rund ums Kloster und um die Seilbahn etabliert haben. Sicher ist das 712 m hoch gelegene Monasterio de Montserrat eine Sehenswürdigkeit von Rang, die Landschaft ist großartig, aber man muß schon hartnäckig wegschauen können, damit einem das Papageiengeplapper der Reisegruppen nicht die Stimmung verdirbt.

Je weiter man sich aber von den Sammelpunkten der Reisegruppen entfernt, desto imposanter wird der Eindruck, und wenn Sie Zeit haben, sollten Sie unbedingt auf einem der markierten Wanderwege, die ja in Spanien eine Rarität sind, vor dem Rummel weglaufen. Denn noch heute kann man abseits vom Kloster die großartige Berglandschaft erleben, die Lautensach ins Schwärmen brachte. Ruhiger wird es natürlich auch gegen Abend, deshalb ist eine Übernachtung lohnend:

Der Campingplatz liegt in schöner Lage gegenüber dem Kloster. Hotels an der Auffahrt zum und beim Kloster, am preiswertesten Residencia El Monasterio, Tel. 8350201, reservieren, an Wochenenden am stärksten besucht.

Die markierten Wanderwege führen teilweise zu Eremitagen und Höhlen. Es gibt vier Seilbahnen im Montserrat, u.a. die älteste Spaniens, die auch die schönste Sicht bietet, sie schwebt auf

den Gipfel des Massivs, noch schöner als die
Gondelei sind, aber Wanderungen.
Eine originelle Anfahrt nach Montserrat bietet
die private Eisenbahnlinie 'Ferrocarriles Cata-
lanes', Abfahrt bei der Plaza Espana, 4 mal
tägl., weiter mit der Seilbahn zum Kloster.

Von Montserrat in die Pyrenäen: Die Strecke Barcelona -
Montserrat - Manresa - Andorra ist als Ein- und Ausreiseva-
riante für Leute mit etwas mehr Zeit beliebt. Der Zwergstaat
Andorra hat aber, solange man auf der Hauptdurchfahrt
bleibt, nichts Aufregendes zu bieten. Es sei denn, Sie finden
die endlosen Warenhausfassaden und duty-free shops des Zoll-
freigebietes interessant. Schön ist die Landschaft abseits der
Durchgangsstraße (Literatur: Globetrotterhandbuch von Elfrie-
de Ludwig, Andorra). Aber der weite Weg ist unnötig, viel
reizvoller ist die großartige Pyrenäenlandschaft, die von
Spanien kommend durchfahren wird:

Einmal abgesehen von Montserrat wird die Strecke beson-
ders nördlich **Manresa** interessant - und kurvenreich. In
Cardona (7000 E., 510 m) lohnt ein Stop wegen der Festung,
die über der Stadt thront und auch wegen der großen Kirche
im Zentrum, die 1040 geweiht, ein schönes Beispiel für
lombardisch geprägte katalanische Baukunst ist. Noch
interessanter ist aber die Festung, einmal wegen der
romanischen Kirche, ganz sicher aber wegen des prächtigen
Paradors:

1975 wurde der Parador Duques de Cardona****,
Tel. 8691275, in den gotischen Festungsmauern
eröffnet. Das Haus ist sicher eines der schönsten
und angenehmsten unter den Paradores in histo-
rischen Gebäuden. Weil keine der üblichen tou-
ristischen Attraktionen in der Nähe ist, ist der
Parador auch relativ preiswert und nicht so
überlaufen wie oft - zum Relaxen für einen Tag
Spitze!

Auch die ehemalige Bischofsstadt **Solsona** (6000 E., 665 m)
lohnt einen Stop. Schönes, in Teilen mittelalterliches Stadt-
bild, mächtige Kathedrale, davor in herrlicher Lage das
Hostal Vilanova, Tel. 8110402, preiswert und gut.

Nach Solsona wieder herrliche, wenig befahrene Bergstrek-
ke. Bei Basella erreicht man die Hauptstrecke aus Lerida.
Nach Norden hin beginnt jetzt eines der reizvollsten Pyrenä-
entäler. Durch die tief eingegrabene Schlucht von la Granta
kommt man zunächst an den 10 km langen Stausee von Oliana

- ein beliebter Stop, besonders bei Wohnmobilisten und Wildcampern. Es gibt viele Bade- und Wandermöglichkeiten, alles ist noch recht ruhig, mit wenig touristischen Einrichtungen. Dann bei Organa die Schlucht Garganta de Organa, eine großartige Bergstrecke. Enttäuschend ist am Ende der Strecke nur die in weiten Teilen charakterlose Grenzstadt Seo de Urgel (Parador de la Seo***, Tel. 352000, moderner Neubau, steril aber sehr komfortabel.) und der Supermarkt Andorra, wobei Andorra abseits der Hauptstraße noch viele unerschlossene, reizvolle Bergregionen haben soll (vgl. auch oben), wer da etwas entdeckt hat, bitte schreiben!

Vilafranca del Penedes: Wein & Sekt

Die Weinstadt Vilafranca liegt an der Autobahn auf halbem Weg zwischen Barcelona und Tarragona. Sie ist das Zentrum der Weinverarbeitung des 25 0000 ha großen Anbaugebietes Penedes.

Auf den Kalksteinböden des höherliegenden Medio und Alto Penedes wachsen bei gemäßigtem Klima besonders weiße Trauben, die einen trockenen aromatischen Weißwein hergeben und vor allem zur Schaumweinherstellung verwendet werden. Im tieferliegenden und heißen Bajo Penedes werden blaue Trauben geerntet. Wegen des über Jahre hinweg konstant guten Weinklimas kommt dem einzelnen Jahrgang kaum Bedeutung zu.

Am besten beginnt man einen Penedes-Besuch in Vilafranca in dem wohl schönsten Weinmuseum des Landes, es liegt gegenüber dem Palast der Könige von Aragon. Nach dem Rundgang können an der Bar lokale Weine probiert werden (Mo. geschl.). Die bekannteste Kellerei in Penedes ist der Familienclan Torres, dessen Weine im ganzen Land und in diversen Preislagen zu haben sind. Entdeckungen wird man in so einer Großkellerei kaum machen, dafür erhält man solide, gute Weine, ausgebaut mit modernster Technik, die für gleichbleibende Qualität bürgt.

Ein paar Tips für Genießer - diese Weine werden Sie in keinem Supermarkt finden: Die Compania Vinicola del Penedes in Penedes baut einen ausgezeichneten, fruchtig jungen Weißwein aus, den 'Vina Franca', der noch das unverfälschte Aroma der lokalen Weißweinrebe Parellada hat, preiswert.

Der Priorato (eigenes Anbaugebiet bei Tarragona) von Cellers de Scala Dei (Kellerei bei der Klosterruine in Tarragona) ist einer der körperreichsten Rotweine die wir kennen, fast schwarz, starkes Brombeeraroma, schwer.

Der größte Schaumweinhersteller der Welt ist die Firma Codorniu in San Sadurni de Noya. Der Familiensitz liegt in einem Park und ist zum Nationalmonument erklärt worden. In den Kellereigewölben lagern in 20 km langen Gängen, die mit einer Bahn zu befahren sind, 100 Mill. Flaschen; täglich werden ca. 100 000 Flaschen verkauft, pro Tag schauen sich ca. 500 Besucher dieses Sekt-Mekka an. Spanische Schaumweine, die 'cava' - Keller genannt werden, werden nach der Champagnermethode, also in Flaschengärung hergestellt. Auch die Kellereien, die diese Weine herstellen, nennt man kurz Cava. Schaumweine, bei denen die Gärung in großen Drucktanks stattfindet, heißen 'gran-vas', auch die können durchaus akzeptabel sein. Verzichten sollte man auf die 'gaseosos', die einfach mit Kohlensäure versetzt werden wie eine Limonade. Der ganz trockene Sekt ohne Dosage heißt 'Brut natur' oder 'Natur', der trockene 'Brut', dann kommen die Geschmacksrichtungen: Seco, Semiseco, Semidulce und Dulce.

Kleinere Cavas, die ebenfalls ausgezeichnete Sekte herstellen, gibt es im Penedes genug, schließlich stammen aus dieser Region 90% der gesamten Schaumweine. Nur ein Beispiel: Josep Masachs in Vilafranca.

Costa Dorada

Die Costa Dorada beginnt noch nördlich von Barcelona beim Rio Tordera und reicht bis ins Ebro-Delta beim Cap Tortosa. Die 'goldene Küste' umfaßt damit die Küsten der Provinzen Barcelona und Tarragona. Die gelbsandenen, weiten Strände fallen größtenteils flach zum Meer hin ab, Steilküsten sind selten - ideale Grillplätze für Hunderttausende also. Dazu kommt ein Klima, das deutlich milder als an der Costa Brava ist, der kalte Nordwind Tramuntana hat hier keinen Einfluß mehr.

Die touristische Nutzung der Küste begann später als an der Costa Brava, weil die Küste einfach viel langweiliger als die im Norden ist. In wenigen Jahren wurde dann aber gründlich zubetoniert, viele Orte wurden völlig verändert, ja entstellt. Besonders der zahlungskräftige Mittelstand des Wirtschaftsraumes Barcelona - Tarragona zählt zur Zielgruppe der Spekulanten. An Sommerwochenenden, wenn sich Großstädter und Touristenscharen mischen, ist die ganze Küste ein Greuel - sehenswert höchsten für Freunde menschlicher Ameisenhaufen.

Sitges

42 km südlich von Barcelona
12 000 E., in der Saison zwischen 20 u. 30 000

Die Massen Barcelonas fahren nach Castelldelfels zum Baden, die jungen In-People fahren nach Sitges raus. Das merkt man der Touristenstadt an: Sie ist lebendiger und quirliger als die anderen Ferienorte der Küste. Die Altstadt besteht fast ausschließlich aus Pommes-Buden, Kneipen und Tandläden, trotzdem ist alles ein wenig erträglicher als an anderen Orten. Die Strände sind annehmbar, aber in der Saison zu klein, Publikum und Nachtleben sind im Sommer international.

Unterkommen: Fast 100 Hotels jeder Klasse, die schönsten und teuersten vorne am Strand, z.B. der Klassiker 'Calipolis', oder Hotel Romantic, Carrer S. Insidre 33, Tel. 890643, angenehmes Wohnen in 3 Villen aus dem 19. Jh.

4 Campingplätze. Viele Ferienwohnungen können bei deutschen Veranstaltern gebucht werden. Ausgesprochen reges Nachtleben.

Feste am 5. und 15. 8. und am 2. So. im Dez., Markt So. im Zentrum. Außerdem gibt es drei sehenswerte **Museen** am Ort - bevor Sie beschließen dazubleiben, schauen Sie sich den Trubel erst mal von oben an: Die schönste Sicht und den besten Überblick bekomm Sie von der Barockkirche Parroquial, die im Ort auf einem Felsvorsprung über dem Meer steht.

Cunit: Wem Sitges zu groß und zu laut ist oder wer nur einigermaßen ruhig baden möchte, der sollte noch 15 km über Sitges hinaus in den Süden fahren bis Cunit. Der kleine Ort liegt 5 km südlich Vilanueva, die Massen sind bisher vorbeigezogen, obwohl der lange Strand viel Platz bietet.

Zwei Hostals bei der Kirche an der Plaza Mayor, Campingplatz.

Bis Tarragona (siehen unten) und darüber hinaus bis zum Touristenzentrum Salou (bis zu 200 000 'Erholungssuchende' in der Saison) gibts viel Beton, teilweise in häßlichster Anordnung. **Cambrills** hat durch den großen Fischereihafen und die höhergelegene Altstadt wenigstens noch etwas von seinem urbanen Charakter erhalten.

TARRAGONA

120 000 E., 100 km südwestl. von Barcelona
TI Rambla Nova 46

Die Provinzhauptstadt bekommt in jedem Kulturreiseführer ein paar Seiten ab. Sicher ist die Vielfalt klassischer Bauwerke ein paar Sterne wert, Tarragona war schließlich für lange Zeit der wichtigste Siedlungsplatz der Römer auf der Halbinsel. Aus dieser Epoche gibt es noch reichlich Ruinen: Amphitheater, Mauern, Aquädukt, außerdem Museen und eine prächtige Kathedrale. Aber bevor sich das Auge an Rundbögen delektiert, muß man erst einmal durch endlose Industriereviere durch und sich minutenlang die Nase zuhalten. Um Tarragona ist eine der größten petrochemischen Industriezonen des Landes entstanden, dazu die anscheinend unvermeidliche Mischung von wilden Müllkippen und tristen Wohnsilos. Wenn Ihnen Kultur in dieser Umgebung gefällt, sollten Sie einen Tag einplanen.

Orientierung: Interessant ist besonders der alte, befestigte und höhergelegene Teil der Innenstadt. Die tieferliegende Neustadt ist geschäftig bis hektisch. Hauptstraße und allgemeiner Treff ist hier die Rambla Nova, deren Südende am Meer mit dem aussichtsreichen Balcon del Mediterraneo endet, auch hier wieder besonders am Abend Treff. Das **Tourist-Office** liegt an der Rambla Nova, Nr. 46, es gibt dort einen Stadtplan mit allen üblichen Sehenswürdigkeiten.

Preiswerte **Unterkünfte** gibt es nordwestl. vom Bahnhof, z.B. in der Calle Apodaca. Schöner wohnt man aber in der höhergelegenen Altstadt, hier gibt es auch die gemütlicheren Bars und Restaurants. Viele davon liegen um den Platz beim Rathaus (Plaza d.l. Font), neben der alten Rambla (Rambla velha), die das südliche Ende der Altstadt markiert.

...Ein großer **Markt** ist Dienstag und Donnerstag auf der Plaza Corsini, bei der Post; **Feste** am 19.8. und 23.9.

In die Bergwelt des 'El Maestrazgo'

Wenn irgend möglich, sollten Sie die öde und teure Küstenautobahn Tarragona - Valencia meiden und auf der N 420/232 über Morella und die wilde Gebirgslandschaft Maestrazgo nach Süden fahren. Mindestens zwei Tage sollte man für die Strecke einplanen, leicht wird auch eine Woche daraus, gerade für Wanderfreunde. Es gibt eine karge Bergwelt zu entdecken, viel Natur, der man nicht anmerkt, daß nur wenige km weiter an den Küsten der Freizeitwahn regiert.

Anfahrt von Tarragona über die N 420 auf schöner Strecke nach Südwesten, 15 km vor Alcanis auf die N 232.

Schon **Alcaniz** (18 500 E., 380 m, TI: Rathaus, Plaza de Espana), ein Zentrum der Produktion hochwertigen Olivenöles, würde einen Tag Aufenthalt lohnen. Der historische Stadtkern liegt hoch über dem Rio Guadalope, die ganze Altstadt steht unter Denkmalschutz und animiert zu ausgedehnten Stadtwanderungen.

Zum Bleiben verführt einen einer der schönsten Paradores im Land: La Concordia***, Tel. 830404. In herrlicher, aussichtsreicher Lage über der Stadt im Castillo de los Calatravos, einer Festungsanlage aus dem 12. Jh. Wirklich fürstliches Logieren, relativ preiswert, gutes Restaurant, Traumsicht. Aber leider nur 12 Zimmer. Wenn die besetzt sind: Restaurant/Hostal Messeguer, Av. Maestrazgo 9, Tel. 831002. Ein gutes Restaurant, beliebt bei den Einheimischen, daneben ein neues, preiswertes Hostal.

Auf der N 232 weiter nach **Morella** (3500 E., 1000 m, TI: Rathaus, Segura Barreda 58). Das mittelalterliche, befestigte Städtchen liegt auf einem markanten Bergkegel, sichtbar von weither. Wieder gibt es viel alte Bausubstanz anzusehen, z.B. die gotische Kirche Santa Maria und natürlich die Festungsruine über der Stadt mit weitem Blick auf die Bergwelt des Maestrazgo. Unterkommen kann man im herrlichen Hotel Cardenal Ram, Cuesta Suner 1, Tel. 160000, ein stilvoll eingerichtetes Haus aus dem 19. Jh. mit gutem Restaurant, preiswert. Billige Übernachtungsmöglichkeiten gibt es in diversen Hostals, z.B. im El Cid beim großen Stadttor.

Bergdörfer

Von Morella aus bieten sich zahlreiche Ausflugs- und Wandermöglichkeiten zu den Maestrazgo-Dörfern, dies sind meist kleine, hochgelegene Siedlungen in herber, aber reizvoller Berglandschaft. Einsame, arme Dörfer, schön anzusehen, weniger schön, dort leben zu müssen. Die Jungen sind in die Touristenzentren an der Küste abgewandert. An heißen Sommertagen laufen wir durch einsame Gassen, und wer sich im Winter, der sehr ungemütlich werden kann, hierher verirrt, kann froh sein, wenn er in der einzigen offenen Bar Schutz, Wärme und Rotwein findet.

Die Straßen im Maestrazgo sind teilweise spektakulär: Eng, kurvenreich, immer wieder neue Blicke bietend und immer verkehrsarm. Hier macht Autofahren Spaß. Eines der grösseren Dörfer und damit ein guter Stützpunkt ist **Cantavieja** (800 E., 1360 m), ein Hotel, Hostals, das gute Restaurant Buj an der Carretera Castellon, schöner Rathausplatz. Von Cantavieja führen reizvolle Fahrten oder Wanderungen z.B. in das 15 km entfernte **Mirambel**, ein ganz ruhiges und sehr schönes mittelalterliches Dorf, Zimmer bekommt man dort in der Dorfkneipe, oder nach La Iglesuela del Cid, das 13 km östlich liegt. Aber es gibt in dieser Region sicher noch viel andere Plätze zu entdecken, schreiben Sie uns!

Die reizvolle, ruhige Landschaft reicht bis Teruel im Osten und darüberhinaus in die Sierra de Albarracin. Hier lohnt ein Aufenthalt im historischen Städtchen **Albarracin** (1100 E., 1200 m). Der hoch über dem Rio Guadalviar gelegene Ort steht unter Denkmalschutz, mit den vielen guterhaltenen Bauten ist Albarracin fast ein Freilichtmuseum - mit dem entsprechenden Tourismus. Gepflegt übernachten kann man im lokalen Nobelhotel Albarracin***, C/Azagra, Tel. 710011. 36 Zimmer, mit teilweise herrlicher Sicht in einem stilvollen Gebäude aus dem 18. Jh., Pool, relativ gute Küche.

Auch wenn wir uns wiederholen: Nehmen Sie sich Zeit, die Region zwischen Morella und Teruel bietet für Leute, die Ruhe ertragen können, sehr viel. Ideal zum Entdecken ist der Frühsommer, im Sommer wirds heiß und die Vegetation verdorrt, der Herbst bringt wieder angenehme Temperaturen, beginnt aber so früh wie bei uns. Die Winter sind sehr kalt.

Bertold Heizmann hat in der 'Zeit' die Fahrt in eines der vergessenen Bergdörfer bei Teruel beschrieben:

"Freitag, am späten Nachmittag, sind wir von Valencia aufgebrochen. Wie an jedem Wochenende zieht eine lange Karawane von großstadtmüden Levantinern auf der Nationalstraße in Richtung Castellon de la Plana. Unser Ziel ist Rubielos de Mora, ein kleines, vergessenes Gebirgsdorf in der Nähe von Teruel. Nicht zu verwechseln mit Fuente de Rubielos oder gar mit Mora de Rubielos, man achtet sehr auf diese Unterschiede.

Endlos lange dauert es, bis wir die Abzweigung nach Teruel kurz vor Sagunto erreichen. Je weiter wir uns von der Küste entfernen, desto dünner wird der Verkehr, desto stärker wechseln auch die Farben vom satten Grün der Huerta ins stumpfe, etwas dreckige Braun des trockenen Hinterlandes. Nach Segorbe und Viver hat der alte Seat allmählich Mühe, die steiler werdende Straße zu bewältigen. Auf der Paßhöhe hat sich die Landschaft total verändert: spärlicher Pflanzenwuchs, knorrig gedrungene Rebstöcke, ein weiter Horizont mit fast geraden Straßen, die in den rötlichen Abendhimmel führen. Kurz vor Sarrion die Abzweigung nach Rubielos. Verlassen steht hier eine kleine Fonda, in der es ein Vesper mit Lammkoteletts vom Holzkohlengrill, Brot, Salat und Rotwein gibt.

Wir haben die Hauptstraße verlassen. Kurvenreich geht es zum Rio Mijares hinunter, und - nach einer abenteuerlichen Brücke - auf der anderen Seite noch verwegener wieder hinauf. Weit hinten in der Dämmerung liegt Rubielos..."

Noch wilder und einsamer als die oben beschriebene Strecke N 234 ist die weiter nördl. verlaufende Nebenstrecke über Lucena del Cid nach **Mora de Rubielos**. Hier findet man auch am einfachsten Unterkunft, z.B. am Kirchplatz bei La Rueda.

TERUEL

27 000 E., 920 m,
TI Tomas Nogues 1. Nach Madrid 300 km.

Die Provinzhauptstadt liegt reizvoll am Rio Turia auf einer Anhöhe, wegen der Höhenlage hat die Stadt auch im Sommer ein angenehmes Klima. Teruel bietet - neben vielen einfältigen Neubauten am Stadtrand - eine Fülle maurischer Architektur. In der Stadt wohnten bis 1500 Mudejares, also Mauren unter christlicher Herrschaft. Von den Christen wiedereingenommen wurde Teruel bereits 1171. Außer der wirklich mannigfaltigen Mudejar-Architektur bietet Teruel nicht allzuviel.

Gepflegt übernachten kann man im Parador Nacional Teruel***, C/Zaragoza, Tel. 6018000. Der 30 Jahre alte Bau ist zwar nicht sonderlich reizvoll, liegt aber in schönen, ruhigen Gärten.

An der Straße Teruel - Zaragoza, 2 km vor Teruel liegt El Milagro, Tel. 603095, ein weitbekanntes, gutes und preiswertes Restaurant, die Bar hat 24 Stunden geöffnet und ist eine Art Truckertreff. Im Seitenbau ein Hostal.

Von Tarragona ins Hinterland nach Montblanc, Poblet, Lerida

Wie in vielen Städten an der Küste hat man auch in Tarragona bald nur noch einen Wunsch: schnell raus! Dies fällt um so leichter, weil im Hinterland, auf der N 240 mühelos zu erreichen, interessante Plätze warten:

Zunächst die Kleinstadt **Montblanc** (5000 E., 352 m), der befestigte Stadtkern ist mit den vielen alten Häusern sehr reizvoll. Montblanc war im Mittelalter einer der bedeutenden Orte Kataloniens, das sieht man an den erhaltenen Bauten wie z.B. die Kirche Santa Maria mit einem prächtigen Hauptschiff. Außerdem gibt es ein interessantes Museum im Ort und mehrere, teils sehr schön gelegene einstern Hostals und Fondas.

Poblet: Die mächtigen und ausgedehnten Klosteranlagen sind vollständig von wuchtigen Mauern umschlossen. Früher war Poblet eines der wichtigsten Klöster von Katalonien und die Grabstätte aragonischer Könige. Heute ein Denkmal mittelalterlicher Bauweise, Herrschsucht und Machtfülle. Das Kloster zählt zu den Standardzielen der Küstentouristen, wenn die Busse anrollen, kann es ungemütlich werden. Aber schon am späten Nachmittag ist man wieder an einem ruhigen Platz, dessen historische Atmosphäre nicht ohne Reiz ist. Am besten läßt sich das alles genießen, wenn man über Nacht bleibt. Direkt beim Klosterhof liegt das angenehme Hostal 'Monasterio de Poblet'.

Für Autofahrer gibt es zahlreiche reizvolle Touren auf kleinen Nebenstraßen südwestl. von Poblet, in Richtung Sierra de Montsant und zum Stausee Embalse de Ciurana.

Lerida (katalanisch Lleida)

105 000 E., 154 m
TI Av. de Blondel 1

Die Provinzhauptstadt ist heute kaum einen Besuch wert. Wie so viele andere spanische Mittelstädte leidet auch Lerida unter dem chaotischen Bauboom der letzten Jahre. Zumindest im Sommer ist die Stadt heiß, hektisch und gesichtslos. Aber natürlich gibt es mitten in der Stadtwüste wieder viel klassische Archtitektur und als Etappe auf der Fahrt in die Pyrenäen hat Lerida die Funktion eines Verkehrsknotens.
Orientierung: Orientierungspunkt ist das alte Stadttor Puerta Antigua, direkt am Rio Segre an der alten Brücke. Daneben beginnt die Av. de Blondel, dort ist auch das Tourist Office. Ein weiteres Büro ist bei der Kathedrale. Einkaufs- und Geschäftsstraße ist die C/Mayor, die parallel zur Blondel läuft. Eine schöne Sicht hat man vom Burgberg über der Altstadt, dort steht auch die Kathedrale mit einem herrlichen gotischen Kreuzgang, ideal zum Ausruhen von der lauten Stadt.

Costa del Azahar

Die 'Orangenblütenküste' erstreckt sich vom Ebrodelta südwärts bis über Valencia hinaus zum Cap de San Antonio. Die Costa del Azahar ist die gleichförmigste, flachste und vielleicht auch eintönigste spanische Mittelmeerküste. In der riesigen Küstenebene, der Huerta von Valencia, entstanden nach der Jahrhundertwende die größten Citrusfruchtkulturen, von denen die Küste dann den touristisch zugkräftigen Namen erhalten hat. Lange Zeit war diese Küste aber touristisches

Niemandsland, mittlerweile ist auch dieser Abschnitt teilweise erschlossen bzw. versaut, in manchen Bereichen wird immer noch viel gebaut. Auch heute gibt es ein paar unverbaute km Strand, die Hochhausdichte ist - verglichen mit der anderer Mittelmeerküsten - hier am geringsten. Dennoch, die Monotonie der Landschaft ist auch ohne Beton beträchtlich.

Nach dem Exzess **Salou** wird es südlich **Cambrills** merklich ruhiger; lange, oft triste Strandabschnitte mit Campingplätzen. Bei **L'Ametta de Mar** ein kleiner Fischerhafen, im Ort das übliche Gemengsel von Läden und Bars, über dem Ort die ebenso unvermeidlichen Urbanisaciones. Bei **Ampolla** beginnt dann das weite Schwemmland des Ebro-Deltas, intensiv genutzt mit Reisplantagen, langweiligen Siedlungen und Müllhalden. Das Mündungsdelta des Ebro ist Naturschutzgebiet (siehe Kasten). **Tortosa** liegt einige km landeinwärts am Ebro. Die Stadt ist schlicht häßlich. Wer unbedingt bleiben will oder muß, kann seine Zeit vielleicht durch den Aufenthalt im historischen Parador etwas verschönern. Die Herberge liegt im Castillo de la Zuda****, Tel. 444450, reich eingerichtet, mit einem schönen Garten und Blick auf die Stadt und den Ebro, relativ preisgünstig.

Auch **Benicarlo** (16 000 E.), einer der erfreulicheren, weniger verschandelten Plätze an der Küste, bietet einen Parador Nacional Costa del Azahar***, Tel. 470100. Ein großer, funktionaler Neubau direkt am Strand, Pool, Tennis, ruhiger Garten. Wie alle Paradores am Mittelmeer relativ teuer, am ehesten geeignet für eine komfortable Übernachtung auf der Durchfahrt. Im Ort mehrere Hostals.

Nationalpark Delta del Ebro

Der Nationalpark im Ebrodelta ist eines der wenigen großen Feuchtgebiete an der spanischen Mittelmeerküste. Obwohl die Region große Bedeutung als Wildvogelrevier hat, ist nur ein kleiner Teil der Gesamtfläche unter Naturschutz. Zwei Drittel der gesamten Deltafläche von 8000 ha werden als Reisplantagen genutzt. Ein großer Touristenkomplex mit Hafen und Wassersportanlagen wurde durch Einsprüche von Ökologen verhindert. Das geschützte Areal umfaßt ca. 1200 ha, hauptsächlich in diesem Bereich leben viele Entenarten (Pfeif-, Löffel-, Krick- und Tafelenten).

Der Park ist ganzjährig geöffnet. Er ist zum Wandern nicht geeignet, mit dem Auto und Fahrrad aber gut befahrbar.

Peñiscola: Die Stadt in erhöhter Lage auf einer Felsenhalbinsel am Meer ist ein traditionsreicher Siedlungsplatz. Phönizier, Griechen, Römer, Araber, die Templer und schließlich die Touristen werden von der alten, befestigten Stadt in Scharen angelockt. Letztere haben den Ort sicher am gründlichsten verändert, es ist in der Saison mehr los als der reizvolle Platz verkraften kann, ganz zu schweigen von dem touristischen Wildwuchs der Neustadt, die sich am Nordrand der alten Stadt gebildet hat.

Südlich Peñiscola beginnt die erstaunlich gepflegte Urbanisacion Las Fuentes, die praktisch in den recht organisch gewachsenen Ort **Alcoceber** übergeht. Dies ist noch einer der angenehmeren, ruhigen Plätze an der Küste mit einem langen, weiten und flachen Strand. Weiter südlich kommt man im ausgedehnten, lagunenartigen Mündungsbereich des Rio Cueras in fruchtbares Bauernland mit schönem Palmenbestand.

Bei **Oropesa** und **Benicasim** nimmt die Hochhausdichte dann wieder beträchtlich zu, um im Großraum **Castellon/Valencia** wieder das gewohnt schreckliche Ausmaß zu erreichen.

VALENCIA

860 000 E., TI: Plaza del Pais Valenciano, im Stadtzentrum, und Calle Paz Nr. 46. Von Madrid 350 km.

Auch im ausgedehnten Küstenhof um Valencia bietet sich leider wieder das von so vielen spanischen Großstädten vertraute Bild: Kilometerlange Fahrt durch triste Industrievororte, Kleinfabriken, die kaum von Müllhalden zu unterscheiden sind. Dazwischen das endlose Grün der Citrushaine, den größten Spaniens. Im Sommer liegen Smog und Hitze auf dem Baummeer, im Winter leuchten dann die reifen Früchte und versöhnen etwas mit der Tristesse der verwahrlosten, ausgefransten Vororte der - nach Madrid und Barcelona - drittgrößten Stadt des Landes.

Noch vor 30 Jahren muß die fruchtbare Gartenlandschaft um Valencia ein Traum aus Licht und Farben gewesen sein, es gibt eine Menge schwärmerischer Reiseberichte aus der Provinz Valencia, hier eine Kostprobe von Charles Davillier:

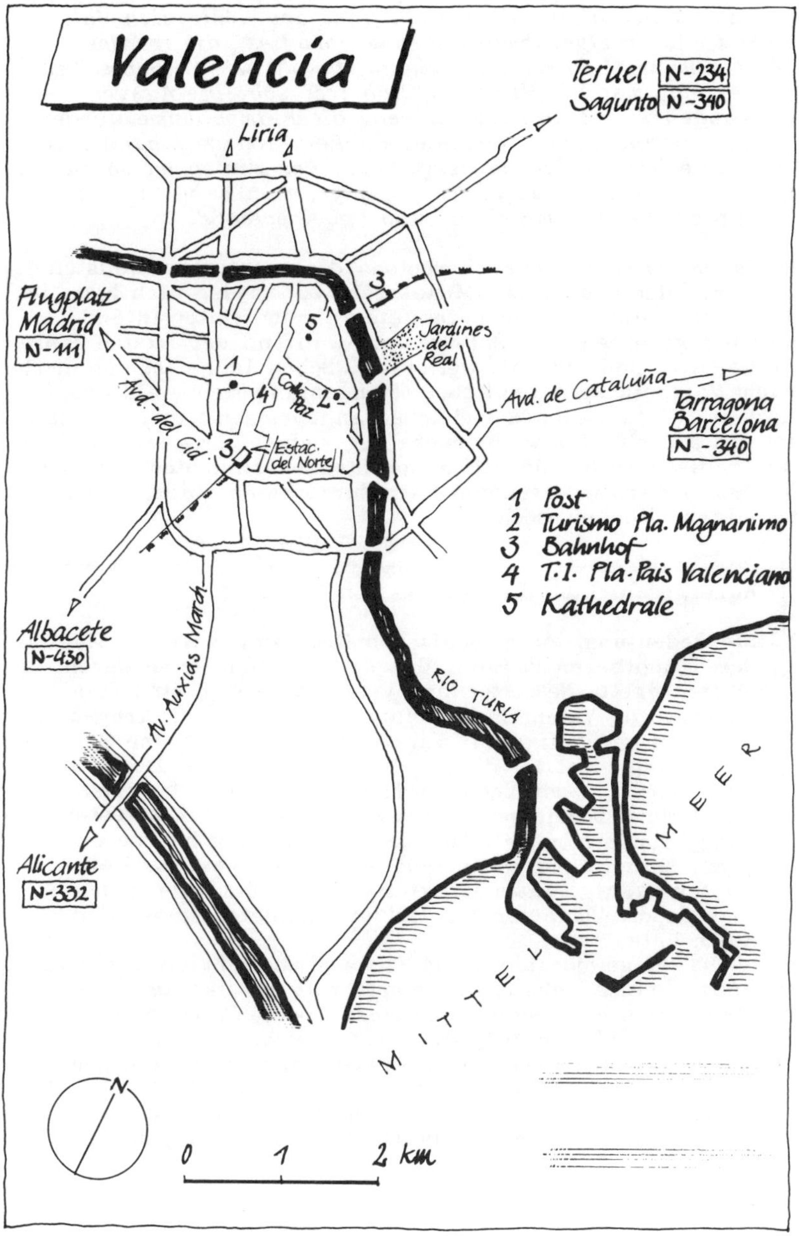
Valencia
Teruel N-234
Sagunto N-340
Liria
Flugplatz Madrid
N-111
Jardines del Real
Avd. de Cataluña
Tarragona Barcelona
N-340
Avd. del Cid
Calle Paz
Estac. del Norte
1 Post
2 Turismo Pla. Magnanimo
3 Bahnhof
4 T.I. Pla. Pais Valenciano
5 Kathedrale
Albacete
N-430
Av. Auxias March
Rio Turia
Alicante
N-332
MITTELMEER
N
0 1 2 km

"Ein wenig hinter Vinaroz beginnt das Königreich Valencia, das vielgerühmte irdische Paradies, die fraglos fruchtbarste Provinz Spaniens. Obwohl wir im September reisten, war die Hitze wirklich tropisch. Die Agaven gewannen kolossale Proportionen, die Palmenbäume wurden immer zahlreicher. Robuste, dunkelblättrige Johannisbrotbäume beschatten die Berge .... Der Winter ist so gut wie unbekannt, und es wird behauptet, man habe hier in 500 Jahren nur zweimal Frost und Nebel erlebt."

Heute ist Valencia neben Barcelona die wichtigste Industrie- und Handelsmetropole am Mittelmeer, zudem der wichtigste Umschlagplatz für die Agrarprodukte, die im Winter in Südspanien gedeihen. Die Entwicklung während der letzten Jahre war enorm, und sie hält weiter an. Schon lange ist der Großraum Valencia kein liebliches Orangenland mehr, als das es noch immer in vielen Reisebücher angepriesen wird. Valencia ist ein Moloch, das weiß jeder, der sich im Sommer einmal durch die Vororte und glühenden Straßenschluchten bis in das konfuse Zentrum gezwungen hat. Kurz: keine Stadt, in der man lange bleiben möchte.

Agrargeschichte: Die Huertas von Valencia

Die Bedeutung der griechischen Gründung Valencia liegt in dem fruchtbaren Umland, das seit Jahrhunderten durch ausgeklügelte Bewässerungssysteme versorgt wird. Die Huertas von Valencia (von lat. horta = Garten) trugen schon in der Antike zur Versorgung des römischen Reiches bei. Interessant ist dabei, daß früher wie heute der Begriff Huerta, oder Vega, immer eine intensiv bewirtschaftete Fläche bezeichnet, die nicht etwa zur Selbstversorgung, sondern gezielt zur Marktversorgung bearbeitet wird. So entstand schon früh Wirtschaftsgeist und eine leistungsfähige Sozialstruktur, und so sind die früheren Huertas oft Vorläufer für Industriegebiete, so auch im Raum Valencia.

Das ungewöhnlich milde Klima ermöglicht um Valencia ganzjährigen Anbau, die Huerta gilt als das am intensivsten bewässerte Gebiet Spaniens. Über 50% der Reisernte und über 70% der Apfelsinenernte werden in der Provinz Valencia eingebracht. Das Wasser dazu kommt aus den riesigen Stauseen landeinwärts, z.B. aus dem 1112 Mill. cbm fassenden Pantano de Alcaron am Mittellauf des Rio Jucar.

Lautensach schreibt (1964) über das Anbaugebiet:

"Das Kanalsystem der Huerta de Valencia mit ihren heute noch bestehenden acht Hauptkanälen sah 1238 bei der Eroberung durch Jakob I von Aragonien schon so aus wie heute. Im folgenden Jahr erließ der Herrscher eine wahrscheinlich auf maurischem Vorbild fußende, noch heute geltende Verordnung (cedula) über die Wassernutzung in der Huerta von Valencia, nach der dieselbe unentgeltlich und mit dem Boden unveräußerlich verknüpft ist. Bei Streitigkeiten entscheidet das Wassergericht, das noch heute jeden Donnerstag vor dem Aposteltor der Kathedrale von Valencia zusammentritt."

Den Markt gibt es auch heute noch, er ist allerdings zur Touristenattraktion geworden. Nachdem Valencia ans europäische Autobahnnetz angeschlossen ist, hat die Seeverladung keine große Bedeutung mehr.

Orientierung in Valencia

Hauptplatz und zentraler Punkt der Stadt ist die Plaza del Pais Valenciano (früher: Plaza Caudillo). Hier gibts Post, Rathaus und das städtische Touristenbüro (im Rathaus). Das Zentrum der Altstadt liegt ein paar Minuten weiter nördlich, zwischen Marktplatz und der Kathedrale. Ein weiteres zentrales Touristenbüro liegt in der Calle Paz, Nr. 46, am nördl. Ende der Plaza Alfonso Magnanimo, an dieser Plaza ist auch eine Art Einkaufszentrum mit Flohmarkt und Warenhäusern, auch dem großen Kauftempel 'Corte Ingles'. In der Calle Paz liegen die meisten Banken, Reisebüros, Fluggesellschaften etc. An der Plaza Valenciana liegen Hotels, Kaffeehäuser, hier läuft auch der Nahverkehr zusammen, gut also zum rumsitzen.

Nur wenige Fußminuten weiter südlich, am Ende der Av. Sotelo, liegt der prächtige Jugendstilbau des Hauptbahnhofes Estacion del Norte, daneben die Arena. Rechtwinklig zum Bahnhof verläuft die Calle Jatavia, hier liegen viele Hotels, z.B. der vielgepriesene Travellertreff Hostal Lyon, Nr. 10, Tel. 3217247. Weitere preiswerte Hotels im Bahnhofsviertel findet man in der Calle Bailen, die westlich parallel zu den Gleisen verläuft, und in der Calle Pelayo. In dieser Gegend finden Sie auch viele einfache Restaurants, die das spanische Sauerkraut, also die Paella, anbieten, die aus Valencia stammt.

Gut wohnen mitten im Zentrum kann man im Hotel Ingles***, Marques de Dos Aguas 6, Tel. 3214555, (gegenüber dem Keramikmuseum). Der Klassiker in Valencia, 63 Zimmer in einem alten Stadtpalast, für das Gebotene preiswert, DZ ab 60 Mark.
Gut zum zügigen, feinen Essen: Barcas 9, in der gleichnamigen Straße, die von der Plaza Valenciano nach Osten führt, die Edelschnellkneipe in der City.

Unterhaltung

Was man als Fan klassischer Kultur ansehen muß, steht im Prospekt der Touristenbüros. Nicht versäumen: Das Keramikmuseum Museo Nacional de Ceramica, die größte Sammlung dieser Art in Spanien, untergebracht in einem schönen Gebäude aus dem 18. Jh. (So. mittag und Mo. geschl.). Das reiche Valencia hat einige Pflichtsights zu bieten, ganz leicht wird einem aber die Kulturrennerei in der hektischen und im Sommer glühendheißen Stadt zuviel.

Am interessantesten für sich ist der riesige Markt am gleichnamigen Platz mit über 1000 Ständen auf 8000 qm Fläche, gleich daneben die alte Seidenbörse, **Lonja de la Seda** (an Wochentagen als Börse genutzt, Mo. geschl.). Der spätgotische, sehr reich ausgestattete Bau ist ein schönes Dokument der wirtschaftlichen Macht Valencias. Die Seidenindustrie war ja einer der Vorläufer der Industrialisierung der Region. Auch um die Börse gibts wieder viele einfache Pensionen.

Zwischen Börse/Marktplatz und Kathedrale liegt dann das Zentrum der Altstadt. Wenn die Hitze nicht allzu drückend ist, lohnt der Aufstieg auf den fast 70 m hohen Glockenturm mit einer weiten Sicht auf die Stadt und ins Pais Valenciano. Nach dem schweißtreibenden Aufstieg sind die Cafes und Bars um die Kathedrale ideal zum Relaxen.

Wer etwas Grün in der Stadtwüste sucht: Am Westrand der Innenstadt liegt der schöne botanische Garten (Jardin Botanico).

Valencia ist bekannt für seine Feste: Am bekanntesten sind 'Las Fallas', 12. - 19. März. Am 19. März werden Pappfiguren verbrannt, die ungeliebte Personen oder Einrichtungen symbolisieren, während der Nacht gibt es ein großes Feuerwerk.

Valencia ist eine Messestadt. An manchen Tagen ist es deshalb sehr schwer, ein Zimmer zu bekommen. Dies gilt dann auch für die Umgebung.

Valencia ist eine laute und hektische Stadt: An Sommerwochenenden sind die Ausfallstraßen und die Küsten der Umgebung meist total überfüllt. In dieser Zeit am besten gleich weiter .....

Deutsches Konsulat, Av. Primado Reig 70-40, Tel. 3614354. Österreich, C. Francisco Cubells 43, Tel. 3672316.

Südlich Valencia: Die Lagunen bei El Saler

Südlich Valencia beginnt ein verzweigtes Lagunensystem (La Albufera) mit ausgedehnten Salzgärten und Reisfeldern, die Landzunge bei El Saler könnte ein schönes Stück Land sein, sie verliert aber durch die relativ dichte Bebauung und die vielen Campingplätze (darunter allerdings sehr schöne, gepflegte Anlagen) viel von ihrem Reiz. Auf der Landzunge stehen diverse Luxushotels, darunter das extrem pompöse Hotel Sidi Saler und in einer schönen, parkähnlichen Landschaft mit einem gepflegten Golfplatz liegt der Parador Luis Vives****, Tel. 3236850, ein etwas klotziger Neubau, allerdings in ruhiger Lage direkt an der Küste. Pool. Bescheidene Essensqualität.

Die letzten km der Costa del Azahar bieten wenig Erfreuliches: das Hinterland wandelt sich mehr und mehr zur kahlen, fast vegetationslosen Bergwüste. Die Bebauung an der Küste nimmt zu, triste Massenarchitektur in öder Landschaft. Am extremsten in und um **Cullera**, in den Silos haben sich die Mittelständler aus Madrid ihren Traum von der Sommerfrische gekauft ......

Costa Blanca

Die weiße Küste beginnt im Norden beim Cap de San Antonio und endet am Cap de Gata, also ewas nördlich von Almeria. Sie bildet damit die Küstenlandschaft der Provinzen Valencia, Murcia, Alicante und Almeria.

Auch dieser Küstenstrich **war** einmal eine reizvolle mediterrane Landschaft. Der überwiegend flache Küstenbereich wird viel bewässert, es gibt vegetationsreiches Kulturland und fast völlig kahle Bergsteppen, die stellenweise bis ans Meer reichen und dann jäh abkippen. Dazu, im Hinterland, klar gegen die Landschaft abgegrenzte weiße Dörfer mit kubischen Hausformen. Das alles wird jetzt bedrängt - und ist an vielen Orten schon überwuchert - von den Einrichtungen des Massentourismus. Benidorm ist nur ein abschreckendes Beispiel, wenn auch das extremste, trotzdem zieht es jährlich Millionen dorthin ....

An ein paar Orten ist die Tourismuswalze bislang vorbeigerollt, z.B. **Javea**, schließlich auch der Küstenabschnitt südl. **Carboneras** bis ums einsame **Cap de Gata.** Für Freunde herber, karger Küsten mit grellem Licht, nacktem Fels und endlosem Strand zählt diese Region vielleicht zum Schönsten, was Spanien an Küste zu bieten hat. Traurig bleibt allemal, daß man das eigentlich Normale suchen muß wie die berühmte Stecknadel.

Das **Klima** an der Costa Blanca ist ausgesprochen mediterran. Alicante hat - neben Malaga - die höchsten Wintertemperaturen Europas. Trübe oder neblige Tage gibt es praktisch nicht (statistisch 2 Tage pro Jahr). Im Januar kommt es zu dem reizvollen Phänomen der 'calmas de enero', windstille Tage, warm genug fürs Straßencafe, spiegelglattes Meer. Die Sommer können abseits der schmalen Küstenstreifen ungewöhnlich heiß werden, zusätzlich blasen oft noch heiße Wüstenwinde aus dem Süden. Wer also auch im Winter seinen Rotwein bei T-Shirttemperaturen draußen genießen möchte, für den ist die Costa Blanca oder die Costa del Sol im Süden die einzig sichere Region in Europa.

Stau und singende Spanier

Wer an einem heißen Sommertag im stundenlangen Stau vor Gandia steckt - hier ist die Autobahn für ein 30 km-Teilstück zumindest noch für ein oder zwei Jahre unterbrochen - schwört vielleicht schon bevor er angekommen ist, "nie wieder Spanien". Die armen Familien in den aufgeheizten Blechkisten auf dem Weg nach Benidorm können einem leidtun ...

Aber auch wir waren vor den vielfältigen Tücken des spanischen Mittelmeertourismus nicht sicher: Als wir im Winter auf der Autobahn Valencia - Alicante unterwegs waren, glaubten wir uns vor dem Gandia-Stau zu recht sicher. Aber unsere Freude über das zügige Vorankommen trübte offenbar den Blick für die wahren Gründe einer operettenreifen Gesangsnummer des Kassierers an der nächsten Autobahnzahlstelle: Das tolle Ständchen und das liebenswerte Parlieren des Don Juan waren nur Mummenschanz, er kassierte fix den dreifachen Betrag, wir fuhren, geblendet von seiner Singerei, zunächst weiter - er hatte weiter gut Singen und Lachen, auf der Autobahn läßt sichs ja schlecht wenden .....

Neuerdings ist **Denia** - neben Valencia - Fährhafen für Ibiza. Die Fähre der Linie 'Isnasa' ist schneller und preiswerter als die der mächtigen und viel bekannteren Konkurrenzreederei 'Aucona' in Valencia. Tickets und Fahrplanauskunft gibt es im Reedereibüro direkt am Hafen und in vielen Reisebüros, man muß dort aber ausdrücklich die günstigeren Billets der 'Isnasa' verlangen.

Ansonsten bietet Denia im Sommer die übliche Hektik und etwas Ibiza-Abklatsch. Viele Ibiza-Leute sind hier hängengeblieben.

JAVEA

Schon die Anfahrt stimmt freundlich: über grüne Berglandschaft kommt man in ein Tal, an den Hängen verstreute Villen. Zum landeinwärts gelegenen Ort Javea gehören zwei Badeorte: Javea Puerto (früher: Aduanas) und Javea Playa. Javea Puerto entstand um einen alten Hafenkern herum, ein neuer Yachthafen wurde gebaut. Javea Playa bietet das üblich öde Bild schnellgewachsener Ferienorte.

Baden kann man direkt bei den Strandorten, oder, etwas ruhiger, auf der Küstenstraße 10 km nach Süden, an der Playa de Granadella; eine schöne Badebucht, eingerahmt von Wehrtürmen. Am südlichen Ende der Bucht von Javea liegt auch der Parador Costa Blanca****, Tel. 790258, viel schöner kann ein Hotel nicht liegen, auf einem Landvorsprung in parkähnlicher Landschaft, Gartenterrasse, Pool, direkt am Meer. Leider auch hier wieder Mittelmeer-Parador-Niveau: lieblos, klotzige Architektur und allenfalls mäßige Speisen, schade ...

Die aus Muskatelltrauben gekelterten süßen Dessertweine der Region sind weitbekannt, trotzdem sind die Anbauflächen in den letzten Jahren geschrumpft. Der Anbau von Orangen und besonders der von Touristenunterkünften, meist als Urbanisacion, verspricht mehr Profit.

Wer in der Gegend ist, sollte das Provinzstädtchen **Teulada** besuchen: Es lockt ein schöner Altstadtkern. Schier erdrückend ist die Fülle von Flecht- und Korbwaren, die in Teulada angeboten werden.

Tourismus brutal: BENIDORM

An den Badeorten südlich vom Cap de la Nao fährt man am besten nachts und auf der Autobahn vorbei: Moraira, Calpe und - der Gipfel: Benidorm.

Im Baedeker vor 73 Jahren kommt Benidorm noch nicht vor.
Im Merianheft vor 15 Jahren, "se vende, se vende: der Ausverkauf einer Küste". Heute: Ein Alptraum aus Hochhäusern, Dreck und Tand, dazwischen in der Saison über 300 000 Urlauber.....

Guadelest - Benidorm

Südlich Benidorm bis Alicante ist viel zersiedeltes Küstenland. Am besten Sie sehen weg - Bleifuß bis Alicante. Oder Sie fahren ein Stück im Landesinneren, das ist schon ab Gandia/Oliva oder spätestens ab Denia empfehlenswert. Man kommt dann in das einsame, wild verkarstete Küstengebirge zwischen Pego und Callosa, beide Orte sind mit einer herrlichen Bergstraße verbunden. Lohnend ist auch ein Abstecher nach **Guadelest**, das weiße Dorf liegt sternchenverdächtig hoch oben in wilder Karstlandschaft, darunter der **Stausee** von Guadelest, Wasserspeicher für die Touristenwüste bei Benidorm. Von Benidorm kommen auch zunehmend Tagesausflügler nach Guadelest, die Gassen sind so zu Souvenirläden geworden, schön liegt der Ort trotzdem und wer Glück hat, findet unten am Stausee auch einen ruhigen Platz und genießt Wasserfreuden ganz für sich.

ALICANTE

240 000 E.,
TI Esplanada Espagna. 420 km von Madrid.

Auch die Provinzhauptstadt Alicante ist ebensowenig wie Valencia oder Almeria eine Stadt, in der man lange bleiben möchte. Aber Alicante bietet wenigstens im Zentrum noch viel von dem südspanischen Ambiente, das andere Großstaädte schon eingebüßt haben. Wer sich erst einmal durch die gesichtslosen, chaotischen Vorstädte und die im Sommer glühendheißen Straßenschluchten ins Zentrum gekämpft hat, der kann hier durchaus einen angenehmen Zwischenstop verbringen. Auf den zweiten Blick hat Alicante doch einigen Reiz, der in der quirligen, südländischen Alltagskultur liegt, große, klassische Sehenswürdigkeiten hat die Stadt keine.

Besonders lebendig ist das Hafenviertel mit der prächtigen, fast 1 km langen Palmenallee Esplanada de España. Die mit Mosaiken ausgelegten Bürgersteige, werden am Abend zur Bühne, auf der sich jeder zum Paseo zeigen muß. Strassencafes und Hafenatmo sorgen für zusätzliche Animation, ein prächtiger Laufsteg.

Orientierung

Man beginnt die Stadterkundung am einfachsten vom Hafen aus. Ein bewachter Parkplatz ist beim Yachthafen. Das Touristenbüro ist an der Esplanada Espana, nahe der Plaza Puerta del Mar, im östlichen Hafenviertel. Von hier erreicht man auch - nach Osten über die Parkanlage Plaza Lucianez - die Altstadt, die östlich der Rambla Mendez Nunez beginnt. Hier gibts noch viele Winkel, in denen man den Tag verdösen kann. Im alten Stadtkern finden Sie auch viele einfache Hotels, Bars und Läden und, besonders in den Abendstunden, eine angenehme urbane Atmosphäre, so z.B. in der Calle Castanos, der Calle San Fernando und um die Plaza Gabriele. Beliebte Treffpunkte in der Altstadt sind auch die Plätze Santa Faz und Gabriel Miro.

Eine gute **Tapa**-Adresse ist Nou Manolin, Villegas 3, prächtige Tapa-Auswahl in einem Kellergewölbe, etwas westl. der Rambla Nunez, auf halber Höhe.
Das bekannteste **Schlemmer-Restaurant** ist das El Delfin an der Esplanada Espana 12, besonders bekannt für seine Fisch- und Reisgerichte, wir waren noch nicht dort, schreiben Sie mal wie's war.

Das Zentrum der lauten und heißen Neustadt ist die Plaza Calvo Sotelo, von der die Palmenallee Av. Dr. Garcia hinunter zum Meer führt.

Das Deutsche Konsulat ist in der C/Francisco 64, 4. Stock, Tel. 217060.

Entlang der Küste: **Von Alicante nach Almeria**

Südlich Alicante verlassen eilige Autofahrer die Küstenstraße und fahren landeinwärts auf der N 340 über Murcia - Lorca und Huercal Overa nach Almeria (siehe weiter unten), alles Landstraße und zur Ferienzeit im Sommer brütend heiß (Murcia gilt als eine der heißesten Städte im Land) und mit permanenter Staugefahr, also kein Vergnügen, aber was macht der Bundesbürger nicht alles, um in seine geliebten Ferienblöcke an der Costa del Sol zu kommen ...

Zunächst einmal bietet die südliche Stadtausfahrt von Alicante wieder das gewohnte Bild: die typische Mischung von Halbfertigem und Halbverfallenem, langsam ausfransend in triste Strandflächen, ab und zu eine der üblichen Siedlungen, am erträglichsten noch Guardamar del Segura, ca. 45 km südl. Alicante. Die ausgedehnten Pinien und Eukalyptushaine sollen den Ort vor heißen Sandstürmen schützen.

La Manga: Nördlich Cartagena dann eines der ehrgeizigsten Tourismusprojekte am Mittelmeer: La Manga del Mar Menor. Der riesige Binnensee **Mar Menor** wird durch eine Landbrücke (la manga = der Ärmel) vom offenen Meer getrennt. Auf der ca. 25 km langen und bis zu 500 m breiten Manga entstand, entsteht und vergammelt gleich wieder - eine riesige, künstliche Touristenstadt. Leser unserer Bücher werden solche Agglomerationen höchstens als Monument blinder Verplanung und Profitsucht interessieren.

Aber wenn es irgendwann einmal einen Führer zu den wichtigsten archäologischen Stätten der postindustriellen Gesellschaft gibt: La Manga hätte darin ganz sicher ***.

Beim Mar Menor verläßt die Küstenstraße N 332 das Meer, führt ein Stück landeinwärts und erreicht bei der Hafenstadt Cartagena wieder die See:

CARTAGENA

180 000 E.
TI Ayuntamiento (Rathaus)

Die Gründung der Punier ist ein idealer Naturhafen in einer tiefen Bucht. Cartagena war zu römischer Zeit als 'Neu Karthago' einer der wichtigsten Siedlungsplätze auf der iberischen Halbinsel. Heute ist hier einer der wichtigsten Militärhäfen des Landes, dies erklärt auch die außergewöhnlich gute Straßenverbindung (Autobahn im Bau) mit Murcia.

Lebendige Hafenstädte haben ja ihren eigenen Reiz, der große Militärhafen liefert genug Geld und geile Männer, sodaß das Nachleben durchaus 'lively, if rather heavy' erscheint, wie ein englischer Reiseführer notiert. Südländisch heiter ist Cartagena sicher nicht. Die Stadt hat einige klassische Sehenswürdigkeiten, wer die sehen möchte, geht am besten über die belebte, verkehrsfreie Hauptader der Stadt, die Calle de Isaac Peral nach Süden zum Rathaus (Ayuntamiento), am Rathausplatz das Tourist-Office, dort Plan und Info.

Alicante - Elche - Murcia - Lorca - Almeria ...

Dies ist die Renn- und Leidensstrecke der Costa del Sol-Fahrer, keine Autobahn, viel Frust. Auch die Landschaft bietet bis Puerto Lumbreras nur zersiedelte Öde, zumindest solange man die Hauptstraße nicht verläßt. Daran ändert auch nichts, daß die weite Huerta zwischen Alicante, Murcia und Lorca ein einziges, intensiv bewässertes Fruchtfeld ist: ausgedehnte Citrusfruchthaine, Gemüse- und Obstbau rund ums Jahr, alles durchsetzt mit einer wilden Streubebauung.

Elche, (160 000 E., 90 m) liegt noch im direkten Einzugsbereich von Alicante. Die Stadt wird in vielen Reiseführern als nette Landstadt im Palmenhain beschrieben. Das ist Quatsch, Elche ist eine Industriestadt (besond. lederverarbeitende Betriebe), die in den letzten Jahren rasch gewachsen ist. Auch der vielgerühmte Palmenwald lohnt kaum einen Stop, die Vorstädte fressen sich zunehmend in die Haine hinein.

Wer hier auf der Durchfahrt übernachten möchte, kann das am angenehmsten in dem der Paradores-Kette angeschlossenen Hotel Huerto del Cura****, Tel. 458040. Die Bungalows der Hotelanlage liegen sehr schön im Palmenwald 'Palmeral' in gartenähnlicher Umgebung, am Südostrand der Stadt (beschildert). Gut zum Entspannen nach langer Autofahrt, in der Saison unbedingt reservieren.

Im Palmenwald liegt auch ein großer, moderner Campingplatz, 'El Palmeral'.

Landschaft für Genießer

Für Autofahrer, die nicht eilig an die Costa del Sol rasen müssen, lohnt spätestens kurz hinter Murcia ein Umweg in die Einsamkeit: Ca. 7 km westl. Murcia abbiegen nach Mula/Caravaca/Moratalla. Keine der üblichen Sehenswürdigkeiten erwartet Sie hier. Dafür wilde einsame Berglandschaft, im Sommer und Herbst Fahrt über völlig verstepptes Land. In der herben Sierra de la Tabilla kommt man durch einsamstes Bergland. Wer ein Auge für karge, radikale Landschaft hat, wird begeistert sein. Caravaca und Moratalla sind Siedlungen in extremer Landschaft, klar gegen die zernarbten Berge abgegrenzt, Überlebensorte.

Caravaca (20 000 E., 650 m) hat ein guterhaltenes altes Stadtbild mit vielen Palästen und Barockbauten. Der Blick vom Kastell über der Stadt ist schlicht ergreifend. Übernachten kann man in einem Zweisternhotel und fünf Pensionen (schreiben Sie uns ihren Tip!). In **Moratalla** wirds noch viel ruhiger, es gibt nur eine Pension, und - wer vermutet das in dieser Einöde - Wälder, nach endloser Dürre.

Und wer hier auf den Geschmack gekommen ist, fährt natürlich nicht zurück, sondern weiter über **Las Murtas,** vorbei an den Stauseen des Rio Segura nach **Elche de la Sierra** und **Yeste.** Nochmal: Die Strecke ist für Leute mit Zeit und einem Faible für ruhige Landschaft ein Erlebnis. Ab Yeste kann man auf einer kleinen Nebenstrecke entlang des Rio Segura zuerst in Richtung Orcera und weiter ins Quellgebiet des Rio Guadalquivir zum Stausee Pantano de el Tranco und über den Paß Puerto Las Palomas nach Cazorla (Details zur Sierra de Cazorla und Übernachtungstips siehe dort). Auch der letzte Streckenabschnitt bietet wieder unbeschreibliche Landschaftseindrücke, besonders in den waldreichen Sierras von Cazorla und Segura. Spanien, wie es der Küstenurlauber nie vermuten würde. Nach Andalusien und Ubeda ist es dann nicht mehr weit, und auf dieser Tour hat hat man noch wirklich Freude am Autofahren und frißt nicht dumpf Kilometer. Sie werden den Umweg nicht bereuen! ... Bitte schreiben Sie auch über neue Einkehrtips auf dieser Strecke, besonders in und um Cazorla.

MURCIA

310 000 E., 44 m
TI Glorieta de Espana 1

Murcia kann, gerade im Hochsommer, eine nervende Stadt sein. Die in den letzten Jahren rasend schnell gewachsene Provinzhauptstadt ist dann laut, hektisch und glühend heiß. Wer aus irgendeinem Grund dennoch hin möchte oder muß:

Der zentrale Punkt der Stadt ist die Kathedrale, alle wichtigen Punkte liegen in der Nähe: Tourist Information ein Block südl., an der Umgehungsstraße Glorieta de Espana. Nahe der Kathedrale auch die Plaza de la Flores mit der Bar 'La Tapa', der Name ist Programm, eine gute Auswahl an Happen von 6 - 23 Uhr. Nördlich der Kathedrale beginnt die enge Altstadtstraße Traperia, hier liegt das empfehlenswerte Hostal Hispano 1*; Traperia Nr. 8, Tel. 216152, (nicht verwechseln mit dem teureren Hotel Hispano 2**)

Nach Süden
und weiter in **Richtung Andalusien**: Ab Murcia führt die N 340 wieder durch die eintönige Huerta, über Totana, Lorca bis zur Grenze Andalusiens, kurz hinter Puerto Lumbreras, und auch erst ab hier wird die Strecke wieder interessanter: ab Puerta Lumbreras kommt man über Huercal-Olvera und Tabernas in den Wilden Westen Spaniens: die trockenste Bergregion des Landes mit schroffer, karger Berglandschaft, vgl. dazu weiter unten. Übernachten kann man vor der Fahrt in die Bergwüstenei noch einmal komfortabel in Puerto Lumbreras im Parador***, Tel. 402326, das Haus liegt direkt am Ortseingang, nicht gerade lauschig, zum Übernachten auf der Durchfahrt aber die beste Unterkunft, relativ preiswert, in der Saison unbedingt reservieren!

Die südliche Costa Blanca: zwischen Mazarron und Aguilas

Dieser Küstenabschnitt gehört zu den letzten ruhigen Winkeln an der spanischen Mittelmeerküste. Einsamer wirds nur noch weiter im Süden um Carboneras (siehe dort). Aus der Sierra de la Almenara führen steile Trockentäler durch verkarstete Landschaft zum Meer, das Hinterland bietet ein wüstenähnliches Bild. Die Gegend ist bisher kaum durch größere Touristenanlagen erschlossen, es gibt Sonne, Hitze und Staub, manchmal Sandstürme, viel freien Strand in manchmal schöner Umgebung. Die Gegend hat sich in den letzten Jahren zum Traveller-Treff speziell von Marokko-Fahrern entwickelt, wer also keine Lust auf Freak-Kultur hat, sollte weiterfahren bis Carboneras, südlich davon ist es ruhiger und die Landschaft ist noch reizvoller.

Anfahrt: Von Totana auf der C 3315 nach Puerto de Mazarron, von dort 5 km bis zum kleinen Küstenort Bolnuevo (Camping, Restaurants, Ferienhäuser), etwas außerhalb, am Cap Punta Velha, eine Urbanisacion, ab hier herrliche Badebuchten in (bis jetzt) wenig bebautem Land, ein paar Freaks und Aussteiger, lockere Atmo, FKK...

Eine weitere Anfahrtmöglichkeit führt von Totana zum Binnenort Mazarron (6 km landeinwärts), von dort auf der N 332 durch großartiges Karstland nach Südwesten, nach 16 bzw. 19 km Abzweigung zur Küste, besonders der zweite Abzweig nach Cabo Cope führt wieder über wilde Bergwüste.

Von Cabo Cope/Aguilas bis zum Abzweig der Küstenstraße bei Carboneras:

Teilweise reicht die Mondlandschaft der Karstberge bis ans Meer, dann wieder weite Sandbuchten, klares Wasser, dazwischen weiße Dörfer, das alles wäre eine ganz herrliche, fast afrikanische Küstenlandschaft, nur: Am Rand der Dorfkerne an einigen Buchten sind klotzige touristische Siedlungen entstanden, viele häßlich, nur einige Ausnahmen, die sich in die Landschaft einfügen, das schlimmste Beispiel ist:

Mojacar

(2000 E. im alten Ortskern, 175 m)

Vor Jahren noch ein traumhaft schöner Ort, die leuchtend weiße Siedlung am Berg über dem Meer, maurische Baukunst in tausend Beispielen, eine Oase vor den hitzeflirrenden, unglaublich kahlen Bergzügen der Sierra Cabrera. Einige Ausländer und Scene-Leute haben sich in den besseren Jahren hier eingekauft. Aber die Idylle ist zerstört durch die gedankenlose Zersiedlung der Küste, und der Beton kriecht nun auch zunehmend den Berg hinauf, bis zum alten Ortskern. Mojacar verkommt zur Kulisse, wird zum Kasperletheater für Touristenscharen, die Spanien pur sehen wollen. Anders ausserhalb der Saison, wenn der Ort wieder seine Ruhe hat, man kann bis lang in den Herbst hinein baden.

Im Orts sind mehrere Hotels und Pensionen, der Parador Reyes Catolicos****, Tel. 478250, ist mittlerweile eingeschnürt von Hotelsilos, er lag früher in einer Weltlage allein am Strand! Schöner Garten, Schwimmbad. Recht teuer.

Bald wird wohl auch das noch ruhige **Garrucha**, 5 km nördlich, mit Mojacar verwachsen sein. Dann sind die vielen reizvollen wilden Campingmöglichkeiten (gut für Wohnmobilfahrer) passe. Im Ort Garrucha viele gute Fischerkneipen, Hotels, Hostals, Jugendherberge (nur Juli-August).

Von Mojacar bis Carboneras locken 20 km aussichtsreiche Küstenstraße am Fuß der Sierra Cabrera, vereinzelt gibt es Bademöglichkeiten zwischen den Felsen mit kleinen Sandflecken, alles ist relativ ruhig, dann wieder ein Schock: Die frühere Fischersiedlung **Carboneras** hat sich in den letzten Jahren wild ins Umland hinein gefressen, ein nahes Zementwerk auf der Gegenseite der Bucht gibt dem Ort den Rest.

Die letzten Oasen am Mittelmeer: Von Carboneras ums Cap de Gata:

Endlich, am Fuß der Sierra de Gata gibt es noch ein paar ruhige Badeplätze, die für Freunde ursprünglicher, herber und heißer Landschaft ruhige Strände und reines Wasser bieten. Sicher die eindrucksvollsten km Küste am spanischen Mittelmeer - nur, wie lange noch? Es gibt kaum touristische Einrichtungen, im Sommer Strandkneipen und teils bescheidene Unterkunft. Baden kann man hier bis lange in den November, und schon ab Oktober ist es völlig ruhig.

Von Carboneras führt eine zunächst noch befestigte Straße (weiter im Ausbau) in Richtung Leuchtturm 'Faro Roldan', dort sind mehrere einsame Badebuchten, gut z.B. für Wohnmobilfahrer, ebenso um das Cap Punta de la Media Naranja. Weiter dann nach **Agua Amargas**: Ein weißes Dorf am Meer, postkartenreif, ebenso der Strand, Restaurant und diverse Läden im Sommer geöffnet. Die unbefestigte Piste, die aber gut zu befahren ist (Stand 1984, neue Entwicklungen bitte schreiben! Auch Unterkunft etc.), führt weiter nach Süden: Über ganz großartige, verkarstete Bergsteppe über San Pedro bis Las Negras. Der Ort ist auch von Westen her über eine Teerstraße zu erreichen. Im Sommer findet man Unterkunft in Appartements, ansonsten viel Ruhe. Wer schon mal soweit ist, möchte sicher auch das schönste Dorf an dieser Küste sehen: **Isletta del Moro.** Der Ort ist in manchen Karten nicht eingezeichnet. Von Las Negras 7 km, zunächst 3 km auf befestigter Straße in Richtung Rodalquivir (schönes Dorf, Bergbau), dann weitere 4 km auf weniger guter Piste und Sie sind da: Fast unwirklich nach der Bergwüste, Gärten, Felder, Palmen, Brunnen, kleine weißgekalkte Häuser um einen Hafen - eine Oase. Man gönnt dem Ort die kleine Zahl sensibler Gäste, die er braucht, um zu bleiben wie er ist. Ein Hotel und einfache Bars am Ort.

Spanische Wüsten: Die trockensten Sierras

Das Bergland dieser Region mit den Sierras de Gata und etwas nördlich der Sierra de la Higuerra sowie im Westen der Sierra de Alhamilla ist die trockenste Region des Landes, es gibt hier Jahre ohne jeden Regen, so fiel auch während der verheerenden Dürreperiode in Südspanien zwischen 1980 und 1983 praktisch kein Niederschlag. Regnet es einmal, dann heftig, der Boden kann die plötzlichen Wassermengen nicht aufnehmen, Sturzbäche graben sich so immer tiefer in die Steppe. Wer radikale, wüstenähnliche Landschaften mag, wird hier viele Eindrücke sammeln können. Wer wandert, sollte bedenken, daß es kaum Siedlungen und keine touristische Infrastruktur gibt. Zu den schönsten Augenblicken zählt hier das plötzliche unvermutete Auftauchen von weißen, klar gegen die harte Landschaft abgegrenzten Dörfern. Wer dies im richtigen Licht erlebt, womöglich nach langer Wanderung, den Geruch heißer Steine um sich ....

Für Tips über diese Region, Flora und Fauna, sind wir dankbar. Wer weiß etwas über die Baños de Sierra Alhamilla, ca. 25 km nordöstl. Almeria.

ALMERIA

150 000 E.
TI: Hermanos Machado. 590 km nach Madrid.

Auch von dieser Provinzhauptstadt kann man - wie bei vielen Küstenstädten am Mittelmeer - bald die Nase voll haben. Wer an einem Sommertag schwitzend durch die aufgeheizte City läuft, wenn Lärm und eine Hitzesmog über der Stadt liegen, dem wird bald der Atem schwer. Das interessanteste an Almeria sind dann die Ausfallstraßen, besonders die zu den vergessenen Stränden um das Cabo de Gata, vgl. oben.

Dabei liegt Almeria postkartenreif in einem weiten Golf am Fuß kahler Gebirgswüsten der Sierra de Gador und der Sierra de Alhamilla, eingefaßt von zwei mächtigen Burganlagen. Ist man erst einmal durch das übliche Vorstadtchaos durch, möchte man vielleicht sogar etwas länger bleiben: Der alte Stadtkern hat Bars und Ecken, in denen schnell Stunden vergehen. Trotzdem sind die nahen großartigen Sierras attraktiver als die romantischen Winkel in der Stadt.

Orientierung/Essen/Hotel

Stadtmittelpunkt und Zentrum der Altstadt ist die **Puerta/ Plaza Purchena.** Hier liegen diverse Restaurants, z.B. das gute Imperial; am oberen, nördlichen Teil der Plaza das Restaurant Vegetaria mit guter Rohkost. Von der Pl. Purchena führt die Haupteinkaufsstraße **Paseo Generalisimo** quer durch die Altstadt nach unten zur Hafengegend. Hier in der Nähe liegt auch das **Tourist-Office**, etwas versteckt im 1. Stock eines Bürogebäudes in der Hermanos Machado.

Ein interessanter Winkel in der Altstadt ist die kleine **Plaza del Carmen**, hier liegt auch das gute Hotel La Perla; diverse Restaurants, darunter das vielgelobte Nobelrestaurant 'Rincon de Juan Pedro' (Nr. 6, Mo. geschl.). Schon in der Bar gibt es eine feine Auswahl von Tapas, im Restaurant dann gute, frisch zubereitete Fisch- und Fleischgerichte und Paella. Die Gebrüder Pedro können was!

Auch die **Kathedrale** ist einen Besuch wert, der wuchtige Bau wurde ab 1524 nach dem verheerenden Erdbeben begonnen, das Beben verwüstete damals praktisch die gesamte Stadt. Mindestens ebenso interessant wie die Kirche ist das Leben auf dem Platz davor, um die schöne Plaza wieder preiswerte Fondas, Hostals und Restaurants.

Die Alcazaba liegt im Westen über dem Stadtzentrum, es ist eines der ganz wenigen Bauwerke, die das Erdbeben im 16 Jh. überdauerten. Die Festung gehörte den Califen von Cordoba, sie ist eines der besterhaltenen Beispiele maurischer Militärarchitektur in Spanien. Von oben hat man bei klarer Luft einen herrlichen Blick auf die Stadt und den Golf von Almeria, in der Festung sind Gärten zum Relaxen. Hier findet auch ein Teil der bekannten alljährlichen **Festspiele** vom 17.- 26. August statt, ein weiterer Festspielort während des Patronatsfestes ist die Plaza Vieja.

Hitze Licht Wüste

Das Umland von Almeria bietet ein paar der landschaftlich wohl ungewöhnlichsten Ausflugsmöglichkeiten an der spanischen Mittelmeerküste. Während des Sommers, der hier im April beginnt und bis weit in den Herbst reicht, werden sich aber nur hitzerestistente Leute über die Gegend freuen können: es gibt gnadenlos kahles, wildgefaltetes Bergland, unter greller Sonne, die hier fast immer scheint.

Das konstante Wetter und die trockene klare Luft auf den Höhen ermöglichen eine grandiose, wüstenähnliche Sicht auf den Sternenhimmel. Deshalb steht auch Europas größtes Spiegelteleskop auf dem 2168 m hohen Calo Alto in der Sierra de Filabres. 1984 wurde dem Max-Planck-Institut, das hier arbeitet, das leistungsfähige Teleskop übergeben, man kann damit zwei Kerzen, die in 30 0000 km Entfernung aufgestellt sind, noch als unterschiedliche Lichtquellen nachweisen.

Für Entdeckungsfahrten in die Sierras ist ein Auto unerläßlich, auf den Nebenstrecken verkehren kaum Busse. Immer genug Flüssigkeit mitnehmen.

Leider - oder gottlob - preisen die meisten Reisebücher den Ausflug zu den Kulissenstädten '**Mini Hollywood**' nahe Tabernas als die große Attraktion in dieser Wüstenlandschaft. Dabei ist der Besuch dieser maroden Bretterkulissen, vor denen die meisten Spaghetti-Western gedreht wurden, so ziemlich das Letzte, was die Gegend zu bieten hat. Ebenso ungeeignet für Wanderungen in die Wüste ist das triste Tabernas, ein viel besserer Stützpunkt ist **Nijar** (siehe unten).

Zu entdecken gibt es abseits der Straßen genug, lohnend sind aber auch ausgedehnte Autotouren in die Sierras und natürlich Wanderungen auf wilden Wegen. Im Sommer ist die Hitze während der Tagesstunden allerdings enorm, man sollte also tunlichst die Siesta einhalten, das schönste Licht gibt ohnehin der Abend. Wer einmal nach langem Marsch mit klebrigem Hemd gegen Abend in einem der Bergdörfer ankommt, erst die bewässerten Gärten sieht und dann den Brunnen findet, der weiß, daß es in Spanien noch Oasen gibt. Noch heute erinnern die küstenabgewandten Landstriche an die Eindrücke, die der Spanienreisende Willkomm 1855 bekam, er fand im Land zwischen Alicante und Almeria

"...nichts als den harten, braunen, roten oder blaßgrauen, bloß mit höchst spärlich wachsenden, mißfarbenen Steppenpflanzen dünn bestreuten Felsboden, oder kreideweiße, wellenförmige Gipsebenen, kreuzweis unter den Glutstrahlen der Sonne zersprungen, und gelbe Sandfluren, deren feinen heißen Flugsand der Wind in wirbelnden Wolken über das kahle, staubige Land fortjagt."

Ein paar Routenvorschläge:

In die **Sierra de Alhamilla** bis zum Stützpunkt **Nijar** (2000 E., 356 m). Das weiße Städtchen liegt ruhig und reizvoll an den Abhängen der 1385 m hohen Sierra de Alhamilla. Enge, schattenreiche Gassen lassen die Hitze, zumindest gegen Abend, erträglich werden. Unterkunft in zwei Hostals. In der Stadt wird viel Kunsthandwerk hergestellt, besonders Weber - und Töpferarbeiten.

Von Nijar gibt es viele Möglichkeiten, entweder zu Fuß in die Sierra de Alhamilla (keine festen Wege!) oder mit dem Auto über den Stausee (häufig leer) Embalse de Nijar auf kurvenreicher, herrlicher Bergstrecke zu den Dörfern La Rambla Honda und Lucainena de las Torres - morbide südspanische Provinz in Reinkultur. Man kann die Tour weiterfahren bis Turillas und von dort hinauf zu den hochgelegenen Erzbergwerken fahren. Von oben herrliche Sicht!

Für Wüstenfreunde sind die 30 km Strecke von Nijar bis zum Meer bei San Jose (vgl. dazu weiter oben) natürlich Pflicht. Auch für hitzeresistente Radler, in S. Jose Camping- und Unterkunftsmöglichkeit. Über weitere Tips freuen wir uns!

Von Almeria nach Süden durch die Sierra de Gador

Dies ist eine reizvolle, leider sehr zeitraubende Strecke, aber landschaftlich großartig und viel lohnender als die triste und deprimierende Küstenstraße N 340 über Adra. Wer die Zeit für den Umweg nicht hat, versäumt wirklich was!

Almeria in Richtung Alicante verlassen, kurz vor der Brücke über den Rio Andarax nach links in Richtung Gador - Alhama de Almeria abbiegen: Bewässerte, fruchtbare Niederungen wechseln mit kahlen Berghängen, großartige Sicht auf die Gebirge. Weiter über Canjayar und mit Sicht auf die Sierra Nevada bis Laujar de Andarax. Es gibt viele Wandermöglichkeiten links und rechts der Hauptstrecke. Unten im Tal meist grünes Kulturland, über einem öde mächtige Bergrükken. Die Strecke führt weiter über Ugijar in die schon etwas bekannteren Alpujarras (vgl. dort), oder über Berja an die trostlos verbaute Küste bei Adra.

Costa del Sol

Was soll man noch schreiben über die 300 km andalusischer Mittelmeerküste zwischen dem Cabo de Gata bei Almeria und der Südspitze Spaniens bei Tarifa. Natürlich stimmt jede noch so böse Kritik, die Realität ist meist noch ein Stück schlimmer als die herben Lästereien, die es ja überall zum Nachlesen gibt. Hotels, Hotels, und nochmal Hotels, Bauruinen, Dreck, Zersiedlung, Hochhauspanoramen, die nirgendwo häßlicher sind. Dazwischen eine Masse von Leuten, die sich durch die mit Kitsch vollgestopften Gassen schieben. Rentner, abgerissene Freaks, Pseudos jeder Couleur, Gaffer ...

Das alles ficht die Fans der Costa del Sol überhaupt nicht an, sie sitzen hier im wärmsten und angenehmsten Klima Europas, schlendern über Golfplätze, wohnen in Luxushotels oder ihrem Häusle, sitzen in eingezäunten Villenvierteln und lassen die Massen vorbeiziehen. Ja sicher, es gibt noch ein paar schöne Ecken, wie überall im Chaos, dazu Freizeitangebot, lockere Atmo, easy going, thrills, Kontakte, und erst das Hinterland, "das müssen Sie sehen, der Kontrast" usw., usf., blablabla...

Das **Hinterland**: Ein wenig noch zur Ehrenrettung der Küste: Es gibt sicher nur wenige Regionen, wo Traum und Alptraum so dicht beieinander liegen können, jeder, der sich die Mühe macht, auch nur ein paar km in die Berglandschaft im Hinterland zu fahren, sieht die Silos an der Küste gleich von ihrer positiven Seite: Wie Schwämme saugen die Küstenorte die Massen auf und sorgen so dafür, daß die Sierras hinter der Küste bleiben wie sie sind: Herrlich.

Das **Klima:** Die Costa del Sol hat das angenehmste Klima in Europa. Ohne die schwere Last der Winterkleidung kann man praktisch rund ums Jahr draußen sitzen, essen und trinken, in kurzen Hosen radfahren oder tennisspielen. Durch die über 3000 m hohe Sierra Nevada ist der Küstensaum vor den atlantischen Wetterlagen geschützt, so bleibts im Winter warm und die Sommer werden nicht allzu heiß. Noch im Januar wird in Malaga eine Durchschnittstemperatur von 14 Grad ermittelt, ein Wert, den München erst im Juni erreicht. Und selbst im Winter scheint die Sonne pro Tag mindesten 6 Stunden. Von Mai bis Oktober fällt kein Regen, 200 Tage sind ganz wolkenlos, Frost gibts nie. Ja, wer möchte hier nicht leben, wären nur die Menschen nicht ...

Die **Vegetation:** das subtropisch- tropische Klima sorgt zusammen mit ausgedehnter Bewässerung für eine einzigartige Vegetationsfülle. Ständen nicht die Betonklötze dazwischen, man könnte ins Schwärmen kommen: Nirgendwo sonst in Europa wachsen soviel tropische Früchte, in den weiten Schwemmtälern wird sogar Zuckerrohr angebaut (nördlichstes Anbaugebiet auf der Erde). Überall Blumen und Blüten im Winter, Erdbeeren schon im Januar, Tomaten rund ums Jahr.

Küstenstruktur und Strände

Malaga teilt die Küste in etwa zwei gleichlange Abschnitte: Von Malaga aus nach Südwesten beginnt der bekannteste und am dichtesten bebaute Teil, die Orte Malaga, Torremolinos, Fuengirola, Marbella sind praktisch zusammengewachsen, das heißt: 80 km Ferienwurst am Stück, südwestlich Estepona wird die Bebauung lockerer, der Tourismus läßt deutlich nach.

Der östlich Malaga gelegene Teil der Costa del Sol war einmal der ruhigere. Dies ist vorbei, auch hier gehen die Orte ineinander über, es gibt massenweise Hochhäuser und zersiedelte Landschaft. Trotzdem ist dieser Abschnitt noch immer weniger entwickelt (die zugkräftigen Namen wie Marbella fehlen eben) und außerhalb der Saison ist es auch deutlich ruhiger als südwestl. Malaga.

Strände

An der Costa del Sol kann man von März bis November im Meer baden, derbe Naturen gehen das ganze Jahr ins Wasser, das auch im Januar nicht unter 17 Grad hat und die Luft wird an sonnigen Wintertagen leicht über 20 Grad warm. Die Strände sind meist flach und fallen langsam ab, vereinzelt gibt es auch Kiesstrände und Buchten mit Felsen. Das Wasser ist selten klar - im Bereich um Torremolinos ist bei Hotelneubauten neuerdings sogar ein Pool obligatorisch, trotzdem badet jedermann in der Brühe ...

Die Orte

Die Badeorte südlich Almeria sind wenig anziehend: Roquetas ist eine sterile Retortenstadt mit weiten Stränden. Durch Aquadulce fährt man am besten schnell durch. Ebenso zügig sollte man die kerzengerade Staße durch das Schwemmland am Fuß der Sierra de Gador abspulen, das Chaos aus weitverstreuten Müllhalden, Gewächshäusern und Siedlungen ist beeindruckend und lädt sicher nicht zum trödeln ein. Hier wurden in den letzten Jahren unzählige Plastikgewächshäuser gebaut, die eine ganzjährige Ernte garantieren (vgl. Kasten).

Für den ersten Zwischenstop eignet sich vielleicht Castell de Ferro, der Ort ist im Sommer natürlich übervoll, hat aber noch etwas von seiner Funktion als Fischerhafen erhalten.

Solobrena (9000 E.), sieht von Ferne so aus, wie sich Romantiker ihre Fischerdörfer eben vorstellen: weißes Häusergeschachtel klettert die Felsen empor, oben natürlich das obligatorische Kastell, darunter, in der Schwemmebene des Rio Guadalfeo, das satte Dunkelgrün der Zuckerrohrplantagen. Beim Näherkommen wird die Idylle brüchig. Um den Ort herum wachsen unschöne Neubauten, die Strände sind am Wochende überfüllt, halb Granada tummelt sich dann hier auf wenigen Quadratmetern Sand. Außerhalb der Saison ist Solobrena aber immer noch einer der erträglicheren Orte an dieser Küste.

Las Alpujarras

Die großen 'Ruta Touristica'- Schilder an der Küstenstraße Adra - Motril lassen Übles ahnen, aber die herrliche Berglandschaft zwischen Sierra Nevada und dem Meer ist noch nicht zum närrischen Touristenkorso verkommen. Die schinkengesichtigen Mitteleuropäer hängen nach wie vor in ihren Wohnwaben an der Küste, so bleibt ein unversehrtes Hinterland für Entdeckungen. Die ungewöhnlich fruchtbaren und waldreichen Bergzüge der **Alpujarras** sind ein ideales Revier für Entdeckungstouren und Wanderungen, viel lohnender als die große Sierra Nevada dahinter. An manchen Stellen ist die Gegend einfach traumhaft schön. Zwei, drei Dutzend kleine Bergdörfer kleben an Steilhängen. Die Alpujarras waren das letzte Rückzugsgebiet der Mauren, die weiße engverschachtelte Dorfarchitektur zeigt noch heute viele arabische Elemente. Man findet solche Dörfer sonst nur noch im Atlas. Nach der Vertreibung der Mauren wurden dann besonders regimetreue Galicier angesiedelt. Die fanden mildes Klima, Wasserreichtum, üppige Vegetation, ein Garten Eden ....

Entdecken: Ein paar Orte haben sich schon auf den noch bescheidenen Tourismus eingestellt, lediglich der Thermalkurort **Lanjaron** (6000 E., 7000 m) hat touristische Tradition, das Heilwasser von hier wird im ganzen Land verkauft, und in den ca. 30 Hotels und Pensionen wohnen im Sommer überwiegend ältere Spanier, eine Sommerfrische mit Patina, aber nicht ohne Reiz. Dafür sorgt schon die spektakuläre Lage, der Ort klebt über einer tiefen Schlucht, er ist auch ein guter Ausgangspunkt für Touren in die Berge. Unterkünfte gibt es genug, die meisten haben aber nur im Sommer geöffnet, so auch das - mit 50 Mark/Dozi relativ preiswerte - Miramar***, Tel. 770161, im Zentrum in prächtiger Lage, mit Garten und Bädern. Außerdem noch die beiden guten Hotels Paraiso und Royal, beide einstern und zentral und ca. 35 weitere Hostals, teilweise in Traumlage.

Für Fahrten und Wanderungen gibt es kaum feste Empfehlungen, außer der, genügend Zeit einzuplanen. Viele wollen nach einem Tag hier gar nicht mehr an die Küste zurück! Nicht versäumen sollten Sie die Orte Ugijar und Yegen, eines der schönsten Dörfer (Unterkunft). Dann die Route über Orjiva (der Ort selbst ist weniger schön) zu den höhergelegenen Dörfern Pampaneira; Bubion und Capileira (kleines Dorfmuseum). Alle wie im Bilderbuch, dichtgedrängt am Berg, darüber Schnee in der Nevada, tief unten das Meer, im Dorf tausend Blumen, Quellen und Brunnen.

Die Straße von Orjiva über Trevelez nach Mecina. Bomberon ist sicher eine der schönsten Bergstrecken im Land, 50 phantastische km. In der Mitte das Zentrum der Bergschinkenherstellung Trevelez. Überall in den Bars gibts den Schinken, der so gut schmeckt, weil die Schweine hier mit Mais, Eicheln und Olivenkernen gefüttert werden und weil das Klima ideal zum Reifen ist. Dieser Schinken, dazu ein guter Vino und Sie bereuen keinen km Umweg!

In **Trevelez** wird Anfang August das Fest der Virgen de la Nieves gefeiert, Höhepunkt ist die Prozession auf den 3428 m hohen Mulhacen.

Die neue Küstenstraße

Zwischen Salobrena und Nerja werden 1984 die letzten km der alten Küstenstraße ausgebaut. Wenn Sie mit diesem Buch unterwegs sind, wird schon alles fertig sein. Man rollt dann in weiten Schleifen über viele Brücken an der Steilküste entlang, noch vor 5 Jahren quälten sich endlose Autoschlangen über die alte serpentinenreiche Küstenstraße, deren Reste noch heute zu sehen sind. Ein paar Jahre davor fuhr man noch einfach durch die ausgetrockneten Ramblas.

Enarenedo - Kulturen

Die langen, im Sonnenlicht silbern glänzenden Gewächshäuser fallen sofort ins Auge, die meisten stehen an der andalusischen Mittelmeerküste, östlich von Motril. Hier wird eine besondere Anbautechnik eingesetzt: auf den Enarenedo-Feldern wachsen Tomaten, Gurken, Bohnen, Zucchini und Melonen rund ums Jahr und werden früher als anderswo reif - und bringen deshalb hohe Erlöse. Bei dieser Kulturform wird auf den Mutterboden 10 cm Sand geschüttet, der Boden bleibt so länger feucht, der Sand hält zudem die Tageswärme bis in die Nacht.

Viele der Felder sind in kleinbäuerlichem Besitz, sie sind so ergiebig, daß bereits 1 ha Land für einen Vollerwerbsbetrieb ausreicht. Leider hinkt die Vermarktung hinter der effektiven Anbauweise her - die Bauern müssen, weil sie keinen Vertrieb haben, billig an Großhändler verkaufen, die den größten Teil des Gewinnes kassieren.

Durch den geplanten EG-Beitritt Spaniens und die dadurch erhofften besseren Vermarktungsmöglichkeiten ist in den letzten Monaten ein regelrechter Boom im Gemüseanbau entstanden. Schon jetzt ist Spanien Europas zweitgrößter Gemüseproduzent. Besonders im weiten Schwemmland um Almeria haben kapitalkräftige Gesellschaften investiert und verpachten nun Parzellen an risikobereite Bauern, die für viel Geld und Zins auf das große EG-Glück hoffen ...

Seit die neue Küstenstraße fertig ist, wurde es auch im kleinen **Maro** wieder ruhiger, gut für einen Zwischenstop. Der Ort liegt unterhalb der Trasse, zum flachen, dunklen Strand gehts nochmal abwärts. Unten diverse Restaurants, im Ort Pensionen.

Nerja (12 000 E.): Der Ferienort wird manchmal zum kleinen Marbella hochgejubelt - zu diesem Vergleich gehört freilich eine mächtige Portion Phantasie. Richtig ist, daß Nerja - ähnlich Marbella - einen gewachsenen alten Ortskern hat und etwas mehr Atmosphäre als die vielen anderen in den Himmel geschossenen Küstenorte daneben. Man kann angenehm schlendern, in der Saison wird man allerdings mehr geschoben. Neben Salobrena ist es sicher der reizvollste Badeort zwischen Almeria und Malaga, was nicht allzuviel heißt. Um den alten Kern, wie üblich, jede Menge Beton.

Ein kleiner Ortsstrand liegt beim Treff- und Aussichtspunkt 'Balcon de Europa', größere Strände sind am Ortsrand. Dort liegt auch der Parador Nerja****, Tel. 520050. Die 1981 renovierte Hotelanlage bietet einen schönen Blick, Pool & Tennis, wie alle Mittelmeerparadores teuer und in der Saison sehr stark belegt.

Die Cuevas de Nerja sind die touristische Attraktion der Umgebung: Die prähistorischen Höhlenwohnungen wurden 1959 entdeckt, man sieht riesige Tropfsteinhöhlen mit Felsmalereien. Damit daraus ein richtiges Spektakel wird, wurde alles farbig ausgeleuchtet und wenn die Anlage funktioniert, gibts auch Musike. Die kitschig eindrucksvolle Stätte liegt 6 km von Nerja, ein kleines Museum und Restaurant sind bei den Höhlen.

Beruhigender als ein Gang durch das Höhlen-Disneyland bei Nerja ist der Ausflug 6 km in die Berge nach **Frigliana**, einem kleinen Dorf mit großen tropischen Obstplantagen.

Beton & Natur

Westlich Nerja führt die Straße zunächst ein paar km direkt am Meer entlang, dann kommts Schlag auf Schlag: Bausünden und Spekulationsdenkmale in nicht geahnter Ballung auf 30 km: von Playa de Torrox über Torre del Mar bis Malaga.

Einmalig ist auch, wie dicht hier verschandelte Küste und schönes Hinterland beieinander liegen. Wer an einer der häßlichsten Stellen der Costa del Sol, in Playa de Torrox, die Augen voll hat, und einfach nach Norden in die Berge abbiegt, kommt in eine andere Welt:

Nördlich Torrox beginnt eine ruhige, verkehrsarme Nebenstrecke über weite Hänge. Weiße Bauernhäuser sind über Olivenhaine verstreut. Zunächst fährt man lange aufwärts bis ein prächtiger Ort in Sicht kommt: **Competa**, ein weißes geschlossenes Ortsbild, organisch gewachsen. Jetzt freilich etwas herausgeputzt für die wenigen Touristen, die den Weg hier hoch finden. Enge Gassen führen zum Dorfplatz bei der Kirche, hier liegen die Bank, eine Bar, ein Restaurant und ein kleines sehr schönes, schlichtes Hotel. Ein idealer Stützpunkt für Wanderungen in die Sierras der Umgebung.

Wer nicht so viel steigen will, kann auf der schmalen Straße weiterfahren bis Canillas de Albaida, ca. 4 km nordwestl. Competa oder in die vegetationsreichere Sierra de Cuesta de Cielo, die östlich Competa beginnt. Weitere Abstecher in kleine Dörfer bieten sich an, z.B. nach Archez und auf gleicher Strecke weiter nach Corumbela. (Die Abzweigung liegt an der Straße Competa - Sayalonga.) Endlich einmal erlebt man hier südspanische Provinz von ihrer angenehmen Seite - und ohne aufgeregte Touristenscharen, die sich in den weißen Vorzeigedörfern bei Marbella durch die Gassen trollen.

Bei **Torre del Mar** wieder ein Alptraum aus Beton, der jetzt ohne große Unterbrechung bis **Malaga** und dann nochmal 40 km darüberhinaus anhält. Schon ca. 10 km vor Malaga beginnen die Stadtstrände: im Sommer übervoll und mit einer permanenten Duftglocke aus Fischfett und Sonnenöl; Anfang bei den östlichen Vororten Rincon und Cala del Moral. Der stadtnächste Strand ist El Palo. Im Stadtteil **El Palo** sind eine Menge Fischrestaurants, beliebte Ausflugsziele der Malagenos, z.B. der Klassiker 'El Tintero II', direkt an der Küstenstraße, etwas stadteinwärts vom Club Nautico. Ein riesiges Strandrestaurant - an Sommerwochenenden vernebelt der Frittendunst das ganze Areal - und bestellt und gefressen werden nur Einheitsgerichte 'raciones' zum (billigen) Einheitspreis. Die Kellner jonglieren mit Tabletts durch die hungrigen Reihen, wer will, greift zu - gerade so wie beim Kölsch ...

Ein zweiter monumentaler Freßtreff, eine Kiste höher, ist die Casa San Pedro, ebenfalls in El Palo (Hinweis an der Straße, die stadtauswärts nach Almeria führt), ein riesen Restaurant direkt am Meer, im Sommer Terrasse. Diverse Paellas, preiswerte Tagesmenüs.

Zona no nuclear

Diese Schilder sieht man häufig an südspanischen Küsten, wohl auch, weil sich einer der spektakulärsten Atomunfälle bei Palomera (5 km östl. Vera) ereignete: Während eines Manövers wurde am 17.1.1966 ein amerikanischer B 52 Atombomber in der Luft aufgetankt, durch eine Kollision stürzten 3 10-Megatonnen-Bomben auf das Land, eine Bombe fiel in die See vor Palomeras. Die drei Bomben, die über Land 'verloren' wurden, waren schnell zu finden, eine davon war beschädigt und verstrahlte die Umgebung. Nach der Seebombe wurde wochenlang von 17 Schiffen der amerikanischen Kriegsmarine gesucht, am 19. März wurde die Bombe endlich geborgen, mehrere Tonnen verseuchten Meeresbodens wurden nach Kalifornien gebracht.

Málaga

503 000 E., 128 km von Granada, 560 km von Madrid
128 m, TI Larios 5

Die Provinzhauptstadt ist die Drehscheibe des Costa del Sol Tourismus. Das immense Touristenaufkommen sorgt je nach Laune und Jahreszeit dafür, daß man Malaga einmal unerträglich, ein anderes Mal reizvoll lebendig erlebt. Im Sommer, wenn man vom Flugplatz durch die ewig verstopfte Schnellstraße und durch lange Vorstadtschluchten in die City kommt und dort vor Lärm, Gestank und Leuten nicht mehr atmen kann, gibts nur eins: Schnell raus! Außerhalb der Sommer-Hochsaison bietet Malaga ein anderes Bild: Auch an Weihnachten kann man seinen Kaffee im Straßencafe genießen, und das Frühjahr beginnt schon im Februar. Im Zentrum gibt es reichlich Einkaufsmöglichkeiten, die Altstadt ist zwar nicht so geschichtsträchtig wie die maurischen Viertel von Granada, Sevilla oder Cordoba, sie bietet aber allemal pralles Leben und das ganze Jahr über Stadtkultur im Freien.

Orientierung

Trotz Fremdenverkehrshektik und Dauerstaus ist die Orientierung in der Halbmillionenstadt relativ einfach: Gleichgültig von wo man kommt, alle Straßen führen zur zentralen **Plaza Queipo de Llano** am westl. Ende des palmengesäumten Paseo del Parque oberhalb vom Hafen. Die breite Palmenalle **Paseo del Parque** führt stadtauswärts in Richtung Almeria (an der Allee breite bewachte Parkflächen). Nördlich der Plaza im Zentrum der Altstadt die Kathedrale und die verkehrsfreie Haupteinkaufsstraße **Larios**, hier liegt auch das **Tourist-Office** (Nr. 5). Südwestlich der Plaza das Altstadt- Hafenviertel, dessen Solidität mit zunehmender Hafennähe sinkt.

Die interessanten **Läden, Bars, Restaurants und Hotels** liegen im oberen Teil der Altstadt zwischen der Kathedrale und dem Rio Guadalmedina, und obwohl hier viele Straßen mit Läden geradezu vollgestopft sind, findet man immer wieder auch ruhige Winkel.

Die meisten preiswerten **Hostals** und **Pensionen** liegen um die Kathedrale, z.B. in der C/Martinez, nur ein Block nördlich der Plaza Queipo Llano.

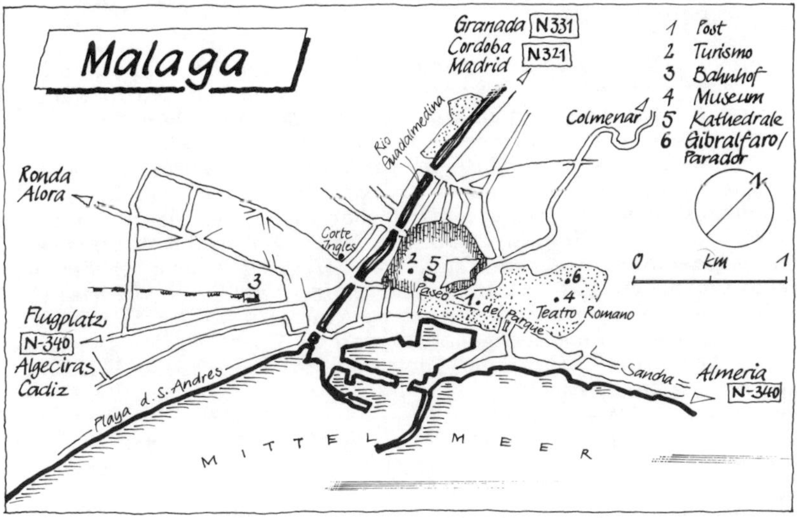

Einkaufen ist im Zentrum des Costa del Sol teurer als anderswo. Zur allgemeinen Preissteigerung hat auch die Invasion von Petrodollars aus dem mittleren Osten beigetragen, besonders auf dem Immobiliensektor gibt es neuerdings eine zweite Eroberungswelle der Araber (vgl. auch unter Marbella).

Ein beliebtes Ziel für Konsumorgien ist das Nobelkaufhaus Corte Ingles (an der Westseite der Brücke über den Rio Guadalmedina, in der Verlängerung des Paseo del Parque). Hier läuft Scheich Kalid mit Tross genauso ein wie Frau Müller; und vom Büchsenöffner bis zum goldenen Wasserhahn gibts alles fürs Zweithaus an der Costa. Wie bei allen Corte Ingles Häusern im obersten Stock ein Restaurant mit üppigstem Selbstbedienungsbuffet, im Souterrain reichhaltiger Lebensmittelladen und ein sehr billiges Parkhaus.

Reconquista 1984

Auch im Frühjahr 1984 landete der saudische König Fahd wieder mit seiner 100-köpfigen Gefolgschaft in Malaga und vom Flugplatz gings im Konvoi mit über 50 schweren Limousinen zur königlichen Villa bei Marbella. Islam und Christentum stehen heute ja dank der Superreligion Mammon nicht mehr direkt auf Kriegsfuß, und so geht die Rückeroberung alter orientalischer Provinzen heute friedlich über die Bühne, zumindest am bevorzugten Ausflugsziel der Scheichs, der Costa del Sol. In die wahren Tempel unserer Zeit hat Zutritt, wer Scheine hat: Auch diesmal wurde wieder ein Supermarkt in Marbella am Nachmittag für 800 000 Mark leergekauft, und im Corte Ingles in Malaga brachte es eine Fahd-Vertraute auf eine halbe Million beim Mittagsbummel.

Unterhaltung

Hauptzeitvertreib in Malaga ist das Stadtleben. Sicher ist die Altstadt nicht so dekorativ wie in den anderen drei Großstädten Andalusiens Granada, Cordoba und Sevilla. Aber dafür hat die Hafenstadt und Touristendrehscheibe andere Reize: Sprühendes Leben, tolle Einkaufsmöglichkeiten, eben pralle Urbanität, die einem an einem heißen Sommertag aber bald auf den Geist gehen kann. Dann hilft vielleicht die Flucht in eine der vielen reizvollen **Tapa**-Kneipen, z. B. in der Calle Bolsa (El Tiburun, Nr. 8, mit Restaurant), oder Calle Martin Garcia.

Nada en el coche !!!

"Nichts im Wagen lassen", diese Warnung der Parkwächter, begleitet von eindrucksvoller Gestik, muß man in spanischen Großstädten absolut ernst nehmen - in den südspanischen Touristenzentren wird systematisch und gründlich geklaut - auch auf bewachten Parkplätzen. Die Polizei ist machtlos. Einzige Gegenmaßnahme ist eben 'nada en el coche' und auf Täschle und Kamera achten!

Die **Kathedrale** ist zwar architektonisch nicht sonderlich aufregend, dafür wenigstens groß, kühl und ruhig. Nur ein paar Häuser weiter, nördlich der Kathedrale, in der C/S. Augustin Nr. 6 liegt das **Museo de Bellas Artes** (Mo. geschl.), in der

Sammlung sind auch ein paar ganz frühe Arbeiten Picassos, der 1881 in Malaga geboren wurde. Weit mehr Picasso-Arbeiten sind aber in Barcelona zu sehen (vgl. dort).

Wer genug vom Trubel in der Stadt hat, kann leicht auf den Burgberg **Gibralfaro** fliehen, eine Fahrstraße führt hinauf. Der maurische Palast **Alcazaba** liegt ebenfalls auf dem Berg, im Gebäude ist ein archäolog. Museum. Die schönste Sicht auf Malaga hat man aber ganz oben von der Festung Gibralfaro, die Anlage ist zwar reichlich verwahrlost, aber zum Relaxen mit Traumsicht bietet sich auf dem Gibralfaro ein weiterer Ort an:

Der Parador Nacional de Gibralfaro*** (Tel. 221902) ist ein etwas nüchterner Zweckbau, dafür ist die Lage über der Stadt einzig, von der Terrasse weites Panorama, deshalb auch für einen Kurzbesuch empfehlenswert, nur 12 Zimmer, deshalb unbedingt reservieren.

Übrigens: Vom oder zum Flugplatz braucht man kein Taxi - vom Bahnhof (und von der zentraleren U-Bahn -Station westl. der Brücke über den Guadalmedina, nähe Kaufhaus Corte Ingles) fährt zw. 6.30 u. 22.30 Uhr halbstündlich eine Elektrobahn zum Flugplatz, der Zug fährt weiter in Richtung Marbella bis Fuengirola.

Zum Stausee am Rio Guadalhorce - Nach Ronda/Antequera

Nordwestlich Malaga, in den Bergen über Alora, liegt das weitverzweigte Seensystem des aufgestauten Rio Guadalhorce, es ist der Trinkwasserspeicher Malagas. Anfang der 80er Jahre, während der südspanischen Dürre, war der riesige Stausee bis auf wenige Meter ausgetrocknet, jetzt, nach zwei regenreicheren Wintern ist der See wieder besser gefüllt und bietet auch wieder herrliche Bademöglichkeiten. Die Landschaft um den See ist überraschend lieblich, manche fühlen sich gar in einer 'andalusischen Schweiz'. Nun, denn ..., jedenfalls sind die Uferpartien um den schon über 100 Jahre alten Stausee (die Staumauer wurde mit Bruchstein gebaut!) im Lauf der Jahre mit dem See verwachsen, alles wirkt natürlich. Felder, Wälder und Wiesen reichen an vielen Stellen bis ans Wasser. Da und dort wurden Rastplätze angelegt, aber außerhalb der Sommerwochenenden findet man überall stille Ecken, und das Schwimmen im warmen Süßwasser ist ein Riesenspaß, den man bis in den November hinein genießen kann. Reichlich schattigen Platz gibts hier oben auch für Camper und Wohnmobilfahrer.

Durch die Chorro-Schlucht:

Die Anfahrt führt von Malaga zunächst durch ein fruchtbares, später felsiges Tal nach Alora. Von hier aus lohnt die Route durch die Schlucht El Chorro: erst auf schmaler Straße an vielen Staustufen vorbei durch große Zitronen- und Orangenplantagen. Dann wirds dramatisch. Der Fels rückt immer näher und am Camino del Rey kommt man dann zur imposantesten Stelle, das Wasser prasselt in Kaskaden durch die unglaublich enge Schlucht. Für Mutige gibt es sogar einen (offiziell gesperrten) Felspfad in die Schlucht. Auch eine großartige Bahntrasse führt durch die Schlucht. Weiter führt die Straße nach links in ein fruchtbares Hochtal und später über Pinienwälder mit wildverstreuten Felsbrocken und markant ausgewaschenen Steinplatten hinauf zum Stausee. Oben an der Kreuzung führt die Straße nach Osten, also rechts, abwärts zum Stausee und weiter vor bis zum Ende an der Staumauer.

Wer sich an der Kreuzung links hält, erreicht auf schöner Strecke über weite Hochflächen Ardales. Von hier führt eine reizvolle Gebirgspiste (1984 noch teilweise unbefestigt - aber gut befahrbar) nach Ronda. Bis El Burgo fährt man praktisch allein über wilde, zerklüftete Hochflächen, nur begleitet vom Duft von Pinien und Gewürzkräutern. Ab El Burgo wird die Straße breiter und besser und führt zunächst durch Wälder, dann durch eintöniges Land bis Ronda, vgl. dort.

Ardales - Antequera

Von Ardales führt eine wunderschöne, einsame Straße um den Stausee herum in Richtung Campillos - Antequera. Man kommt durch weites, leicht welliges Hochland, ständig wechseln die Farben, rotbraune Felder, grüne, bewässerte Flecken, Blick auf die Sierras. Die Strecke ist - wie viele Straßen im Innern Andalusiens - auch für Radfahrer ein Genuß. Ab Campillos dann auf der N 342 zügig bis Antequera.

Antequera (40 000 E., 512 m, Tourist-Info im Museum) ist eine geschäftige Kleinstadt, gut geeignet für einen Zwischenstop. Es gibt keine großen Sehenswürdigkeiten, aber eben das Treiben einer Provinzstadt, ein paar prächtige Kirchen und ein Museum.

Freunde spektakulärer Landschaftsformen sollten sich **El Torcal** ansehen, ein bizarres Felsenlabyrinth ca. 13 km außerhalb (beschildert). Durch das Gewirr von Kalksteinblökken, Höhlen und Wasserfällen führen zwei markierte Fußwege, für die man ein bis anderthalb Stunden braucht. Zur Saison wird El Torcal oft von Reisegruppen besucht, dann ist die Ruhe dahin. Am Stadtrand gibt es noch zwei Dolmengräber (Cuevas de Menga, beschildert) aus der Jungsteinzeit, Funde hieraus sind im Museum ausgestellt.

Unterkommen kann man am besten im komfortablen, neuen Parador von Antequera*** (Tel.840901) das Hotel liegt ruhig am Stadtrand, es gibt riesige Zimmer und Aufenthaltsräume, Pool, relativ gute Küche, mäßige Preise. Eine weiterempfehlenswerte Unterkunft liegt 14 km außerhalb, an der Straße N 331 nach Cordoba: La Yedra, Tel. 842287, preiswertes, gutes Restaurant.

Torremolinos Mijas

Südlich Malaga führt die autobahnähnlich ausgebaute Küstenstraße durch den am dichtesten bebauten Teil der Costa del Sol. Von Malaga über Torremolinos bis Fuengirola: Alles ein Brei. Erst kurz vor Marbella werden die Hochhäuser wieder tiefer, und man sieht ab und zu wieder Bäume. Fährt man von Osten auf breiter Straße nach Marbella, durch weite Pinienwälder, die mit lockeren Urbanisationen durchsetzt sind, fühlt man sich fast an die kalifornische Pazifikküste erinnert.

Zuvor aber muß erst die Skyline von Torremolinos passiert werden. Die drei größten Tourismuswüsten an der Mittelmeerküste, Loret de Mar, Benidorm und Torremolinos, eifern ja ständig um das verückteste Nachtleben, die schrillsten Leute etc.... Torre liegt da gut im Rennen, obwohl viele Benidorm für den absoluten Gig halten. Wir halten uns da raus, obwohl ein Ort dieses Kalibers, mit 25 000 Einwohnern und jährlich über 1 Million Besucher, auf seine Art ehrlicher wirkt als viele der romantischen Fischerdörfer: klar, daß das Wasser hier am trübsten ist (keine Kläranlage), das Niveau am tiefsten. Die rothäutigen Kugelbäuche wollen fun & sun, und das gibts hier satt ... Dazu Hotels, Freizeitanlagen und Betrügereien jeder Art. Das nächste ursprüngliche 'pueblo tipico', sprich: Kasperletheater zur Verkaufsförderung von Folkloreramsch, ist **Mijas**, vor Jahren noch eine schöne Bergsiedlung am Fuß der Sierra de Mijas mit Traumblick auf die

Küste. Heute werden durch den Ort Esel geschleust, auf denen ebensolche sitzen, die glauben, sie seien nun 'richtig in Spanien'. Wenn die Tagesgäste weg sind, wartet eine noble Klientel auf den Abend, z.B. im wirklich reizvoll gelegenen Edelhotel Mijas***, Tel. 485800, Pool, Sauna, Tennis, Bus zum Strand. Wer in Malaga landet, einen Mietwagen hat und den ganzen Küstenrummel nicht sehen will, kann hier die ersten Tage gepflegt ausspannen. Reservierung in Deutschland: Primero Reisebüro, Frau Bach, Tel. 0211-575088.

MARBELLA

70 300 E., 57 km von Malaga
TI: Avenida Miguel Cano 1

Der Ruf Marbellas scheint unverwüstlich: obwohl auch hier die - zugegeben schöne - Altstadt immer mehr von Hochhäusern eingeschnürt wird, genießt Marbella nach wie vor den Ruf als Top-Ferienort an der Costa del Sol. Einiges ist auch tatsächlich geschmackvoller oder zumindest erträglicher als in anderen Orten. Und im Zentrum gibts zwischen lauschigen Winkeln den gleichen Oberschichtnippes wie in Saint Trop oder sonstwo ..., eine Rolex-Exklusivität, die jeder kaufen kann, wenn er kann. Der Geldadel hält Hof und die Narren haben sich pflichtschuldig eingefunden. Viel Vergnügen!
In den letzten Jahren ist die Region um Marbella zum bevorzugten Investitionsziel für Petrodollars aus dem Mittleren Osten geworden. An den Zeitungsständen hängen schon mehr arabische als europäische Zeitungen und es wird gebaut auf Allah komm raus. Marbella boomt, Großbaustelle Paradies. Wieder eine Reconquista, diesmal sind die Mauren die Sieger.

Orientierung

Marbellas Altstadt liegt, von Malaga aus gesehen, rechts der Durchgangsstraße, ihr Zentrum ist die Plaza de los Naranjos, der obere Teil der Altstadt ist der ruhigere, hier gibts auch die preiswerteren Pensionen, z. B. um die Kirche San Francisco, im Sommer sind die Zimmer natürlich sehr knapp.

Marbella hat zwei Hafenanlagen: Den Puerto Deportivo im Ort und den größeren neugebauten Nobelhafen Puerto Banus, ca. 6 km westlich, 'dort, wo die Welt vor Anker geht'. Die Luxusanlage wurde zu mindestens Zweidrittel mit arabischem Geld finanziert: 150 Restaurants, Bars, Boutiquen, Casino, auf dem Laufsteg im Hafen viel Schicki-Micki, Reiche, die gelangweilt aus der teuren Wäsche schauen, reichlich Rollis, dazwischen Familie Maier aus Bottrop ...

Die großen Luxushotels, die zu den teuersten und aufwendigsten im Land zählen, liegen größtenteils zwischen Puerto Banus und Marbella. Schon lange werden einige Häuser aber auch preisgünstig von Pauschalveranstaltern angeboten - die Zimmer müssen eben gefüllt werden, so auch im Marbella Club, einer Gründung des Prinzen von Hohenlohe. Hier begann 1953 mit zunächst 18 Zimmer die schier unglaubliche Entwicklung. Marbella war damals ein Fischernest mit etwas mehr als 1000 Einwohnern.

Ab in die Berge ....
Wer genug vom Küstenrummel hat, kann bei Marbella wieder einmal in die Berge fliehen und kommt schon nach ein paar km in eine herrliche, ruhige Landschaft: Bei Ojen liegt das paradorähnliche Refugio Nacional de Juanar***, Tel. 881000, die Herberge liegt sehr ruhig, hoch oben zwischen der Sierra Blanca und der Sierra Canucha in einsamer Berglandschaft. Schon die Anfahrt ist ein Genuß. (Es gibt Gerüchte, daß das Haus wegen zu geringer Belegung geschlossen werden soll, also am besten vorher anrufen). Von Marbella zunächst hinauf nach **Ojen** (2000 E., 355 m), ein schönes Dorf (diverse Unterkünfte) mit weiter Sicht auf die Küste und die Sierra Blanca. Nebenbei: der fenchelgewürzte Branntwein aus Ojen hat Freunde in ganz Spanien. Nördlich Ojen fährt man zunächst weiter auf der C-337 über den Puerto de Ventorillo bis zur beschilderten Abzweigung nach links, eine kleine Straße führt hinauf zu der einsamen Unterkunft.

Wer auf der C-337 weiterfährt, kommt zunächst nach Coin von dort weiter in Richtung Yunquera/El Burgo zuerst durch das Rio Grande Tal, dort kann man nach dem kleinen, schön gelegenen Luftkurort **Tolox** (3000 E., 315 m, ein einfaches Hotel mit Thermalwasser, 4 Hostals, alle nur Juli - Mitte Okt. offen) abbiegen. Ab dem Rio Grande führt eine wunderschöne und kurvenreiche Strecke mit weiten Ausblicken über den Paß Puerto de las Abejas (820 m) und nach El Burgo. Von hier entweder weiter nach Ronda (vgl. unten) oder nach Ardales zum Stauseensystem vom Rio Guadalhorce (vgl. dort).

Rollys in Puerto Banus

don Carlos
PIZZERIA
TOP
11·14016·SA

RONDA

40 000 E., 750 m
TI: Plaza del Mercado

Das Reisegruppenmekka in den Bergen der Serrania de Ronda ist schon auf den ersten Blick eine Enttäuschung. Was da in jedem Reiseführer als 'Perle der weißen Dörfer' oder sonstwie hochgejubelt wird, hält der Realität nicht stand: Der wirklich großartig auf einem Felsplateau gelegene alte, maurische Stadtkern wird mehr und mehr von Allerweltswohnblöcken eingeschnürt, am Stadtrand liegt ein großes Militärareal, die angeblich so großartige Berglandschaft ist schlicht trist. Sicher, wer an 90% der Realität vorbeisehen kann, findet oben im alten maurischen Zentrum, gleich östlich der Brücke über der Schlucht, viele nette Winkel - und reichlich Ramschläden. Vor 100 oder auch 50 Jahren war Ronda sicher eine Reise wert, die Stadt war ein bevorzugter Romantiker- und Literatentreff, Garcia Lorca, Rilke, v. Arnim, Brentano und natürlich Hemingway haben von Ronda geschwärmt. Heute wird diese Legende eben zur Promotion weitergesponnen. Kurz: eine verhunzte Stadt, deren vergangene Schönheit man da und dort noch ahnt.

Auch das feudale Luxushotel am Ort, das Reina Victoria*****, Tel. 871240, lebt von seinem vergangenen Ruhm, 'Rilke was here', und der spektakulären Lage an der Schlucht. Das alles muß man teuer bezahlen. Wenn schon in Ronda, dann kommt man billiger in den Hostals und Pensionen im neueren Stadtteil Mercadillo unter, z.B. im Zentrum um die Plaza de Espana, unmittelbar vor der Brücke über der Schlucht. Von da ist man dann auch gleich im alten Stadtteil La Ciudad. Aber die Umgebung ist so reizvoll, daß man eher in einem der Dörfer dort übernachten sollte, z.B. in dem eigentlich viel schöneren, aber eben unbekannten **Zahara**, vgl. unten.

In Ronda, im neueren Stadtteil Mercadillo, steht die wohl älteste Stierkampfarena (1785) des Landes, hier wurde auch der streng ritualisierte Ablauf der Corrida von dem Großmeister Pedro Romero festgelegt. Ronda gilt so als Geburtsort des modernen Stierkampfes. Wer sich für den theoretischen Hintergrund der corrida interessiert, ohne den das ganze Spektakel nicht zu verstehen ist, wird bei Michener 'Iberia', Hemingway 'Fiesta' und Goytisolo 'Spanien und die Spanier' fündig (s. Literaturteil).

Das Dorf Algotocin im Hochland um Ronda

Das Schönste an Ronda sind sicher die Straßen, die dorthin- oder wegführen: Gleichgültig, von wo man kommt, immer führt der Weg durch herrliches Bergland mit großartiger Aussicht. In der Umgegend gibt es auch zahlreiche Wandermöglichkeiten und ruhige schöne Dörfer, die ihren ursprünglichen Charakter noch viel eher als Ronda erhalten haben. Wer also Ruhe, Dorfkneipen und Landschaft mag, sollte dies nicht in Ronda suchen. Ein paar Tips:

* Die Strecke von Algeciras über Gaucin und Atajate ist einfach herrlich. Viele Stellen lohnen einen längeren Stop. Unterkunft und Wanderstützpunkte findet man in beiden o.g. Orten.

* Am ruhigsten und einsamsten und vielleicht auch am schönsten ist die Strecke von Arcos de la Frontera auf Nebenstraßen über El Bosque. Zunächst am Stausee von Arcos vorbei durch lichte Kiefernwälder nach El Bosque. Von hier auf ganz einsamer Bergstrecke über den Paß nach Grazalema (Unterkunft). Gute Wandermöglichkeiten in der Sierra de Grazalema. Weiter auf die Hauptstrecke und bis Ronda. Oder, sehr reizvoll: nicht nach Ronda, wo alle hingehen, sondern in umgekehrter Richtung nach Algodonales und **Zahara**, das ist nun wirklich ein weißer Traum. Die Festung über der kleinen Stadt am Berghang zeugt von der vergangenen Bedeutung: Zahara war eine wichtige maurische Stadt, sie wurde vor Ronda und Granada von den Christen wiedererobert, die von hier aus dann gegen die anderen maurischen Metropolen angingen. Heute ist der Ort ein gastlicher Platz ohne großen Rummel, unbedingt lohnend für einen Aufenthalt. Zwei Hostals. Noch abseitiger und ruhiger ist Setenil, an der kleinen Straße nach Olvera, ein verschlafenes Weißes Dorf, halb in den Fels gehauen.

* Auch die wohl meistbefahrene Auffahrt von der Costa del Sol bei San Pedro de Alcantara ist spektakulär. Die neue, breite Trasse führt in weiten Serpentinen hinauf, zunächst durch Wälder, später durch karge Felslandschaft. Von den vielbeschriebenen Edeltannenbeständen in der Serrania de Ronda ist allerdings nicht mehr viel übrig. Es soll noch ein paar kleine Bestände in den Seitentälern östlich von Ronda, am Südabhang der Sierra de la Hidalga geben, wir haben jedenfalls nichts gefunden.

Nach Gibraltar

Auf den letzten km Mittelmeerküste zwischen San Pedro de Alcantara und Gibraltar gibt es wieder etwas mehr freien Strand, aber auch die gewohnten Tourismusballungen. San Pedro de Alcantara ist praktisch mit Puerto Banus zusammengewachsen. Der Ort ist nicht bemerkenswerter als die anderen Ferienorte, nur Flohmarktfans sollten am Sonntag hier anhalten, der riesige Gerümpelmarkt ist weitbekannt. Und Autofahrer sollten sich die wirklich großartige neugebaute Bergstraße nach Ronda (vgl. oben) nicht entgehen lassen.

Südl. von S. Pedro wirds ruhiger. Der Strand südlich des Ortes hat sich in den letzten Jahren zum großen Freak-Treff etabliert, Traveller via Marokko und Nirwana legen hier gerne Rast ein, viele hängen hier auch nur rum und verdösen das einzige, wovon sie zuviel haben, die Zeit. Entsprechend abgefuckt ist die Stimmung.

Estepona (25 000 E) bietet noch einmal den bekannten Küstentrubel, besonders bei Deutschen ist der Badeort beliebt, warum, ist nicht leicht zu erkennen. Jedenfalls ist die Stadt nicht nur reines Touristenzentrum, sondern auch Hafen und Handelsplatz. Vielleicht zieht diese Mischung soviel Leute an. Es gibt ein breites Vergnügungsangebot, eine Altstadt fürs Gemüt, Markt tägl. am Hafen, Tourist-Info: Plaza Augusto. Was man hier überhaupt nicht vermutet: ein sehr angenehmes halbvegetarisches gutes Restaurant 'El Limonero', an der Hauptstraße gelegen. Dezent und geschmackvoll eingerichtet - der Besitzer, ein gepflegter 68er Altfreak, ist wohl Fan französischer Kunstausstellungen. Neben guten Fisch- und Gemüsegerichten auch noch die ganze Palette diverser Pizzas.

Südlich Estepona liegt Spaniens erster offizieller FKK-Strand, die Costa Natura, eine verkehrsfreie, weitläufige Anlage, teilweise noch im Ausbau. Bereits jetzt gibts Appartements, Supermarkt, Pool, etc...

Südlich Buenas Noches wird es ganz ruhig: weite, noch unbebaute, recht triste Grausandstrände, ab und zu eine Urbanisation und schließlich die Edelferiensiedlung von Sotogrande.

Gibraltar Algeciras

Die Landverbindung zu der britischen Kolonie war seit Juni 1969 bis Februar 1985 von Spanien gesperrt worden. Eine legale Einreise war nur auf dem Umweg über Marokko oder per Flugzeug möglich. Nun sind die beiden Länder übereingekommen, die Grenze am 5.Febr. 1985 wieder zu öffnen.

Das nur 6 qkm große Gibraltar ist seit 1704 in britischer Hand, die Engländer nutzten damals die Wirren der spanischen Erbfolgekriege, sie erschienen mit 129 Schiffen vor dem Fels und vertrieben die geschwächten Spanier. Die Hoheitsansprüche Spaniens, die immer wieder vehement angemeldet wurden, blieben stets erfolgos. Die Bevölkerung (30 000 E.) ist fast ausnahmslos pro britisch. Bei einem Referendum im Jahr 1967 stimmten nur 44 von fast 13 000 Stimmberechtigten für Spanien. Verständlich, noch heute wird 'The Rock', der wichtige Militärstützpunkt und Kreuzfahrthafen finanziell ganz massiv von El Thatcher gepowert. Die Einwohner leben gut vom Handel und Tourismus, die Drecksarbeit machen gekaufte Marokkaner und Portugiesen.

Anschauen kann man den markanten Fels am besten von der Hafenstadt Algeciras aus, aber Vorsicht:

ALGECIRAS

120 000 E., Tourist-Office am Hafen

Algeciras ist alles andere als eine angenehme Stadt. Die ganze Bucht ist vollgestellt mit riesigen petrochemischen Anlagen, in der Stadt jede Menge Hochhäuser & Hitze. Interessant ist dies alles eigentlich nur für Marokkoreisende und für Leute mit einem Faible für ausgesprochen herbe Hafenstädte. Wegen seiner Bedeutung als Verkehrsknoten ein paar Hinweise zur **Orientierung:**

Autos möglichst nur bewacht abstellen, es wird extrem geklaut. Auskunft und Tickets für die diversen Schiffslinien in den Reedereibüros direkt am Hafen. Es gibt mehrmals tägl. Fähren nach Tanger sowie zur spanischen Exklave Ceuta, einem Zollfreigebiet mit 70 000 Einwohnern, ansonsten reizlos. Es verkehren auch Schnellboote für round-trips Algeciras - Tanger (1 - 2 Std. Aufenthalt) und zurück. Jeder, der aus

Afrika kommt, sollte an die extrem scharfen Rauschgiftkontrollen denken!

Viele, oft billige Hotels, liegen im Bereich zwischen Hafen und Bahnhof, der 15 Fußminuten vom Hafen entfernt an der Durchgangsstraße N 340 liegt. Um dorthin zu kommen, braucht man nur den Gleisen vom Hafen aufwärts nachzugehen. Viele Bars und Kneipen im Hafenviertel. Immer ein wenig wachsam sein - auch vor Travellern, die um einen kleinen Gefallen bitten!

Rauskommen: Wie man aus Algeciras am besten rauskommt, kann bald zur einzig wichtigen Frage werden. Wer ein kühles Bad braucht, sollte nicht an den überfüllten Strand von El Rinconillo im Norden, sondern ca. 7 km nach Süden zur weiten Bucht bei Playa de Getares, oder noch weiter zum Leuchtfeuer Punta del Canero. Bei Getares noch reichlich Platz am weiten Strand und im Sommer ein Strandrestaurant.

Andalusien

Andalusien ist Spanien pur - so muß es sein: Weites, staubiges Land, Hitze, Armut, Pracht. Weiße Häuser, schwarze Stiere, Kastagnetten & Gazpacho - rassig, feurig, dschingdarassabum...

Kein anderer Landesteil kommt unseren Vorurteilen so entgegen wie Andalusien. Hier, endlich, ist Spanien, hier wird die nordische Seele fündig. In der Bar zwischen Sherryfässern schauen wir auf die handtuchschmalen Gassen der weißen Dörfer, jeden Augenblick kommt Carmen im kleinen Roten um die Ecke. Folklore beiseite: So wie Andalusien für jedes Klischee gut ist, so lauert schon immer irgendwo das Gegenteil. Sechs Millionen Touristen ziehen jährlich, Lemmingen gleich, durch die Alhambra von Granada, genau so viele wie in dem riesigen 100 000 qkm großen Land leben. Andalusien ist beides: Massentourismus und intimer Tip!

So gibt es auch keinen knappen Vorspann über den Landescharakter. Was Sie für Andalusien brauchen, ist vor allem Zeit - und genug Mut, jeden Tag die Meinung zu ändern. Ein paar Hinweise zur ersten Orientierung:

Orientierung: **Wo Was Tun ?**

Küsten: Die andalusische Mittelmeerküste, die Costa del Sol, hat wegen des enormen Tourismus ein eigenes Gesicht, das mit Andalusien wenig gemein hat. Wir beschreiben diese Küste (und das sehr reizvolle Hinterland) deshalb nicht in diesem Kapitel, sondern zusammen mit den anderen Mittelmeerküsten. Wer in Ruhe und in schöner Umgebung baden will, wird am Mittelmeer ohnehin enttäuscht sein. Ein Ausweg: Die Stauseen im Landesinneren oder die ruhigere Atlantikküste, die Costa de la Luz.

Städte & Kultur: Die drei Top-sights sind Granada, Cordoba und Sevilla. Jeder der drei Plätze ist reizvoll, alte Stadtviertel voll Geschichte, maurischer Architektur und Sternchenkultur. Jede dieser Städte ist im Sommer brütend heiß und randvoll mit Touristen. Und immer gilt: Alhambra und Flamenco sind für Spanien in etwa so typisch wie Neuschwanstein und Schuhplattler für dieses unser Land.

Wer sich in die selbst im Winter nicht abreißende Karawane der klassischen Kulturreisenden nicht einreihen möchte, hat viele Ausweichmöglichkeiten. Es gibt kleine, reizvolle Städte ohne Rummel und viel freie, schöne Landschaft. Hinweise im Text.

Landschaft: Landschaftsfreunde kommen in Andalusien nicht zur Ruhe: Sierra Nevada und Costa del Sol liegen nur knapp 100 Straßenkilometer auseinander. Aber auf dieser Distanz erlebt man prakisch alle Vegetationsbilder, die Europa zu bieten hat. Schneefelder, dichtbewaldete Mittelgebirge, subtropisches Küstenland, Betonwüsten am Strand. Es gibt alles: Im Landesinneren weite, heiße Hochflächen, einsame Mittelgebirge (Cazorla; Alpujarras), wuselige Strände und einsame Bergseen.

Was eigentlich für ganz Spanien gilt, ist in Andalusien ein Muß: Reisen Sie nicht in den Hochsommermonaten zwischen Juli und September, es sei denn, Sie wollen schwitzen, warten und schwitzen. Im Hochsommer wird aus jedem schönen Maurenpalast schnell eine überfüllte Geisterbahn. Jede andere Jahreszeit hat mehr Reize: Im Winter mildes Klima, Mandelblüte im Januar, blühende Wiesen im April, tausend Farben im Herbst, nur nicht im Sommer nach Andalusien.

Fahrradfahren in Andalusien

Radeln in Andalusien kann, zur richtigen Jahreszeit (s.o.), ein Riesenspaß sein. Durch die inneren Landesteile führen ruhige, praktisch verkehrsfreie Nebenstraßen. Über weite, endlose Ebenen, dann wieder atemraubende, aber lohnende Bergstrecken. Das Klima ist auch während der Wintermonate zum Radeln geeignet, länger anhaltende Schlechtwetterperioden mit Regen und Nebel sind selbst im Dez./Jan. sehr selten. In Küstennähe ist es den ganzen Winter über warm genug für kurze Hosen ....

Reconquista und Landschaftsbild

Erst 1492 fiel mit Granada das letzte maurische Königreich wieder in christliche Hände. Fast 700 Jahre maurischer Einfluß hinterließ natürlich eine Menge kultureller Zeugnisse. Einmal abgesehen von den großen befestigten Prachtbauten wie die Alhambra in Granada oder die Mezquita in Cordoba, auch das flache Land zeigt noch überall kräftige Spuren maurischer Kultur. Manche kleine Dörfer könnten mit ihren weißen, kubischen Hausformen genauso auch in Marokko stehen. Noch heute werden Bewässerungsmethoden angewandt, die die Mauren eingeführt haben, und neben dem Symbolbaum Dattelpalme gedeihen noch eine Menge anderer von Mauren eingeführter Pflanzen.

Aber auch die Besitzverhältnisse, die die andalusische Landschaft noch heute am stärksten prägen, gehen auf die Mauren und deren Vertreibung zurück: Zwar konnten sich die Araber im Süden am längsten festsetzen, gegen Ende der christlichen Wiedereroberung, der Reconquista, rückte die Front aber immer schneller vor. In kurzer Zeit fielen so riesige Ländereien in christliche Hand. Dieses Beuteland mußte dann ebenso schnell an den Adel oder an den Ritterorden als Belohnung für die pro-christliche Haltung weitergegeben werden. So fielen riesige Flächen in wenige Hände. Großgrundbesitz und Latifundienwirtschaft entstand, daran hat sich bis heute wenig geändert. So gehören in der Provinz Granada über 50% des Bodens nur 1 % der landwirtschaftlichen Betriebe. Und für das gesamte Andalusien gelten ähnliche Zahlen: Den 200 größten Betrieben gehört fast ein Drittel des Landes. So entstand die typische andalusische großräumige Landschaftsstruktur. Die Großgrundbesitzer ziehen dabei meist das abwechslungsreichere Stadtleben vor, auf die Höfe werden Pächter gesetzt, diese müssen wiederum billige Arbeitskräfte anheuern. Die größtenteils besitzlose Bevölkerung lebt in Andalusien in Stadtdörfern, die keine eigentlich städtischen Funktionen erfüllen können, weil sie nur der Ballung des Landarbeiterproletariats dienen. So entstand ein Siedlungsbild mit freistehenden großen Gütern (cortijos) und wenigen, klar gegen das Umland abgegrenzten Großdörfern.

Diese Siedlungsstruktur steht ja in einem krassen Gegensatz zu der in den Nordprovinzen des Landes, z.B. in Galicien. Dort war die Maurenwirtschaft nie von Dauer, die alten kleinräumigen Besitzverhältnisse aus der westgotisch-germanischen Zeit konnten sich bis heute halten. Dort kommt auf 1,1 qkm eine geschlossene Siedlung, in Niederandalusien kommt auf 130 qkm eine vergleichbare Siedlung.

'Die Ästhetik der Armut'

"Vor 15 Jahren wurden hier die Maulesel überflüssig, heute geht es unseren Leuten wie den Mauleseln, sie stehen herum und warten."

Die Klage des Bürgermeisters von Marinaleda gilt für das ganze Land. Was Touristenaugen freut, weites Land, alte Dorfkerne, einfache Kneipen, bedeutet für die, die damit leben müssen, Stillstand, Armut, Resignation. Andalusien ist ein Land kaum vorstellbarer sozialer Kontraste: Boomende Küsten, an denen Petrodollars verprasst werden, ein paar km weiter Dorfläden, die nur das Allernötigste führen, weil sich die Bewohner einfach nicht mehr leisten können. Noch vor ein paar Jahren haben ganze Dörfer, einschließlich Bürgermeister, gestreikt, weil sie nichts zu essen hatten. Die Wassernot während der großen Dürre Anfang der 80er Jahre ließ ganze Regionen in tagelange Agonie verfallen, nur wenn der Wasserwagen kam und pro Bewohner einen Eimer austeilte, kamen die Menschen aus den Häusern.

Warten auf Arbeit

Die Männer, die überall auf den Dorfplätzen stehen, sind von Januar bis September meist ohne Arbeit. Daran konnte auch die Gewerkschaft nichts ändern, die für die wenigen Arbeitstage während der Olivenernte wenigstens einen Mindestlohn erkämpft hat. Dann gibt es noch die 'empleo comunitario', eine Art Gemeinschaftsarbeit, für die, die keinen Anspruch auf andere Unterstützung haben. Wenn gerade wieder etwas

Geld in den öffentlichen Kassen ist, werden die 'journaleros' beschäftigt, nach ein paar Tagen ist das Geld meist weg, dann bleibt das Warten auf den nächsten Einsatz. In manchen Orten, z.B. in Osuna oder Ecija stellen die journaleros die Hälfte der arbeitenden Bevölkerung. Kein Wunder, daß die Jungen unter diesen Verhältnissen nur eins im Sinn haben, weg in den Norden oder an die Küsten, oder resignieren. Es war so - es bleibt so. Würdige Arbeit ist nicht in Sicht, die wenig vorhandene wird immer knapper. Und angesichts der permanenten Krise wird auch die linke Regionalregierung daran wenig ändern können. So wird das Land noch lange bleiben, was der Vater des andalusischen Regionalismus, Blas Infante, knapp beklagte: "Irland Spaniens".

Granada

275 000 E., 650 m
TI: Pavaneras 19

Zum Lob Granadas gibt es die endlos zitierte Leier eines blinden maurischen Bettlers: "Ein Almosen gebt, denn der Mensch kennt kein größeres Unglück, als ein Blinder zu sein, in Granada". Heute wäre zu ergänzen: Es gibt keinen größeren Stress, als Tourist zu sein, im Sommer, in Granada. Tatsächlich, so unvorstellbar wie die Pracht der Alhambra, des wohl schönsten historischen Bauwerks in Europa, sind die Touristenmassen, die in einer endlosen Karawane durch Gänge, Gärten und Miradores der maurischen Paläste ziehen.

Selbstverständlich ist Granada eine herrliche Stadt. Die Lage am Fuß der Sierra Nevada, dazu die Alhambra, im Abendlicht rot, wie der Schnee auf der Sierra, eine überschaubare Altstadt mit quirligem Universitätsleben. Aber wer nicht genug Zeit hat, um die millionenfach ausgelatschten Kulturpfade zu verlassen, der verliert sich schnell irgendwo im Gewühl der gaffenden Gesichter, der Kitschbuden und Berufszigeuner.

Nehmen Sie sich viel Zeit für Abschweifungen, oder kommen Sie zur Unzeit im Winter, wenn der Rummel erträglich wird.

Die Alhambra: Symbol des Rückzugs

Der Glanz der maurischen Metropole erklärt sich aus ihrer Funktion als letztes Bollwerk gegen die Christen. Zwar war Granada schon im 11. Jh. Hauptstadt eines maurischen Königreiches. Aber erst nachdem die Christen im Lauf der Reconquista die Mauren aus deren wichtigster Metropole Cordoba (1236) und dann auch noch aus Sevilla (1248) vertrieben hatten, wurde Granada zur letzten Insel maurischer Kultur. Die Zufluchtsstätte erlebte eine ungeheure Blüte und das prächtigste Symbol dieser Zeit, die Alhambra, der rote Palast, ist zugleich das besterhaltene Dokument maurischer Lebenskunst.

Von der Mitte des 13. Jh. an ließen Emire aus dem Nasridengeschlecht die Alhambra bauen, die Arbeiten dauerten bis ins 14. Jh. Und obwohl in Andalusien schon im 13. Jh. das gesamte Tiefland von den Christen eingenommen war, konnten die Nasriden das Hochland mit dem Prachtsitz Granada durch geschickte Politik bis 1492 halten. Danach war eine über 700-jährige Epoche maurischer Herrschaft zu Ende. Die letzten Mauren Granadas flohen dann ins Bergland der Alpujarras (vgl. dort), wo sie aber nie mehr den alten Einfluß erlangten. Um 1600 wurden sie auch dort endgültig vertrieben.

Glanz und Untergang

Die Pracht der Alhambra wird nur vor dem Hintergrund des nahen, zu ahnenden Untergangs verständlich. Da wird die Kunst der Dekoration zum Äußersten getrieben, aber die bis ins feinste ziselierten Stuckornamente, die Pflanzen, geometrische Muster und Koransprüche wiedergeben, sind auf gewöhnliche Ziegel aufgebracht. Die aufwendige Form hatte Vorrang vor der dauerhaften Funktion. Diese Baugesinnung ist immer typisch für eine Epoche, die sich dem Untergang, zumindest dem Wandel, nahefühlt. Die Nasri-Baumeister steigerten sich noch einmal in einen Rausch der Formen: Alles Maurische, aller Ausdruck der morgenländischen Lebensweise, hatte gleichsam in idealtypischer Form an den Wänden zu hängen. Der Formenreichtum der islamischen Bauweise, deren Gesetze die Darstellung von Menschen und Tieren verbieten, konnte in Ornamenten und Farben schwelgen. Zwischen den Palästen wurden üppige Gärten angelegt. Dazwischen Wasser in Tausend und einer Form: stehend, schnell und langsam. Fließend, als Kaskade, oder als Tropfenspiel. Wasser war für die aus trockenen Steppen stammenden Mauren die Kostbarkeit. Als reinstes Symbol des Lebens wurde Wasser zum Mittelpunkt vieler Höfe, es floß in Patios und sprudelte aus den Brunnen der Gärten.

Gärten

Der Garten El Generalife, der als Sommerresidenz maurischer Könige auch im 14. Jh. entstand, gilt denn auch als vollkommendster arabischer Garten in Andalusien. Wie alle arabischen Gärten betritt man auch El Generalife zunächst durch einen Raum, der ganze Garten ist als Lebensraum gedacht. "Andalusiens Gärten sind ein Erbe der Araber. Noch die heutigen Patios verwenden die gleichen Elemente wie sie: Intimität, Wasser, Duft." J.E. Bonells im Merian Andalusien.

Alhambra praktisch: Geöffnet: Sommer 9 - 19, Winter 10 - 18 Uhr. Eintritt (inkl. Generalife) ca. 5 Mark. Pro Jahr ca. 6 Mill. Besucher, an Sommertagen bis zu 20 000! Für die mußevolle Besichtigung der sehr weitläufigen Anlagen braucht man, mit den notwendigen Ruhepausen, mindestens einen Tag. Auf der Eintrittskarte ist ein Laufplan, für die einzelnen sights sind verschiedene Coupons an der Karte, so daß man sich auch zwei Tage Zeit lassen kann. Alles ist gut ausgeschildert. Ausruhen und Dasitzen lohnt wegen der herrlichen Sicht auf Granada und die Sierra Nevada mindestens ebenso wie wildes Räumeabklappern. Wir halten es für sinnlos, einzelne Bauwerke innerhalb der Anlage herauszuheben und zu zensieren, es gibt jede Menge ausführlicher gedruckter Führer an den Kiosken. Taschen gut festhalten. Viel Spaß und klare Sicht .....

Granada - Orientierung

Die Stadt ist übersichtlich, den ersten und besten Blick bekommt man von der Alhambra und den Gärten El Generalife. Die Hauptachse der Stadt ist die Gran Via de Colon, die im südlichen Bereich quer durch die Altstadt läuft. Am südlichen Ende trifft die Gran Via auf die zweite Hauptachse der Stadt, die Reyes Catolicos. Im diesem Bereich, zwischen den Plätzen Puerta Real und Plaza Nueva, liegen die wichtigsten Dinge dicht beisammen.

Östlich der Gran Via beginnt der alte maurische Stadtteil **Albaicin**, das größte und schönste maurische Stadtviertel in Spanien. Es gibt hierfür keinen festen Besichtigungsplan, sondern nur die Empfehlung, sich durch das Gassengewirr treiben zu lassen. Hinter und über dem Albaicin, auf dem optunienbewachsenen **Sacromonte** liegt das alte Zigeunerviertel mit den Höhlenwohnungen. Das alles wirkt natürlich ganz entzückend, gerade die richtige Kulisse, um Busladungen mit buntem Mummenschanz, der als Flamenco ausgegeben wird, das Geld aus der Tasche zu ziehen.

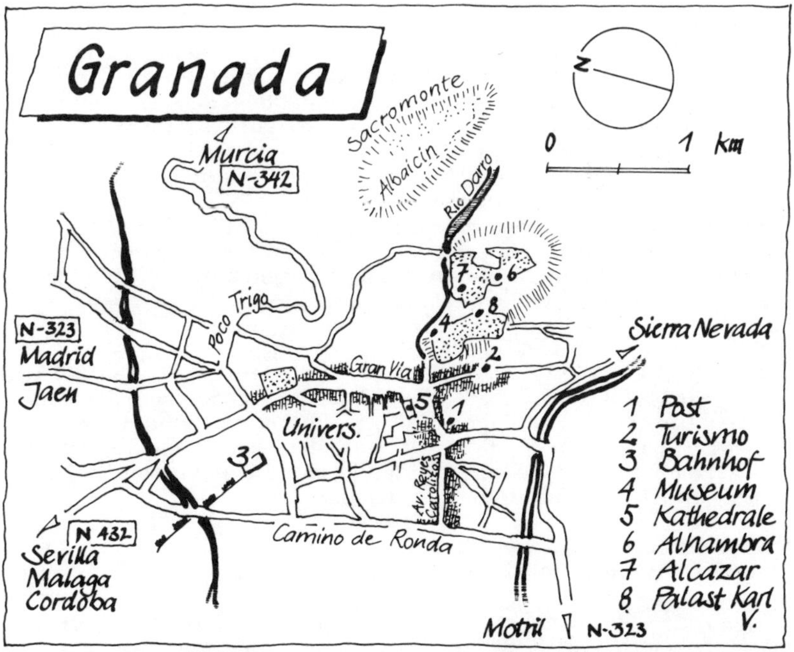

Das **Tourist Office** liegt im Zentrum, ganz nahe dem T, das die Hauptstraßen Gran Via und Reyes Catolicos bilden, an einem kleinen Platz in der Pavaneras 19. Hier gibts den Stadtplan, Unterkunftsliste und den Granada-Prospekt, der alle wichtigen Sehenswürdigkeiten erläutert. Wir ersparen uns hier das übliche, leicht verfremdete Abschreiben aus diesen allgemein zugänglichen Quellen und gewinnen so Platz für:

Unterkunft: Die meisten preiswerten Hostals und Pensionen liegen zentral, besonders im Bereich zwischen Gran Via und Plaza Nueva. Diverse Pensionen sind auch an der Auffahrt zur Alhambra, der Cuesta de Gomez, die zur Saison eine einzige Souvenir- und Bettelmeile ist. Ganz oben, dicht bei der Alhambra (den Parador-Schildern folgen), liegt auch eine der schönsten Unterkünfte, die noch einigermaßen erschwinglich ist: Das Hostal America***, Tel. 227471, ein kleines Hotel in Traumlage direkt neben den Palästen der Mauren, kleiner Garten, Restaurant. Die Preise (DZ ab 50 Mark) sind für das Gebotene eher mäßig. Unbedingt reservieren.

Praktisch mitten in der Alhambra liegt der staatliche Parador San Francisco****, Tel. 221493. Es ist das teuerste Haus (DZ um 130 Mark) der staatl Kette, trotzdem sind die 30 Doppelzimmer oft lange im Voraus ausgebucht - kein Wunder bei der Lage und Ausstattung. Das 500 Jahre alte Konvent wurde zu einem prächtigen Hotel mit Innenhöfen, Wandelgängen, Aussichtsterrasse und Gärten. Leider ist der Saisonrummel und der unpersönliche Massenbetrieb dem ehrwürdigen Platz in keiner Weise angemessen; daß man an Bar und Restaurant keine Spitzenleistungen erwarten darf, müßte klar sein. Trotzdem, das Haus liegt an einem der schönsten Flecken der Stadt, und wenn die Tagesgäste weg sind, wird es sogar ein wenig ruhiger. Unbedingt reservieren!

Albaicin: in dem alten maurischen Viertel am und über dem Rio Darro gibt es tausend schöne Winkel, blumenreiche Patios, Gassen für unsere betongeschädigte Phantasie, und im Zentrum die Kirche San Nicolas, wo man den schönsten Blick auf die Alhambra hat - solange einen nicht die unvermeidlichen Tand- und Nelkenhändlerinnen umschwärmen.

Sacromonte: über dem Albaicin. Der heilige Berg ist das Zentrum der Gitanos, der Zigeuner. Die Höhlenwohnungen gehören genauso wie unübertroffene Hartnäckigkeit beim Touristennepp zum Handwerkszeug der Sippen. Wer hierher kommt, um etwa echte Folklore und Flamenco (was immer das sein mag), also Carmen pur, zu erleben, dem ist ohnehin nicht mehr zu helfen. Das Sachsenhausen auf andaluz liest sich in einem weitverbreiteten Reiseführer immer noch so:
"Diese 'cuevas' sind meist blitzsauber. Wäsche trocknet auf den Büschen und dunkeläugige Jungen betteln, während ihre Mütter und Schwestern einen Zigeunertanz improvisieren, sobald ein Fremder in Sicht kommt ...." Ein Märchen aus: Michelin-Reiseführer, Spanien, 1982.

Sehenswert - Unterhaltung

Es wäre müßig, zu den zahlreichen ***Zielen einen pflichtschuldigen Kommentar abzugeben. Natürlich will jeder die Alhambra sehen, der schon einmal da ist. Aber neben den großen Bauten ist es insbesondere die Stadtatmo, die einen Aufenthalt in Granada lohnt. Die Universitätsstadt bietet also auch Kulturbanausen noch genug, dazu kommt, daß landschaftlich reizvolle Regionen wie die Alpujarras (vgl. dort) praktisch vor der Tür liegen.

"Guter Flamenco schmerzt..."

Die Gitanos haben den Flamenco aus dem vorderen Orient nach Spanien gebracht. Zunächst verbreitete sich der Gesang in Niederandalusien, nahm aber im 19. Jh. einen raschen Aufschwung und breitete sich weiter aus. Die Grundlage des Flamenco bilden orientalisch-arabische und indische Klangmuster, die dann in Südspanien vielfach überformt wurden. Es ist kein Zufall, daß sich der Flamenco gerade im 19.Jh. besonders ausbreitete: In der wirtschaftlichen Not der Zeit war Flamenco die Klage der Armen und Verfolgten. "Der gute Flamenco schmerzt", sagt denn auch der Sänger Juan Talega. Heute schmerzt eher die rücksichtslose Vermarktung und die Naivität der Zuhörer. Dabei ist Flamenco ursprünglich ein differenziertes Ritual mit vielen, genau festgelegten Ausdrucksweisen. Der ernste cante jondo z.B. ist ein strenger Tanz und Gesang. Die Kontrolle wird hierbei nie aufgegeben, die lockende Frau bleibt letztlich unerreichbar. Anders die frohe, ekstatische fiesta flamenca, die heute, auf Touristengeschmack heruntergeleiert, am meisten dargeboten wird. Hier zeigt das rythmische Händeklatschen, jaleo, den rasenden Puls an ...

Im Touristenbüro gibt es eine Adressenliste mit Flamencolokalen, den Tablaos Flamencos. Wie man die gerade guten Adressen erkennt, wissen wir auch nicht. Vielleicht gibts auch gar keine, die meisten Kneipen sind schlichter Nepp, meist wird noch ein überteuerter Pflichtverzehr gefordert. Das Zentrum der Flamencokunst liegt heute ohnehin in Madrid und nicht in den Touristenzentren des Südens.

Die **Kathedrale** und die Königskapelle (Capilla Real) liegen mitten im Einkaufszentrum der Stadt, an der Gran Via. Die Capilla Real ist die Gruft der Könige Isabella und Ferdinand, die die Mauren hier endgültig vertrieben haben. Sehenswert sind die mächtigen spätgotischen Sakralbauten besonders wegen ihres Gegensatzes zur Alhambra: Zwischen den lichten und freundlichen Hallen, Säulengalerien und Gärten der Alhambra und den dumpfen, schweren Domgewölben der Kathedrale ist ein Unterschied wie Tag und Nacht. Welche Welten müssen damals zwischen christlicher und orientalischer Lebensweise gelegen haben?

Gleich südlich der Kathedrale liegen zwei interessante Plätze: Die Alcaiceira, ein enges Altstadtviertel, ursprünglich der maurische Seidenbasar, heute ein Boutiquen- und Souvenirviertel mit Ramsch und schönen Sachen. Im Anschluß daran der größte Altstadtplatz, die Bibarrambla mit Cafes, Buden etc.

Ruhe, wem es in der Innenstadt zu laut wird, der sollte zum Campo del Principe, einem schönen, grünen Platz, unterhalb des Alhambraberges hinüberlaufen. Von der Kathedrale ca. 15 Min. Mit seinen Bäumen, Bänken und Blumenflächen ist der Platz eine Oase, ruhiger als das Zentrum, aber immer noch unterhaltend genug, um ein paar Stunden zu vertrödeln. Um den Campo und in den Seitenstraßen einige gute Tapa-Bars und Restaurants.

Fiestas: In Granada wird üppig gefeiert, z.B. während der Karwoche, semana santa. Bekannt sind auch die internationalen Tanzfestspiele Ende Juli/Anf. August in den Gärten des Generalife. Leider sind die meisten Feste stark kommerzialisiert.

Die Umgebung von Granada: **Sierra Nevada**

Die höchste Gebirgskette im Land sieht nicht nur in der Abendsonne, wenn die Firnfelder des 3482 m hohen Mulhacen rot werden, grandios aus. Auch die Fahrt hinauf, bis kurz unter den Gipfel des 3398 m hohen Pico de Veleta, ist ein Erlebnis. Nirgendwo sonst in Europa kann man eine so hohe Bergstrecke fahren:

Zunächst aus Granada in Richtung der Wegweiser 'Sierra Nevada' ausfahren. Nach ca. 10 km, ab Pinos Genil (Campingplatz) gehts bergauf, es folgen dann ca. 40 km herrlicher Paßfahrt, große Sicht auf Granada und das fruchtbare Hochtal um die Stadt. Zunächst kommt man in das Wintersportgebiet **Sol y Nieve**, Sonne und Schnee gibts hier oft schon ab Oktober, wenn unten an der Küste noch warmes Wasser lockt. Es gibt hier diverse Hotels (meist nur im Winter offen) und, in 2500 m Höhe, am Hang des Veleta, den Parador Sierra Nevada***, Tel. 480200. Zwar hat das 32 Zimmerhotel aus den 60er Jahren auch schon bessere Zeiten erlebt, einiges wirkt recht abgegriffen, aber für einen kurzen Stop in der Bergsteppe ist es immer noch besser als die großen Kästen im Wintersportgebiet.

Auf den Gipfel...

wer schon mal so weit oben ist, fährt natürlich auch noch die letzten km bis knapp unter den Gipfel zum Veleta. Falls das Gefährt aber auf den letzten, ungewöhnlich kurvenreichen Kilometern auf über 3000 m nicht mehr will, sollte man besser mit der Seilbahn 'Telecabina' nach oben schweben, schauen und selig sein. Ein kleiner Imbißladen ist in der Bergstation.

An klaren Tagen ist das Panorama natürlich überwältigend, die kahle Mondlandschaft lädt aber nicht gerade zum Verweilen ein. Landschaftlich reizvoller sind die Alpujarras, zwischen der Sierra Nevada und dem Meer, wer also ein wenig wandern möchte, oder einfach Landschaft genießen, sollte bald dorthin (vgl. dort). Von der kahlen Wüste der Sierra Nevada kann man - so großartig sie ist - bald genug haben.

Über den Gipfel

Kurz vor dem Ende der Paßstrecke zweigt eine Schotterpiste auf den Gipfel der Sierra Nevada, den 3478 m hohen Mulhacen, ab. Die extrem steile, schmale und unbefestigte Piste führt dann weiter bis nach Capileira in den Alpujarras. Eigentlich eine Traumroute, aber Vorsicht: Nur für Unerschrokkene mit zuverlässigem Wagen (unter normalen Bedingungen ist die Piste mit einem normalen PKW zu schaffen) und nur bei bestem Wetter. Auf keinen Fall sollte man zu spät oder bei zweifelhaftem Wetter starten. Eine kalte Nebelnacht im Hochgebirge kann verdammt ungemütlich werden.

Von Purullena/Guadix über den Puerto de la Regua nach Mecina Alfahar und in die Alpujarras:

Diese zweite Route ist eine schöne Paßfahrt über die Sierra Nevada, ohne die Weg- und Wetterrisiken der oben beschriebenen Route. Die Strecke hat also den Vorteil, daß man in keinem Fall auf gleicher Strecke zurück muß. Zwar führt die Fahrt nur über 1993 m Höhe, aber der Landschaftseindruck ist genauso gewaltig wie bei der Fahrt über den Veleta; und die Abfahrt in die immer fruchtbarer werdenden Alpujarra-Täler ist ein Erlebnis für sich:

Auf der N 342 Granada nach Nordosten verlassen. Zunächst kommt man durch die ausgedehnten Kiefernwälder um den Paß Puerto de la Mora (1390 m). Um den Paß ziemlich wilde, teils bewaldete, teils öde Hochtäler. Nach 35 km erreicht man die Höhlenstadt Purulena. An der Durchfahrtsstraße sieht man außer einer schier endlosen Reihe von Souvenirbuden, die jeden Kitsch, vorzugsweise aus Steingut, anbieten, von der interessanten Siedlungsform im Dorfinneren nichts. Wer diese sehen will, muß in die Seitenstraßen laufen. Hier gibts dann fast genauso viele bewohnte Höhlen zu sehen wie im viel bekannteren Guadix. **Guadix** selbst ist eine Kleinstadt mit den üblichen Scheußlichkeiten am Ortsrand, darüber eine teilrenovierte maurische Festung, in der eine Kirche im gemischten Renaissance- und Barockstil steht. Markant ist der frei stehende Glockenturm aus arabischen Ziegeln.

Guadix liegt auf 950 m Höhe in einem sehr kargen, fast vegetationslosen Hochtal. Die steppenähnliche Vega wird teilweise bewässert, hier wachsen dann Obst, Tabak und Getreide. Einzelne Wohnhöhlen von Guadix sieht man schon von der Durchgangsstraße aus, die meisten liegen aber im südwestlichen Stadtteil Santiago.

La Calahorra: Auf der N 324 kommt man nun durch wüstengleiche Bergsteppen bis La Calahorra. Der Ort am Fuß des Burgberges ist nicht sonderlich aufregend, umso mehr die Lage der Burg auf dem kahlen Berg über dem Dorf, dahinter die schneeweiße Sierra. La Calahorra ist die wohl schönste spanische Renaissanceburg. Eigentlich ist die Anlage auch eher ein Palast als eine Burg. Von außen abweisend und düster, die Innenquartiere der Burg dann unerwartet heiter und anmutig. Der kurz vor 1500 begonnene Bau ist deutlich italienisch inspiriert: Ein weißer, zweigeschossiger Marmorinnenhof mit Treppenhaus, Sälen und Gärten ...

Über La Calahorra dann weiter auf der schmalen Nebenstrecke C-331 hinauf zum Puerto de la Regua, talwärts immer wieder mit herrlichen Blicken auf die Burg. Ebenso schön ist die Abfahrt vom Paß in die zunehmend fruchtbarer werdenden Berge der Alpujarras (vgl. dort) nach Laroles, Mecina, Alfahar.

Córdoba

300 000 E., 124 m
TI: Gran Capitan 13, Hermanos G. Murga 17.

Cordoba gehört, neben Sevilla und Granada, zu den Pflichtsehenswürdigkeiten im inneren Andalusien. Die Provinzhauptstadt war während der Maurenzeit für viele Jahre das wirtschaftliche und geistige Zentrum des Landes und des gesamten

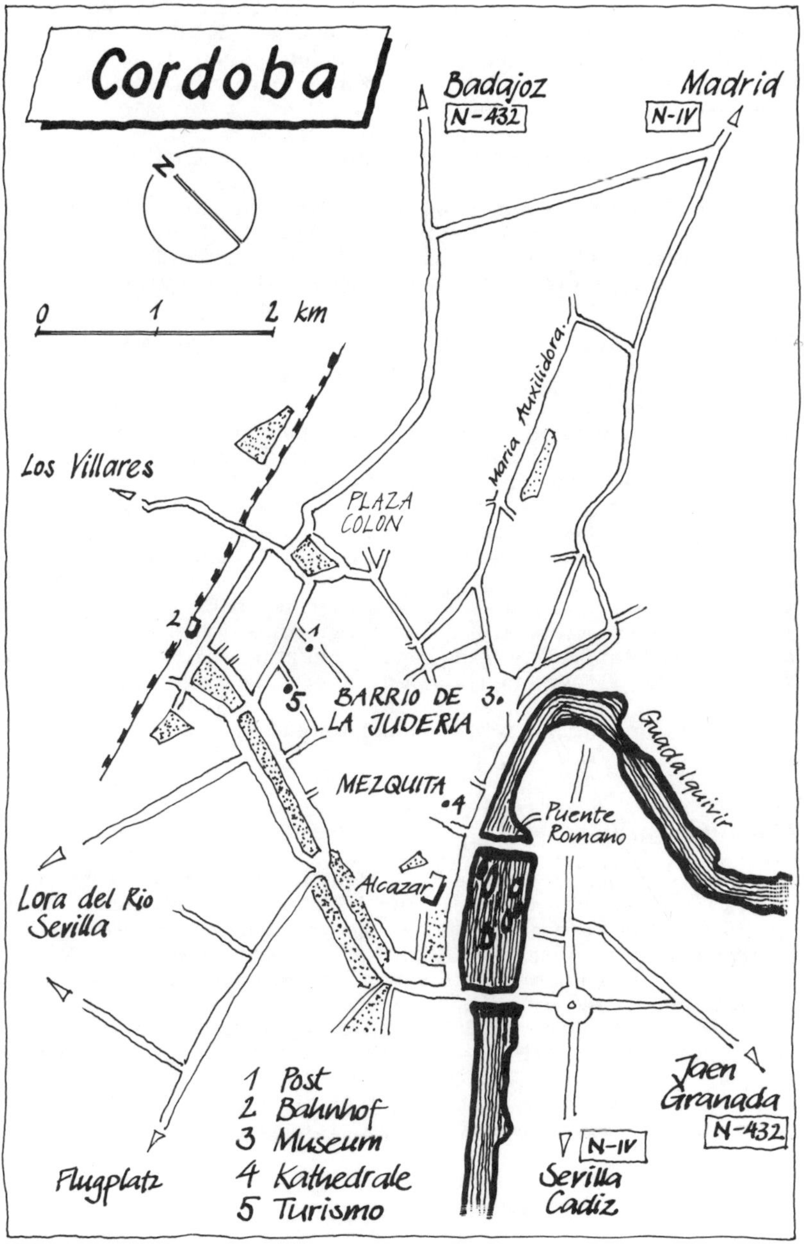

Cordoba
Badajoz
N-432
Madrid
N-IV
0 1 2 km
Maria Auxilidora
Los Villares
PLAZA
COLON
2
1
5
BARRIO DE 3.
LA JUDERIA
Guadalquivir
MEZQUITA
4
Puente
Romano
Alcazar
Lora del Rio
Sevilla
Jaen
Granada
N-432
N-IV
Sevilla
Cadiz
Flugplatz
1 Post
2 Bahnhof
3 Museum
4 Kathedrale
5 Turismo

arabischen Westens. Die Blüte der Stadt war gegen Ende des 10. Jh. Die Pracht zu dieser Zeit muß unvorstellbar gewesen sein. Es gab 500 Moscheen, 80 000 Läden, Schulen, Bibliotheken, Bäder. Die Schätzungen der Einwohnerzahl schwanken zwischen 500 000 und einer Million.

Cordoba war nicht nur der Höhepunkt maurischen Einflusses, sondern auch der Wendepunkt: Im 13.Jh. brachen christliche Heere von Norden in das Guadalquivirbecken ein und besiegten bei Naves de Tolosa die Mauren, und nur 12 Jahre später, im Jahr 1248, fiel auch Sevilla in christliche Hände. Die Mauren mußten endgültig das fruchtbare Guadalquivirbecken verlassen und in die höhergelegenen Regionen um Granada weichen.

Cordoba heute hinterläßt einen zwiespältigen Eindruck: Da sind wieder einmal die gewohnt häßlichen Vororte, durchsetzt mit Industrie, Halbfertigem und Halbverfallenem. Auch das weitere Stadtzentrum mit seinen breiten Straßenzügen wirkt nicht sonderlich anziehend. Nur das alte maurische Viertel um die größte maurische Moschee im Land, die Mezquita, läßt ein wenig vom Glanz der alten Stadt Cordoba ahnen. Aber auch hier hat die Moderne zugeschlagen: Neben romantischen Gassen und lauschigen Patios - von denen es in Cordobas Altstadt besonders viele gibt - immer wieder reichlich Souvenirbuden und Tünnef. Wer gut wegsehen kann, wird Wanderungen im alten Viertel genießen können. Aber allzulange sollte man nicht bleiben, dazu ist schon das weite, größtenteils unerschlossene Umland zu schön, siehe unten.

Orientierung/Unterkunft

Von touristischem Interesse ist eigentlich nur die Juderia, der Altstadtkern um die Moschee. Die Moschee und die dazwischengebaute Kathedrale erreicht man am einfachsten über die alte römische Brücke über den Guadalquivir. Die Altstadtviertel der Juderia beginnen direkt neben der Moschee, besonders in nordöstlicher Richtung. Hier liegen auch die schönsten Fondas: reizvolle, einfache Unterkünfte, in alten stilvollen Häusern, z.B. in der Calle Rey Heredia, nur ein Block nordöstl. der Mezquita, und in den Seitengassen davon.

Eine schöne Pension, absolut zentral gelegen, an der Mezquita, ist das Hostal Marisa, Cardenal Herrero 6, Tel. 226317.

Eines der angenehmsten Touristenhotels, direkt an der Westseite der Mezquita, ist das Maimonides***, Tel. 471500. In dieser Lage wohnt man natürlich nicht eben billig (DZ ab 80 Mark), aber trotz der Touristenmassen kein Nepp. Schöner, erfrischender Patio.

Nur ein paar Meter nördlich der Mesquita in der Calle Lopez de Hoches Nr. 14 liegt das empfehlenswerte El Califa***, Tel. 299400, ruhig im alten Stadtkern. Der Besitzer arbeitet nicht mit Reisegruppen, deshalb leise und gediegen.

Der Parador Nacional Arruzafa****, Tel. 275900, liegt am nordwestlichen Stadtrand, leicht erhöht mit Sicht auf die Stadt. Leider hält das kühl-funktionale Gebäude den Erwartungen, die der Name Arruzafa = Palmenhain weckt, nicht stand. Viel mehr als ein gut gelegener Wohnklotz ist der Parador nicht. Aber die Zimmer sind groß, wie gewohnt, die Sicht ist weit und das Restaurant ist eher besser als in anderen Paradores, was freilich nicht viel heißt.

Ein schöner, schattig-grüner Campingplatz liegt kurz vor dem Parador, am Nordwestrand der Stadt, einfach den Parador-Schildern folgen.

Das **Tourist-Office** liegt nahe der Altstadt Umfahrung Ronda de los Tejeros, in der Hermanos Gonzales Murga 3, kurz vor der Plaza de Colon.

Essen

Da hat Cordoba einiges zu bieten, von nobel bis einfachst. Die nettesten Restaurants liegen, wie die Fonda-Pensionen, in der Juderia, und wer nicht gerade das Pech hat, an einen Schwarm kamerabehängter 'Europe in 10 days' - Touristen zu geraten, kann leicht einen lauschigen Abend erleben. Im Sommer ist natürlich das Meiste überlaufen, auch der Freß-Tempel Nr. 1, das Caballo Rojo, Cardenal Herrero 28, Tel. 475375. Das meistgelobte Nobelrestaurant in der Region, direkt an der Südseite der Moschee, mit einem schönen Garten-Patio. Wir waren nicht dort, wie schmeckts?

Eine Menge Tapa-Bars gibts in der Juderia und um die Moschee. Eine der traditionsreichsten Bars ist die Casa Pepe, Romero 1, mit vielen Tapas und kleinen Fischhappen. Noch zwei Tapa-Tips an der Puerta de Almodovar: Einmal die Casa Rubio, Nr. 5, eine herrliche alte Bodega, dann die Casa Solinas, Nr. 2, mit köstlichem Faßwein und ebensolchen Tapas. Die modernen Bars und Restaurants liegen nördlich der engeren Altstadt, z.B. in der Calle Cruz Conde, die ein paar

Blocks nördlich der Mezquita an der Plaza Jose Antonio beginnt und hinauf zur Umgehungsstraße Ronda Tejeras führt.

Wer schon in der Juderia herumstrolcht, was ja das größte Vergnügen in der Stadt ist, sollte auch die Plaza de la Constitucion (früher: Corredera) ansehen, die Plaza liegt 10 Fußminuten nordöstl. der Mezquita: Ein großer arkadengesäumter Marktplatz, mitten in der Altstadt. Der kleine Umweg dorthin lohnt, nicht unbedingt wegen der abgerissenen Fondas dort, sondern eher für eine oder ein paar schattige Stunden am Nachmittag.

Weine aus Montilla-Moriles

Das Anbaugebiet Montilla-Moriles südlich Cordoba liegt in der heißesten und sonnenreichsten Region Spaniens. Die sehr zuckerreichen Trauben werden zu sherry-ähnlichen Weinen ausgebaut und ebenso wie die Sherrys klassifiziert (vgl. dort). Besonders der trockene aromatische Fino aus der ersten Pressung kann auch mit hochklassigen Sherrys konkurrieren. Dabei sind die Preise der weniger bekannten Montilla-Moriles Weine meist niederer als die der Sherrys.

Die größte Kellerei der Region liegt in dem Städtchen Montilla, ca. 30 km südlich Cordoba. Die Familie Alevar erzeugt dort seit 1729 Weine und Weinbrände. Die Kellerei kann besucht werden, zu sehen und kosten gibt es Weine aus 17 000 Eichenfässern ,mit einem Fassungsvermögen von 50 000 hl.

Sehenswert

Sicher möchte jeder, der in Codoba ist, die Mezquita sehen. Wer aber aus irgendeinem Grund wenig Zeit hat und zwischen Sevilla, Granada und Cordoba wählen muß, sollte vielleicht am ehesten auf Cordoba verzichten. Jetzt schreit natürlich jeder Tempeltourist auf. Der Rat, an einem dreistern Ziel vorbeizufahren, ist ja immer noch ein Sakrileg. Aber, im Ernst, so großartig die Riesenmoschee auch ist, Freunde feiner, filigraner Architektur in schöner Umgebung kommen hier kaum auf ihre Kosten; und das urbane Leben in der Juderia hat, bei aller Romantik, immer auch etwas Gestelltes: Zu offensichtlich ist alles für die Touristen herausgeputzt, es fehlt der Reiz des Alltags. Ganz in dieses Schema paßt auch

Innenhof in Cordoba

das 'Festival de los Patios' vom 5.-12. Mai, ein buntes "unsere Stadt soll schöner werden" auf andaluz. Aber die bemühte Pracht kann einem auch bald auf die Augen gehen.

Mezquita/Kathedrale

"Die Moschee in Cordoba, deren wunderbarer Säulenwald dauernd durch dicke Klumpen von Altären verstopft wird, oder eine Landschaft, die von der ragenden Agressivität einer monumentalen (franquistischen) Madonna entstellt wird, sollte den (...) Bürger veranlassen, wenigsten einmal im Leben zu erkennen, daß es auch eine historische Kehrseite des Christentums gibt."
Roland Barthes, Mythen des Alltags

Das mächtigste maurische Baudokument auf spanischem Boden ist die Hauptmoschee in Cordoba. Ein Wald von 850 rot-weißen Säulen trägt hufeisenförmige Doppelbögen, die wieder ein weiß-rotes Zebramuster haben. Das kühle Halbdunkel der riesigen Halle, einzelne Lichtpfeile, Goldmosaike an den Kuppelgewölben und endlose Touristenschlangen, das ist alles nicht ohne Reiz. Am beeindruckendsten ist aber die bodenlose Brutalität, mit der die christlichen Baumeister im 16. Jh. mitten in die Moschee eine Kathedrale hineingesetzt haben. Wohl nirgendwo ist die Mißachtung anderer Kulturen, die ja ein Charakteristikum der christlichen Machtpolitik dieser Zeit war, so deutlich dokumentiert wie hier. Unter maurischer Herrschaft war ja gerade die Toleranz Andersgläubigen gegenüber ein durchgehendes Prinzip, so durften z.B. die Mozaraber genannten Christen und Juden ihren Glauben behalten und weiter Gottesdienste abhalten. Ganz anders die christliche Herrschaft, wo die Mauren dann immer systematischer verfolgt wurden. Die Kathedrale, natürlich mehrfach so hoch wie die Moschee, ist so ein Denkmal der Intoleranz.

Nach Medina Azahara: Neben den vielen klassischen Sehenswürdigkeiten in der Stadt, über die wieder die bunten Prospekte der Touristenbüros informieren, noch ein Hinweis auf einen kleinen Ausflug nach Medina Azahara, ca. 10 km westl. Cordoba. Die Palaststadt mit einem herrlichen Blick auf das Guadalquivirbecken war die Sommerresidenz der Kalifen. Die Pracht der Stadt muß für heutige Vorstellungen unglaublich gewesen sein. Um 1013 wurde dann der ganze Prunk von Ber-

bern zerstört, die in der Luxussommerfrische einen Verstoß gegen die reine Lehre sahen. Übriggeblieben ist ein Ruinenfeld, in dem zwei Pavillons wieder grob restauriert wurden. Herrliche Sicht auf das Tal (9.30-13.30 / 16-19.30, im Winter bis 17 Uhr, Mo. geschl.).

Zur Burg Almodovar: In gleicher Richtung wie die alte Palaststadt Medina Azahara, 17 km westl. Cordoba, liegt ein zweites Baudokument aus der maurischen Zeit Andalusiens: Die Kalifenfestung Almodovar thront auf einem Berg über den Guadalquivirniederungen. Die mächtige, mit Vormauer, Gräben und Hauptturm bewehrte Anlage ist in Privatbesitz und wurde fast vollständig renoviert, es ist also keine Ruine, sondern eines der weniger Beispiele funktionsfähiger, bewohnbarer Wehrarchitektur. Das Innere kann besichtigt werden. Großartige Sicht.

Nur 2 km vom Ort Almodovar liegt der **Embalse de la Brena**, der Stausee bietet im Sommer erfrischende Bademöglichkeiten und noch immer einige ruhige Plätze, wenn man zu Fuß von den Wassersportanlagen an der Straßenseite wegwandert.

Umgebung von Cordoba:

Stauseen, Provinz & Ruhe - die Sierra Morena

Die mächtige Gebirgsbarriere der Sierra Morena bildet die Nordgrenze zum zentralen Hochland hin. Gleich nördlich Cordoba beginnen die Höhenzüge der Sierra, die mit 450 km Länge und bis zu 120 km Breite eine der größten und einsamsten Regionen des Landes ist. Der südliche Teil der Sierra, der recht steil zum Guadalquivirbecken abfällt, gehört noch zu Andalusien, hat aber einen völlig anderen Landschaftscharakter als das heiße, relativ ebene Guadalquivirbecken Niederandalusiens. Da sind zunächst einmal weite, fast entvölkerte Höhenzüge, die Vegetation ist wegen der relativ hohen Winterniederschläge an einzelnen Stellen recht üppig: Es wachsen Kastanien, Feigen, Mandeln und Olivenhaine, dann auch wieder aufgeforstete Kiefern- und Eukalyptuswälder. Der Weinbau reicht an einigen Stellen bis auf fast 1000 Meter, z.B. am Tentudia, nördlich vom Aracena Stausee. Dazwischen sind dann wieder kahle, extreme Einöden soweit man sieht.

Stauseen: An der Südflanke der Sierra Morena, wo die Flüsse die größte Wasserführung und das größte Gefälle haben, wurden 15 Stauseen angelegt, die Berieselungswasser und Elektrizität für die niederandalusische Ebene liefern. Alle Seen liegen in einsamer Berglandschaft und einige sind so wasserreich, daß man selbst im Hochsommer in warmem Süßwasser baden kann. Unterkünfte gibt es bei den Seen keine, man muß sich seinen Platz selbst suchen, bleibt dann aber garantiert allein. Wie die Seen, so ist die gesamte Sierra Morena ein Tip für Leute, die abseits der Massen reisen möchten. Es gibt keine Strand- und Stadtkultur, sondern reine Provinz. Da und dort, meist in der Nähe einer der zahlreichen Bergbaubetriebe, eine Landstadt.

Radfahren: Auch für Radfahrer bietet die Sierra Morena einige Vorzüge: Praktisch verkehrsfreie Straßen und Steigungen, die sich in Grenzen halten. Die höchsten Bergzüge sind mit 1300 m für spanische Verhältnisse eher bescheiden. Bei den Unterkünften muß man auf Luxus verzichten, nur die größeren Orte haben einfache Pensionen oder Hotels. Eine Ausnahme ist die schön gelegene Sommerfrische Aracena, vgl. weiter unten.

Sierra Morena Tips von Ost nach West

Einsamkeit: Am einsamsten ist die Sierra Morena nordöstlich von Cordoba. Auf der schönen Bergstrecke von Montoro zum Paß Puerto Valderrepisa (860 m) werden Sie kaum Autos sehen. Zunächst fährt man noch durch lichte Fruchtwälder, Oliven- und Obstkulturen, in den Höhenlagen gibt es dann nur noch baumlose Macchien. Besonders schön sind diese Landanstrauchmacchien im Mai, wenn die sternförmigen Blüten alles in ein weißes Meer verwandeln. Im Herbst wirkt die Gegend dagegen steppenhaft trist.

Baden kann man an den einsamen Stauseen an der Südflanke, den schönsten Platz muß man selbst suchen, oft auch erwandern, zu jedem See führt aber eine Straße. Es gibt hier herrliche Sommertage fern aller Küstenhektik. Geeignet sind besonders die großen, wasserreichen Seen, also der Embalse de Guadalmellato in schöner Landschaft 20 km nordöstlich Cordoba, der Embalse de Puente Nuevo in etwas trister Umgebung, der sehr wasserreiche und völlig einsame Embalse de Bembezar und und ...., der Embalse de Brena, 20 km östl. Cordoba wird von den Städtern als Wassersportgebiet genutzt, aber es gibt auch dort noch ruhige Stellen.

Olivenland um Belalcazar

Mitten im endlos weiten Olivenland, 50 km nördlich Cordoba liegt eines der schönsten Beispiele spanischer Palastburgen. Im 15.Jh., als der Adel seine wirtschaftliche Macht offen demonstrieren wollte, entstand die Burg Belalcazar aus mächtigen Quadersteinen. Die Außenfassade ist sehr gut erhalten, im Inneren ist nichts mehr heil. Der östliche Hauptturm überragt die gesamte Anlage und dominiert das weite, trockene Land, das Machado lakonisch so beschreibt: "Hier finden wir sie überall. Alte durstige Olivenbäume unter der hellen Sonne, auf den Feldern Andalusiens."

Städte: Die interessantesten kleinen Städte liegen in der westlichen Sierra Morena: **Llerena** (10 000 E., 640 m), eine weiße Provinzstadt mit einem sehr schönen Ortskern. Der Marktplatz wird eingerahmt von den Arkaden der Renaissancehäuser, darüber der braune Mudejarturm der Kirche.

Noch weiter im Nordwesten liegt die alte Stadt **Zafra**. Heute ein lebhaftes Mittelzentrum mit Handel und Industrie. Interessant als Stop wegen der guten Übernachtungsmöglichkeiten:

Der Parador Hernan Cortes***, Tel. 550200, gehört sicher zu den schöneren historischen Paradores. Er wurde im gotischen Alcazar eingerichtet, sehr ruhig gelegen, schöner Patio, Schwimmbad, relativ preiswert.

Das Hotel Puerta Honda**, Lopez Asme, Tel. 550800, ist etwas preiswerter als der Parador und bietet ausreichenden Komfort mit Schwimmbad.
Weine der Region und feine Tapas gibts in Zafra in der Bar El Taxi, Av. de Rosario.

Constantina, **Jerez de los Caballeros** und **Aracena** sind Landstädte im Herzen der Morena. Zu bescheidenem touristischem Ansehen hat es nur Aracena (6500 E., 800 m) gebracht. Der Luftkurort liegt in der niederschlagsreichen Sierra de Aracena, wegen des gemäßigten Klimas ist der Ort beliebt als Sommerfrische für hitzegeplagte Sevillaner. Das Städtchen hat einen angenehmen alten Kern mit diversen Pensionen, am komfortabelsten ist das zentral gelegene neue Hotel Sierra de Aracena**, Gran Via, Tel. 110775. Lokale Attraktion ist die weit sichtbare Maurenburg und die Kirche mit Mudejarturm auf dem Burgberg. Im Berg ist die Tropfsteinhöhle Grutas de Maravillas, bei der Höhle der beliebte Ausflugs- und Freßtreff 'Casas', nur tagsüber.

Wandern & Entdecken

Aracena eignet sich gut als Stützpunkt für Entdeckungen in der vegetationsreichen Sierra de Aracena. Es gibt wunderbare Straßen in die Sierra, aber noch schöner sind Wanderungen, besonders durch die weiten Eßkastanienwälder und durch die lichten Stein- und Korkeichenwälder, die im westlichen und mittleren Teil der gesamten Sierra Morena häufig vorkommen. Man nennt diese Formation **Dehesa**. Die Dehesas werden auch als Weideland genutzt. Im Herbst werden die Schweine zur Eichelmast in die Wälder getrieben und im Winter wird das spärliche Gras von Schaf- und Ziegenherden abgeweidet. Nur alle 10 Jahre wird das Land zwischen den Bäumen gepflügt und als Getreideacker genutzt. Vor dem Getreideanbau wird das Land an Köhler verpachtet, die es säubern und das Holz zu Kohle verarbeiten. Nur der Getreideanbau wird von den Großgrundbesitzern selbst veranlaßt, die hier wie im andalusischen Tiefland die Besitzstruktur prägen. Die mühsame und weniger ertragreiche Weidewirtschaft und Köhlerei wird in Pacht vergeben.

Aus der Sierra Aracena, genauer aus **Jabugo**, kommt auch der wohl berühmteste spanische Schinken. Die wirklich vorzügliche Delikatesse kann man überall in Bars und Restaurants genießen.

Ein lohnender Abstecher von Aracena führt weiter in Richtung Portugal nach **Aroche**, das schöne Bergdorf liegt etwas abseits der Schnellstraße N-433 auf einer aussichtsreichen Anhöhe. Der kleine Umweg in den alten Ortskern lohnt nicht nur zwischen dem 16. und 19. August, wenn wegen der Romaria de San Mames der ganze Ort Kopf steht. Im Ort zwei kleine Museen.

Sevilla

680 000 E., 12 m
TI: Av. Queipo de Llana 9 und an N-IV Richtung Cadiz

"Sevilla hat nicht Ambiente,
es ist Ambiente."
J.A. Michener

Sevilla ist eine angenehme Stadt, vielleicht die angenehmste im Süden. Trotz ihrer Größe - Sevilla ist das wirtschaftliche und kulturelle Zentrum Andalusiens - ist der Kern übersichtlich, man findet sich leicht zurecht. Eine Orientierung wird erleichtert durch die Bahnhöfe Cadiz u. Cordoba, den Park Maria-Luisa und den Fluß. Am Fluß, unterhalb des Paseo de C. Colon auch Parkmöglichkeiten - von hier aus ist alles bequem zu Fuß erreichbar.

Die herrlichen Palmenalleen und Parks, das warme Klima - auch im Spätherbst kann man abends noch draußen sitzen, die guten Kneipen schaffen eine Atmosphäre, in der man sich fast augenblicklich wohlfühlt. Es ist verständlich, daß Sevilla immer bevorzugte Residenz war, angeblich soll es ja schon Julius Cäsar hier gefallen haben.

Stadtgeschichte:

712 von Mauren erobert. 844 versuchten gar die Wikinger, die Stadt zu nehmen. Nach dem Zerbrechen des Kalifates im 11. Jh. war Sevilla der mächtigste Kleinstaat (taifa), war also schon damals eine reiche Stadt, die zwischen 1023 und 1091 unter den Abbadiden ihre Blütezeit hatte. Dann wird sie zeitweise von den Almoraviden beherrscht, fanatischen Berberstämmen, die nicht soviel von Luxus und Verschwendung hielten, aber auch nur ca. 50 Jahre an der Macht waren. Die nächsten - und letzten - moslemischen Herrscher waren die Almohaden, auch sie nur für kurze Zeit: 1212 folgt die endgültige Niederlage gegen die Christen unter Ferdinand III. In dieser letzten Periode wurde noch einiges gebaut: der Alcazar wurde umgestaltet, die Hauptmoschee wurde vergrößert und mit einem neuen, ca. 100 m hohen Minarett versehen, dessen Spitze mit 4 kupfernen Kuppeln geschmückt war. Heute ist die Giralda Glockenturm der Kathedrale und ein Wahrzeichen der Stadt.

Nach der Entdeckung Amerikas war Sevilla Spaniens Hauptverbindung zur Neuen Welt, Umschlagplatz für die Güter aus den Kolonien und Verwaltungszentrum derselben. Sevilla war die wichtigste Handelsmetropole Spaniens. Das Rathaus (1527 - 34 gebaut) zeugt noch von dem Reichtum. 1777 aber versandet der Guadalquivir, er ist nicht mehr schiffbar - und aus ist die Pracht. Cadiz wird das neue Zentrum. Erst 1928 wird der Guadalquivir nach einer Regulierung wieder schiffbar.

Im Bürgerkrieg kam Sevilla ohne äußerlichen Schäden durch: schon am 18. Juli 1936 kam die Stadt durch einen Überraschungscoup des Generals Queipo de Llana in die Hände der frankistischen Rebellen.

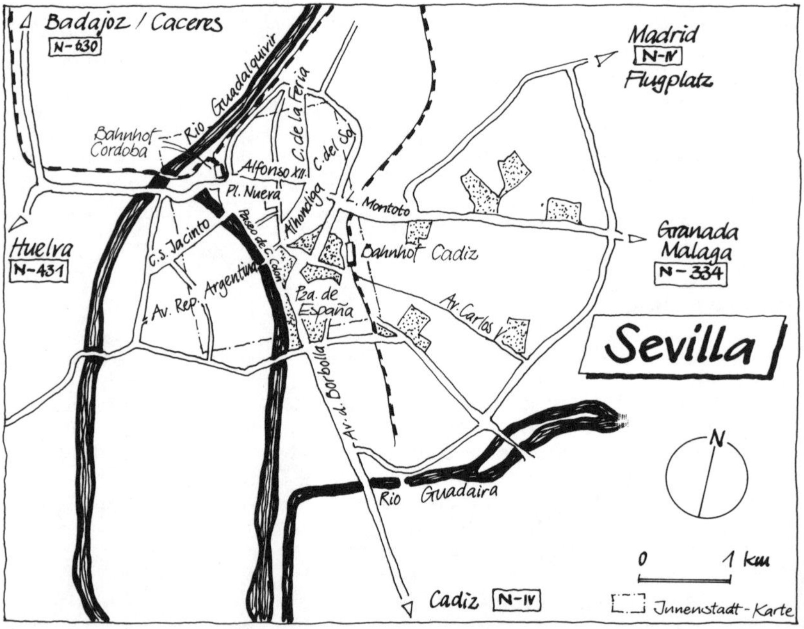

N
RIO GUADALQUIVIR
C. del Amor de Dios
Calle de la Feria
C. de Alfonso XII.
Museum
Bahnhof Cordoba
C. de las Sierpes
Casa de Pilatos
Markt
Plaza Nuera
Puente Isabel II.
Paseo de Cristobal Colon
Stierkampf-Arena
Kathedrale
Santa-Cruz-Viertel
Hospital La Caridad.
Alcazar
Torre del Oro
Universität
Bahnhof Cadiz
Puente San Telmo
Sevilla – Innenstadt
Plaza de España
Puente del Generalissimo

Sehenswert/Unterhaltung

Von den klassischen Sehenswürdigkeiten zunächst die bereits erwähnte Kathedrale - sie ist geradezu wahnsinnig groß! Ganz im Sinne der Erbauer: sie wollten eine Kirche bauen, so groß, daß jeder die Erbauer für verrückt hält. Immerhin wurde es die größte gotische Kirche der Welt und die drittgrößte überhaupt, nach dem Petersdom in Rom und der Paulskirche in London. Zunächst stand an ihrer Stelle eine Moschee. Als Ferdinand III 1248 Sevilla erobert, wird die Moschee zur Marienkirche, dann eingerissen, von 1402 - 1506 wird die Kathedrale gebaut.

Aber schöner als die Kathedrale ist eigentlich der Alcazar. Was man heute sehen kann, ist größtenteils unter Christen gebaut worden, nur die berankte Mauer, die den 1. Haupthof abschließt, ist maurisch. Peter I., der Grausame, ließ den Alcazar, der angeblich schon von Caesar gegründet worden ist, von 1350 - 69 bauen. Die Gärten mit den Wasserspielen sind nicht ganz so überwältigend wie die der Alhambra, aber natürlich immer noch faszinierend. Die Blumen, Sträucher und tropische Vegetation wurden über Jahrhunderte angelegt - heute werden sie bevölkert von Katzenherden. Und natürlich von Touristen - d.h. möglichst gleich um 9 Uhr kommen (geöffnet: 9 - 13 Uhr u. 15 - 17 Uhr

Edelromantik: Das Barrio Sta. Cruz

Nordöstlich vom Alcazar liegt das Barrio de Sta. Cruz, das ehemalige Judenviertel, heute edelrenoviert und schönes und teures Wohn- und Geschäftsviertel. Enge Gassen ohne Autos, weißgekalkte Häuser, schmiedeeiserne Gitter an den Fenstern, Blumen, kühle azulejogekachelte Patios, kleine Plätze - sehr angenehm im Sommer als Schutz vor der Hitze. Hier auch viele Kneipen, Souvenirläden, die Azulejos und Fächer verkaufen - ziemlich touristisch, wie um die Kathedrale herum.
Zwischen dem Alcazar und der Kathedrale befindet sich das Archivo General de Indias, in dem Berichte und Karten von den westindischen Entdeckungen und Eroberungen verwahrt werden - mit Originalbriefen von Columbus, Cortez und Balboa.

Südlich des Alcazars die ehemalige königliche Tabakfabrik aus dem 18. Jh., angeblich das zweitgrößte Gebäude Spaniens nach dem Escorial - heute Uni. Carmen, bekannt aus Film und Fernsehen, war hier Arbeiterin. Das studentische Nachtleben spielt sich hier in der Nähe ab, Richtung Fluß - man holt sich Bier am Tresen und füllt die Bürgersteige gruppenweise.

Architektonisch gibts in Sevilla noch ein paar interessante Sachen: z.B. die Casa Pilata, den Torre del Oro, das Hospital de la Caridad - alle werden ausführlich in der Broschüre der **TI** beschrieben. Das Office befindet sich an der Avenida de Queipo de Llano, 9 - also südwestl. der Kathedrale. Wir hielten es zunächst für eine Kunstgewerbehandlung und sind dran vorbeigetrottelt.

Sehr angenehm, vor allem in der Sommerhitze, sind die Parkanlagen südlich der Uni (Maria Luisa Park), die sich ein gutes Stück am Fluß entlang ausdehnen, leider nicht direkt am Fluß. Am Ende 2 Museen: das Archäologische Museum mit Fundstücken aus Italica und das für Volkskunst und -sitten. Geht man auf dem Paseo de C.Colon zurück, am Altwasserarm des Guadalquivir entlang, sieht man den Torre del Oro (mit Marinemuseum), der einst Teil der Befestigungsanlage des Alcazar war - der Palast war damals also von beträchtlicher Größe. Dann kommt man an der Stierkampfarena vorbei, hier finden während der feria täglich Stierkämpfe statt, ebenfalls lesenswert - damals war es wohl noch anders als heute!
Die feria findet 1 Woche nach der Osterwoche statt. Während dieser Riesenfete ist natürlich alles dicht.

Hier in der Nähe auch das Restaurant El Meson (Calle Dos de Mayo 26), - als wir im Okober dort waren, war es geschlossen, so daß wir Micheners Lieblingsgazpacho nicht kosten konnten..

Auf der anderen Seite der Arena, Ecke C/Pastor y Landera u. C/Almansa, die **Markthalle**, wie immer (vormittags) voller Leben und mit guten Einkaufsmöglichkeiten.

Unterkunft

In der o.g. Ecke, zwischen Bahnhof Cordoba, der Arena und der Plaza Nueva, findet man problemlos auch Unterkünfte aller Klassen. Autolose finden im Barrio Santa Cruz die stimmungsvollsten Hostals und Fondas, mitten in der Scene. Ein gutes Luxushotel am Platz ist das Dona Maria****, Don Remondo 19, Tel. 224990. Ganz zentral gegenüber der Kathedrale und der Giralda, Unterkommen ab ca. 100 Mark, das ist aber immer noch weniger als andere vergleichbare Häuser verlangen...

Campingplätze: Camping Sevilla 12 km außerhalb (gute Busverbindung) bei km 533 an N-IV (Cordoba), laut wegen Flughafen. Ein anderer in Dos Hermanos, 12 km südlich von Sevilla; Camping Vilson bei km 555 der N-IV (Cadiz)

Essen TAPAS

"En Sevilla no se como, se tapea!" - sagen Leute, die einen spanischen Freßführer verlegt haben.

Die Massen drücken sich um die Kathedrale, entsprechend ist auch das Angebot: 500 Peseten-Touristenmenüs. Im Barrio ist es ähnlich. Fleischleuten sei das El Tenorio, Calle Mateos Gagos empfohlen. Im Meson del Moro ganz in der Nähe davon (Calle Meson del Moro 6-10) gibt es gute Fischgerichte.

Eine sehr angenehme Bar ist der Torre del Oro in der Calle Santander, Tapas und Comedor. Ung. in der Verlängerung der Calle Santander, aber am anderen Flußufer, sind zwei Restaurants mit schön bepflanzten Terrassen am Flußufer: das eine, Rio Grande, teuer, gut und mit Bedienung - daneben das Puerto, schönere Terrasse, billiger, mit Selfservice, aber recht gute Tapas. Auf dieser Flußseite (über die Brücke Puente del Generalisimo geradeaus weiter) auch das bessere und teurere Restaurant Rincon de Curro, Calle Virgen de Lujan 45 (So geschl.). Italienisch mit täglich frischen Nudeln gibts im San Marcos, Calle Cuna 6, So geschl., zwischen Campana und Pl. de la Encarnacion.

Weitere gute Bars auch entlang der Calle las Sierpes, der Verlängerung der Av. Queipo de Llano nach Norden, am Rathaus vorbei. Sehr touristisch ist Los Corales, C. Sierpes 86. Die Sierpes mündet auf die Campana, die Glocke, eine Kreuzung an der Plaza del Duque de la Victoria. An diesem zentralen Ort war früher die Feuerwehr stationiert. Wer bis hierher nichts gefunden hat, geht weiter, entlang den Calles Tarifa und Amor de Dios.

Italica - Ausflug für Archäologisch Interessierte

9 km außerhalb von Sevilla gleich hinter Santiponce (gute Busverbindung) sind die römischen Ruinen von Italica, die 206 v.Chr. von Scipio Africanus für seine Veteranen gegründet wurde. Trajan, Hadrian und wahrscheinlich Theodosius stammen von hier. Während des Mittelalters dienten die Ruinen als Steinbruch, trotzdem ist das Amphitheater, das drittgrößte römische, noch einigermaßen erhalten.
Italica ist nicht sehr überwältigend und lohnt nur für wirkliche Ruinenfreaks.

Radeln in Andalusien:
Zwischen Sierra Morena und Sierra Nevada

Das weite Niederandalusien und die angrenzenden Sierras eignen sich wie kaum eine andere Region im Land für ausgedehnte Radtouren. Da ist einmal die geringe Verkehrsdichte: solange man auf den Nebenstrecken bleibt, die ohnehin schöner sind. Im Guadalquivirbecken gibt es außerdem kaum quälende Steigungen, sondern endloses Radeln über weite Ebenen. Und wenn's langweilig wird, die Sierra Morena im Norden und die Sierra Nevada im Südosten sind nicht weit.

Klima: Nur im Sommer sollte man nicht unterwegs sein, alle anderen Jahreszeiten sind für Radler gut, auch der Winter, und schon ab April wirds sommerlich warm. Die Berge haben angenehmes Klima bis Juni und wieder ab September.

Eine ideale Fahrradregion ist z.B. das Viereck zwischen den Städten Cordoba/Granada/Sevilla und Arcos de la Frontera. Die Gegend bietet sich schon deshalb an, weil diese Städte ohnehin auf einer Andalusientour besucht werden. Aber auch die kleinen Landstädte sind hier einen Besuch wert.

Kleinere Städte: Andalusische Provinz von Ost nach West:

Carmona (30 000 E., 248 m): Die Landstadt liegt schon im weiten Einzugsbereich von Sevilla. Für Freunde klassischer Kultur gibt es die römische Grabstätte 'Necropolis Romana' mit über 900 Gräbern zu sehen (Anfahrt beschildert). Wer einen heißen Tag im Sattel oder am Steuer war, wird eher den Parador Alcazar del Rey Don Pedro****, Tel. 141010, suchen. Das angenehme Hotel liegt nicht in historischen Bauten, wie der Name vermuten läßt, sondern es ist ein Neubau in den Überresten von einem der drei maurischen Alkazare, die an den vergangenen Glanz der Stadt erinnern. Der Hotelkomplex liegt ruhig mit Sicht über die Vega von Carmona, grüner Garten mit Schwimmbad, ideal zum Relaxen.

Ruta de pueblos blancos

Die Route der weißen Dörfer ist eine der immer wieder überraschenden Ideen der staatl. Tourismusbehörden. Da wurden die typischen weißen Dörfer Andalusiens zu einem Rundkurs zusammengebastelt. Leider wurde die Spreu nicht vom Weizen getrennt, und so liegen auf der Ruta schöne Dörfer, staubige Straßensiedlungen, nette Städte, häßliche Städte. Über all dies gibt es einen Sonderprospekt beim spanischen Verkehrsamt in Deutschland.

Arcos de la Frontera (30 000 E., 160 m) ist eine der schönsten Städte auf der Route der weißen Dörfer. Dichtgedrängt thront die weiße Altstadt auf einem Felsen über dem Rio Guadalete. Zwar nimmt auch hier die Zahl der Souvenirläden mit der Höhenlage zu, aber die Szenerie auf der Plaza de Espana, dem alten Stadtkern oben auf dem Felsen, ist großartig.

Ganz oben, über dem Dächermeer liegt auch der historische Parador Casa del Corregidor***, Tel. 700460. Viel schöner kann ein Hotel wirklich nicht mehr plaziert sein: Am Felsrand, unten die Olivenhaine und der Stausee von Arcos. Auf der anderen Seite der alte Platz von Arcos und darunter das rotbraune Dächermosaik. Reservieren Sie!

Baden kann man im warmen Wasser des Stausees, die beliebtesten Stellen (mit Strand) liegen an der C-344 Richtung El Bosque/Ronda. Dort am See auch ein Hotel, nahe dem See der beliebte Freßtreff Meson del Brigadier mit schöner Freiterasse.

Ecija (50 000 E., 100 m): Wer nur auf der Schnellstraße N-IV durch die Randbezirke rast, bekommt vom schönen Kern Ecijas nichts mit. Ein kleiner Abstecher lohnt aber allemal, zumal Sie jetzt ja gerade in la serten, der Bratpfanne Andalusiens sind. Die Sommerhitze kann einen hier wirklich um den Verstand, zumindest aber um das Tagesziel bringen. Im Zentrum liegt die schöne, schattige und palmengesäumte Plaza de Espana und das angenehme, familiär geführte Hotel Ciudad del Sol**, Miguel de Cervantes 42, Tel. 830300, mit gutem Restaurant.

Osuna (20 000 E., 330 m): Auch in Osuna lohnt ein Stop auf der heißen, staubigen Durchgangsstraße N-334, um sich den Stadtkern anzusehen. Die Schilder 'Zona Monumental' führen zu den schönsten historischen Bauten und zu die Plazas del Duque und Espana.

Jaen (110 000 E., 580 m): Die laute und hektische Provinzhauptstadt liegt mitten im größten Olivengebiet des Landes. Die Millionen Bäume gehören meist Großgrundbesitzern und werden wohl bald für den großen Ölsee in der EG sorgen (vgl. auch unter EG). Die Stadt selbst ist nicht attraktiv, wer aus irgendeinem Grund bleiben möchte, findet aber gute Unterkünfte: Die preiswertesten Pensionen und Fondas liegen im Zentrum, um die Plaza Jose Antonio, viele Tapa-Bars einen

Bei Olvera

Block weiter in der Calle Nueva. Ein würdiges, altes Hotel im Zentrum ist das Xauen***, Plaza Dean Mazas, Tel. 234091. Viel spektakulärer (und teurer) liegt freilich der Parador Santa Catalina****, Tel. 232287, ca. 5 km außerhalb, auf dem Burgberg. Die weite Sicht vom Parador-Kastell auf die Stadt und das Olivendreieck lohnt allein die Auffahrt. Die Innenräume sind auch für einen Parador ungewöhnlich mächtig, es gibt mittelalterliche Hallen mit Kamin und ein Schwimmbad, bei der ganzen Pracht sind die DZ mit 80 Mark relativ preiswert.

Baeza und Ubeda eignen sich für einen kurzen Aufenthalt viel eher als das größere und laute Jaen. Beide Plätze liegen etwas abseits der Haupttouristenrouten, haben aber eine Unmenge historischer Bauten zu bieten und damit schöne Stadtkerne. Freunde mittelalterlicher Architektur kommen hier sicher nicht zu kurz, trotzdem sollten man nicht allzulange bleiben: Die nahe Sierra de Cazorla lockt verstaubte und verschwitzte Andalusienfahrer mit ungewohnter Natur: Kühle, waldreiche Höhen, Wandermöglichkeiten, Badeseen, vgl. weiter unten.

Baeza (17 000 E., 760 m) ist die kleinere und ruhigere der beiden Kulturstädte. An der Grenze zwischen der Mancha und Andalusien gelegen, war Baeza zunächst ein wichtiger maurischer Stützpunkt, dann die erste wieder christliche Stadt Andalusiens. Baeza wurde dann Universitäts- und Bischofsstadt und an diesen vergangenen Glanz erinnert der alte Kern. Heute wird Politik woanders gemacht und Baeza wirkt auf angenehme Art verschlafen-provinziell: Die Plaza Mayor im Stadtzentrum ist der Paseo- und Cafetreff. Ein paar Schritte weiter südwestlich ist die Plaza de los Leones, wieder mit prächtigen Renaissancebauten, an der Südseite das Touristenbüro.

Neben Augenfreuden hat Baeza auch was für den Gaumen: Sehr gut ißt man im familiär geführten Restaurant Juanito an der Hauptstraße Paseo del Agua, und nach der Völlerei gibts dort auch Unterkunft zu vernünftigen Preisen. Tel. 740040. Wer sparen muß: Fonda Adriano, Calle Conda Romanones 7, schön gelegen in der Altstadt, nur ein paar Schritte östl. der Plaza Leones. Etwas teurer, auch zentral: Hostal Comercio, San Pablo 21, an der Hauptstraße, östl. vom Paseo.

Ubeda (35 000 E., 740 m), die größere Schwester, 9 km östl. Baeza, hat wieder jede Menge historischer Bauten zu bieten. Die meisten liegen in der kompakten 'Zona Monumental' dicht beisammen. Das Tourist-Office ist im Rathaus an der zentralen Plaza Vazques de Molina. Spätestens auf dieser prächtigen

Plaza sieht man, daß Ubeda das Prädikat 'Salamanca Andalusiens' zurecht trägt. Viele der Renaissancepaläste wurden vom Baumeister Vandelvira geplant, dessen Ideen auch in Baeza und in Jaen zu sehen sind. Und obwohl die Stadt schon ab 1234 zu einem der wichtigsten Stützpunkte für die Reconquista Andalusiens wurde, gaben ihr erst die klassisch schlichten Renaissancebauten aus dem 16. Jh. das Profil.

Auch logieren kann man in einem dieser Paläste:
Der Parador Condestable Davalos***, Tel. 750345, liegt im Herz der Altstadt an der Plaza Molina. Es ist zweifellos die beste Unterkunft in der Stadt, genießen Sie hier im Patio hinter dicken, kühlen Mauern eine laue Nacht!

Die anderen Unterkünfte liegen alle weniger romantisch im neueren Stadtteil, z.B. an der Hauptdurchgangsstraße (N 322) Av. Ramon y Cajal, die nordwestl. der Altstadt verläuft.

Calina

Wer in den heißen Sommermonaten durch die südspanischen Binnenlandschaften fährt, kann ein Naturschauspiel erleben, das es nur in Spanien gibt: Die durch Sonnenglut erwärmte Luft strömt kräftig aufwärts und löst dabei aus dem absolut trockenen Boden Staubpartikel, die sich - bei fehlender horizontaler Luftbewegung - wie eine riesige, schwebende Dunstglocke über das Land legen: Calina. Die ganze Landschaft scheint von einer riesigen rostbraunen Dunstwolke bedeckt. Dörfer am Horizont verschwimmen am Mittag in der Dämmerung. Die Umrisse der Landschaft verschwinden. Alles wird fahl. Die meisten Calinatage gibt es im Quellgebiet des Guadalquivir. Bei Ubeda sind es bis zu 20 Tage im August, hier geht der Spuk von April bis Oktober. Häufigkeit und Intensität der Calina lassen nach, je weiter man von diesem Zentrum entfernt ist, am mittleren Tajo bei Toledo sind es nur noch 10 Calinatage pro Jahr.

Die spanische Schweiz: **Sierra de Cazorla y Segura**

Lassen Sie sich von der Hitze Andalusiens nicht lähmen! Nur ein paar km vom Backofen gibt es ein mildes, vegetationsreiches Gebirge mit wasserreichen Schluchten und dramatischen Tälern, die spanische Schweiz. In dem niederschlagsreichen Naturschutzgebiet der Sierra von Cazorla (bis 2028 m) sind die größten Wälder Andalusiens, und der riesige Tranco-Stausee am Oberlauf des Guadalquivir ist einer der wichtigsten Wasserspeicher Südspaniens. Am See entlang führt eine Straße mit herrlichen Ausblicken auf die Höhen und auf ruhige Badeplätze. Von den 10 staatlichen Wildschutzgebieten ist die Sierra de Cazorla sicher das schönste, bei Ausländern am wenigsten bekannte Gebiet.

Strecken: Die oben beschriebene Strecke am Westufer des Trancosees ist ein Muß. Zwischen der Abzweigung östl. Cazorla und Tranco sind 42 km durch fast alpine Landschaft zu fahren, die im frühen Sommer, wenn noch alles grün ist, am schönsten sind. Im Hochsommer gibt es immer noch angenehmes Klima und warmes Badewasser. Natürlich auch viele Wandermöglichkeiten. An diversen Stellen am See sind Rastplätze und kleine Freizeitanlagen, auch viele geeignete Plätze für Wohnmobile, insgesamt ist aber alles noch sehr ruhig und ohne jeden Massenbetrieb. Die Strecke bleibt reizvoll bis Hornos. Von hier aus kann man weiter, auf ebenfalls sehr reizvoller Strecke bis zum Stauseensystem am Oberlauf des Rio Segura (vgl. dort).

In ihren einsamen, schwer erreichbaren Hochtälern ist die Region sehr wildreich. Wir haben die Hirsche und Mufflons zwar nicht gesehen, aber es soll in der Cazorla noch viel Großwild geben, auch von Adlern wird geschrieben ... Klar, daß hier viel gejagt wird, deshalb gibt es auch ein für spanische Wälder untypisches, relativ gut ausgebautes Wegenetz. Sehr schön - und völlig einsam - ist die Strecke vom Tranco-See hinauf zu den Forsthäusern im Naturschutzgebiet. In Tranco zunächst nach Villanueva, nach 6 km links ab auf die kleine Straße in Richtung Mogon/Villacarrillo. Eine Fahrt durch die Einsamkeit.

Ausgangspunkte:

Ein idealer Stützpunkt für Entdeckungen in der Sierra de Cazorla ist - für Camper ein ruhiger Platz am See, für Normalschläfer ein Bett in **Cazorla** (10 000 E., 800 m). Schon die

Lage des Ortes am Fuß der Sierra reizt zum Bleiben: Aussicht vom Guadalquivirbecken bis auf die Höhen. Der Ort selbst hat zwei schöne Plätze mit Kirchen, dazwischen abschüssige Gassen und immer wieder Sicht auf die Berge. Einkehren kann man in La Monteira an der Hauptstraße, gute Tapas. Infos über Unterkünfte am Ort, Wanderungen und legale Angelmöglichkeiten beim Tourist Office, Calle San Francisco 1.

Die komfortabelste Unterkunft in der Sierra ist der Parador El Adelantado***, Tel. 721075 (von Anf. Jan.- März geschl.). Das völlig einsam gelegene Hotel ist 26 km von Cazorla entfernt (gut beschildert). Der sachliche Bau in exponierter Lage bietet Traumsicht und völlige Ruhe, außer Wind und Schnee peifen wieder mal um die Ecke.

Costa de la Luz

In vielen Reiseführern wird die südspanische Atlantikküste zwischen Tarifa und der portugiesischen Grenze noch immer als die Traumküste mit weiten, einsamen und schneeweißen Dünenstränden, gleißendem Licht und den unvermeidlichen 'ursprünglichen Fischerdörfern am Meer' gepriesen. Als ein letztes Revier für Entdecker und Individualisten, nur ein paar km entfernt von den Grillstationen der Costa del Sol. Nun, das gängige Lob wird an vielen Stellen schnell zur Fata Morgana. Sicher gibt es an der Costa de la Luz noch den meisten Platz und freien Strand, die wenigsten Hotelsilos und Touristenstädte. Nach wie vor ist die Costa de la Luz auch eher ein Feriengebiet für spanische Urlauber als für angejettete vergnügungshungrige Nordeuropäer.

Aber: An manchen Orten werden die schneeweißen, feinsandigen Strände der Prospekte in der Realität bald zu tristen, verdreckten und langweiligen Sandwüsten, über die im Winter der Wind pfeift und im Sommer die Hitze brütet (der häufig störende Wind bläst gegen Gibraltar immer stärker, auch im Sommer). Und manchmal spült das alles andere als smaragdblaue Wasser der Prospekte auch noch Teerklumpen an Land. Auch das Hinterland wird zunehmend verbaut (Huelva, Jerez), und in Matalascanas haben die Tourismus-Planer schon Costa del Sol-mäßig zugeschlagen.

Trotzdem: Für Liebhaber freier Strände, von Weite und Dünen ist die Costa de la Luz allemal einen Besuch wert. Und wer ein wenig sucht, findet noch immer einen freien Platz. Ein paar Dörfer und Strände sind auch ganz klar ohne Gräten. "Warum sind wir nicht gleich hierher?", diese Frage hört man nach langer, frustiger Mittelmeerfahrt oft. Und nach den Mittelmeeralpträumen ist man ja auch ohne Palmen, Perlen und Kokosnüsse zufrieden.

Die Costa de la Luz von Algeciras bis zur portugiesischen Grenze:

Von Algeciras (vgl. dort) bis Tarifa verläuft die N-340 etwas landeinwärts über hügeliges, teilweise felsiges Gelände. Bei klarem Wetter bietet sich eine großartige Sicht auf Gibraltar und hinüber nach Marokko und die Bucht von Tanger. An Wintertagen eine Traumkulisse mit dem verschneiten Rif-Gebirge.

Die mäßig geschäftige Touristen- und Fischerstadt **Tarifa** (16 000 E.) hat ein paar gute Unterkünfte (Meson de Sancho, Tel. 684900, an der N 340, 11 km Richtung Malaga, und das Villanueva), ein leidlich interessantes altes Zentrum, das touristisch Interessanteste sind aber die kilometerlangen Strände westlich Tarifa bis Punta Paloma (manchmal windig). Je weiter man nach Westen fährt, desto ruhiger wirds am Strand. Nur in der Nähe der großen Campingplätze duftets dann wieder nach Bratwurst und Heimat.

Um Tarifa: Landschaftsgeschichten

Willkomm 1845:
"Uralte, verknorrte Korkeichen, von den weit umherkriechenden Wurzeln an bis hinauf auf die höchsten Äste mit den zierlichsten Farrenkräutern und rot und gelb gefärbten Bartflechten aufs Malerischste bekleidet, nicht minder große wilde Ölbäume und die lusitanische Eiche verschlingen sich mit ihren Ästen zu einem dichten Blätterdach, durch welches die Strahlen der Sonne kaum hindurchdringen können. An den Ufern der kristallenen Bäche erheben prachtvolle Lorbeerbäume, die damals (März) eben in voller Blüte standen und einen balsamischen Duft durch den ganzen Wald verbreiten, ihre herrlichen, dicht belaubten Kronen, und ein üppiges Unterholz bedeckt die schwarze lockere Lauberde dieses an die Tropen erinnernden Waldes, in welchem eine feuchte, warme Atmosphäre herrscht, wie in unseren Treibhäusern."

Lautensach 1964:
"Diese Korkeichenwälder bestehen noch heute, wenn auch stark gelichtet"

ADAC-Strandführer 1984:
"Die Hotels und Campingplätze, die Tarifa für Badeferien interessant machen, liegen abseits des Ortes in dieser weiten Landschaft."

Von der Hauptstraße N-340 zweigen vereinzelt Stichstraßen zum Strand oder zu kleinen Sommersiedlungen ab. Auch da findet man noch ruhige Badeplätze. Nicht mehr ganz so gemütlich wie noch vor ein paar Jahren gehts neuerdings im Küstendorf **Zahara de los Atunes** zu, seit das 300-Bettenhotel Atlanterra geöffnet ist. Der Strand bietet aber immer noch genug Platz.

Von Zahara braucht man nicht zurück auf die verkehrsreiche, langweilige N 340, sondern kann auf der Nebenstraße weiter bis ins 10 km entfernte **Barbate de Franco.** Eine Mischung aus Fischerei, Konservenindustrie und Tourismus. Die Stadt wird dadurch nicht gerade reizvoll, obwohl auch hier wieder weite Strände warten. Schöner sind da eindeutig die ruhigeren Siedlungen wie Zahara, Conil oder das ganz kleine Los Canos de Meca, mit einem sehr schönen Campingplatz im Kiefernwald, 1 km vom Strand.

Von Los Canos führt die Strecke weiter bis **Conil** (14 000 E.), das vielleicht eine der schönsten Küstenstädte in dieser Gegend ist. Ein romantischer, enger Altstadtkern mit einem Labyrinth von Gassen, Winkeln und Ecken, halb Afrika, halb easy-going Atmo, dazu Fischfang und Tourismus und Neubauten am Ortsrand in Maßen. Überall viel Platz am Strand, so daß jeder seine Matte auch ganz ausrollen kann. Am Strand gibt es auch ein paar Bars, im Ort Unterkunft vom Privatzimmer bis Luxusherberge, z.B. Hotel Flamenco***, Tel. 400711, in herrlicher Lage an der Bucht. Hier kann man leicht ein paar Tage vertrödeln, und wer außerhalb der Saison von Juni - September kommt, ist fast allein am Strand.

Vejer de la Frontera (13 000 E.) liegt etwas landeinwärts, der Anhang 'de la Frontera', den viele Orte in dieser Region haben, erinnert an die Funktion als Grenzort oder vorgeschobener Posten während der Vertreibung der Mauren. Ein kleiner Abstecher von der N-340 lohnt auf jeden Fall, Vejer ist gleichsam der Idealtypus eines pueblo blanco: Weiße Häuser kriechen einen Bergrücken hoch, enge Gassen, orientalische Winkel, maurisches Kastell, alles da. Und wer Glück hat, sieht auch noch die Dorfstörche.

CADIZ

170 000 E.
TI: Calderon de la Barca 1

Nach den ruhigen Stränden um Tarifa gleicht das gesamte Umland von Cadiz eher einem Industrie- und Werftgebiet als einer Erholungslandschaft. Die Region ist neben El Ferrol und La Coruna in Nordspanien das zweitwichtigste Werftgebiet im Land. Von Chicliana über San Fernando über Cadiz bis Rota: Wenig Natur, viel Verkehr, Dreck, Raffinerieschornsteine, trübes Wasser, in der Saison sardinenvolle Strände und eine riesige US-Navybasis bei Rota. Küstenhorror. Machen wir's kurz: Auch die Provinzmetropole Cadiz kann man sich schenken, bis auf den alten Stadtkern ganz vorne auf der Halbinsel. Die Anfahrt auf dem Autobahndamm ist zwar ein Leidensweg, aber der alte Stadtkern hat durchaus seine Reize. Da ist die Stimmung eines lebhaften Hafenplatzes (wichtigster Hafen für die Kanar. Inseln), allerdings keine 'weiße Stadt-Romantik'.

Stadtgeschichte: Cadiz ist einer der ältesten Siedlungsplätze in Europa. Phönizier, Römer, Mauren, nach der Reconquista einer der bedeutendsten Umschlagplätze für den beginnenden Handel mit Amerika. Nur wenig erinnert heute an den vergangenen Glanz, außer man akzeptiert die Fabrikschlote als zeitgemäße Indikatoren der Macht.

Orientierung: Kompakter Stadtkern, der von einer Uferpromenade eingefaßt wird. Zentrum der Altstadt ist die Plaza San Juan de Dios, so ziemlich in der Mitte der schmalsten Stelle der Altstadtinsel, 200 m vom Hafen. Hier gibts die meisten Bars, Restaurants, etc. Das Tourist-Office liegt ca. 600 m entfernt von hier an der Nordseite der Plaza de Mina, am einfachsten zu erreichen über die Straßen Rosaria oder San Francisco, die parallel zum Hafen durch die Altstadt führen. In diesen Straßen und auch um die Hafenpromenade gibts wieder jede Menge Tapa-Bars. Die schönsten alten Bars und Restaurants sind in der Calle San Jose, die zur Plaza Mina führt. Eines der bekanntesten und besten Nobellokale in der Altstadt ist das El Faro, San Felix 15, Tel. 211068, im äußeren südwestlichen Zipfel der Altstadt, sehr gute Meeresfrüchte.

Jerez (180 000 E.) bleibt auch nach dem zweiten Blick eine Enttäuschung: Wieder die im Großraum Cadiz übliche Mischung von Industrie, Müll und Vorstädten. Und auch in der Stadt selbst kann man lange herumirren, nirgendwo findet man die "reizvolle Sherry-Metropole" der Prospekte und Märchenbücher. Die meisten der berühmten Bodegas liegen außerhalb des Stadtzentrums, wo sollten die Alkoholmengen in der engen Stadt auch gelagert werden. Im Zentrum selbst gibt es viel Verkehr, Lärm und Hitze. Am angenehmsten ist es noch um die Plaza de Asuncion, im Herz der Altstadt.

Gut essen kann man bei Gaitan, Gaitan 3, Tel. 345859, obwohl sich das kleine Restaurant schon lange rumgesprochen hat, gibts immer noch feine andalusische und baskische Küche zu fairen Preisen.

Empfehlenswert an der Straße nach Sanlucar, 5 km außerhalb Jerez: Venta Antonio, ein modernes Lokal, beliebter Freßtreff für Meeresfrüchte.

Sherry

Die alkoholreichen Aperitiv- und Dessertweine gedeihen im heißen und sonnenreichen Anbaugebiet zwischen dem Rio Guadalquivir und Guadalete. Die traditionelle Vorliebe der Engländer für Sherry hat historische Gründe: Nach dem Angriff auf Cadiz 1587 beschlagnahmte Sir Francis Drake 2900 pipes (477 l Fässer), von da an kamen die Engländer von dem köstlichen Tropfen nicht mehr los. Daß noch heute ein erheblicher Teil des Sherry-Geschäftes von Engländern kontrolliert wird, zeigen schon die Namen großer Kellereien: Osborne, Sandemann.....

Seinen charakteristischen Geschmack bekommt der Sherry durch ein besonderes, eigentlich weinuntypisches Herstellungsverfahren: Der Most der Sherrytrauben reift in einem nur lose verspundeten Faß, das nicht ganz gefüllt ist, so kommt der Most mit relativ viel Luft in Berührung. Nur eine schnell wachsende Hefeschicht (Kahmhaut) an der Oberfläche verhindert die Oxydation und den Zutritt von Essigsäurebakterien. Je nach verwendetem Weintyp ändert sich die Dicke der Kahmschicht, sie ist verantwortlich für den Charakter des reifen Sherry. Typisch für die Sherry-Kultur ist auch die Solera-Methode. Hierbei werden ältere und jüngere Jahrgänge fortlaufend verschnitten, so daß über Jahre hinweg Sherry der gleichen Qualität angeboten werden kann.

Der leichteste, trockenste und feinste Sherry ist der 'fino', auch die weltweit meistverkaufte Sorte, der 'Tio Pepe' von Gonzales, ist ein Fino. Dann wird es immer schwerer und süßer, vom Amontillado und Oloroso bis zu den cream-Sherrys.

Sherry richtig genießen:

Oft wird von Sherrykäufern übersehen, daß auf Flaschen gezogener Sherry bald an Qualität verliert. Der empfindliche Fino z.B. schon nach 3 Monaten, eine offene Flasche sollte nicht länger als 3 Tage stehen, was bei einer guten Qualität aber kein Problem sein dürfte. Die süßeren Sorten halten auch angebrochen etwas länger. Ein Sherryglas sollte nie mehr als halb gefüllt werden, weil sich sonst das feine Bukett nicht entfalten kann - leider wird diese Regel in den meisten spanischen Bars konsequent mißachtet. Das ideale Sherryglas ist die schlanke, nach oben verjüngte copita.

Der Parque Nacional de Donana

Der Nationalpark im Mündungsdelta des Rio Guadalquivir ist eines der artenreichsten Feuchtgebiete Europas. Das Areal liegt genau im Schnittpunkt afro-europäischer Wanderrouten der Zugvögel. Allein 60 000 Graugänse (80% des europ. Bestandes) überwintern hier, weiter sind über 125 Vogelarten, darunter Flamingos und seltene Adlerarten, registriert. An seltenen Säugetieren gibt es z.B. Hirsche, Luchse, Fischotter, Iltisse. Auch die Vegetation ist mannigfaltig. Im Naturschutzgebiet liegen drei Landschaftszonen:

* Im Westen alte, gefestigte Dünen mit Wacholder-, Heide- und Kiefernwäldern.

* Der Coto ist ein Sandgebiet, er reicht vom flachen Strand ein paar km ins Landesinnere. Weiße, aufgetürmte Dünen aus mehlfeinem Sand bilden hier einen sehr reizvollen Gürtel, erstarrten Wellen gleich. Der beständige Seewind treibt diese Dünen jedes Jahr ein paar Meter weiter landeinwärts. In einzelnen Dünentälern stehen unvermittelt Föhren, die langsam vom Sand begraben werden.

* Die dritte und größte Formation bilden die Marismas, die Marschen. Ein flaches, weites Sumpfland, von Binsen- und Brackwasserpflanzen überwuchert, im Spätsommer fast ausgetrocknet, im Frühjahr überflutet bis auf ein paar Inseln.

Landschaftsgeschichte

Jahrhundertelang war das Mündungsdelta des Guadalquivir königliches Jagdrevier, nur für Privilegierte zu betreten und so blieb das Land wie es war, eine unerschlossene Urlandschaft. Der World Wildlife Fund erkannte 1964 die Bedeutung der Region und kaufte nach und nach Land auf. Heute gehören über 50 000 ha zum Park, aber nur 6000 ha zählen zum streng geschützten Territorium, das nur mit Begleitung von Parkwächtern und auf festgelegten Wegen betreten werden darf.

Gefahren: Die Coto Donana ist ein Musterbeispiel für die Gefährdungen, denen Naturschutzgebiete ausgesetzt sind. Industrie und Naturschutz, Tourismus und Wirtschaft stehen einander gegenüber, und wie so oft in Spanien, hat der Naturschutz die schwächste Lobby. Am Strand von Matalascanas wurden riesige Hotelklötze hingestellt. Aber noch größer sind die Gefahren durch die wirtschaftliche Erschließung: Am Rand des eigentlichen Schutzgebietees wurden Bäche kanalisiert, das noch frei fließende Wasser wird immer stärker vergiftet. Im 'Almonte Marisma Plan' ist die Trockenlegung weiter Sumpfflächen projektiert. Auch die Verbindungsstraße Huelva - Cadiz, die mitten durch den Park führen würde, ist noch immer im Gespräch.

Parkbesichtigung

Das eigentliche, nur 6000 ha große Schutzgebiet liegt zwischen dem Guadalquivir im Osten und Torre la Higuera (heute prakt. identisch mit Matalascanas) und El Rocio im Westen. Dieses Areal ist nur mit Genehmigung und nur in Begleitung von Parkwächtern zu besuchen. Es können verschieden lange Touren gebucht werden. Zwischen einem halben und zwei Tagen, Transport im Park mit Land-Rovern der ICONA. Während dieser Touren werden dann diverse getarnte Beobachtungsstände angefahren, außerdem Lehrpfade abgelaufen.

Information und Buchung der Touren: Im Centro de Informacion de la Rocina, ein paar hundert Meter südlich El Rocio, an der Straße La Palma - Rocio - Torre la Higuera/Matalascanas. Auskunft und Info gibt es aber auch in den Touristenbüros von Sevilla und Huelva, sowie im Centro de Recepcion e Interpretacion del Acebuche, Tel. Nr. 955-430432.

Aber auch ohne organisierte Führung kann man einen Eindruck von der Donana-Landschaft bekommen, wenn man sich auf Nebenstraßen bis dicht an das bewachte Gebiet herantastet. Z.B. auf der Schnellstraße von Sevilla bis La Puebla del Rio, dann weiter in den Süden auf einer Piste bis Queipo de Llano, oder schon in Vilafranco nach Westen abbiegen und auf der Nebenstrecke bis an den Braza de la Torre, einem Seitenarm des Guadalquivir.

Auch die 'Ruta de Marismas' von Torre Higuera/Matalascanas über El Rocio bis zur Hauptstraße Sevilla - Huelva ist einen Umweg wert. Die Strecke führt genau am westl. Parkrand entlang und bietet viele schöne Blicke auf die geschützte Landschaft.

Einkehrtip in Almonte: Restaurant Meson de Tamborilero, Calle Unamuna 15, So. geschl.; im Zentrum die Tapa-Bar Casino.

El Rocio

"Ein Konglomerat von Oktoberfest,
Altötting, Geschäft, Kitsch, Heiratsmarkt,
Erotik und sage und schreibe noch ganz
einfältiger Frömmigkeit."
Wolfgang Ebert in der ZEIT

Das heiße, staubige Dorf am Rand des Donana-Parks hat jedes Jahr zu Pfingsten seinen high-noon. Dann fallen bis zu einer halben Million Pilger der Romeria de Rocio hier ein. Zum Höhepunkt der Feierlichkeiten, in der Nacht der langen Messe, versammelt sich eine übermüdete, wabernde Masse auf dem riesigen Marktplatz. Der Madonnenfund 'unserer lieben Frau vom Morgentau' wird dann unter ohrenbetäubendem 'viva'-Gejohle aus der Kirche getragen. Beifalls-, Trommel- und Feuerwerkssalven jagen durch die Weite, jeder versucht sich zur Madonna vorzuzappeln, versucht einen Griff an das heilbringende Tragegestell ...

Marienkult: Die Wallfahrt nach El Rocio ist die größte religiöse Veranstaltung im Land. Den harten Kern der Pilgerkarawane bilden die cofradias, religiöse Bruderschaften, oder anders gesehen eine Art Karnevalsvereine, die es in ganz Südspanien gibt (vergleichbar mit den gastronomischen Gesellschaften im Baskenland und den Tanzgruppen in Katalonien). Nur noch zwei Bruderschaften benutzen die alten geschmückten Ochsen- und Pferdegespanne. Die meisten fahren heute mit dem Auto nach Rocio, schlafen, zechen und zelten neben der Straße. In El

Rocio bewohnen viele Bruderschaften ihr Clubhaus, außerhalb der Pfingsttage ist El Rocio praktisch unbewohnt.

Der Pfingstmontag ist der Höhepunkt des Festes. Männer verschiedener Bruderschaften tragen die weiße Marienstatue stundenlang durch das schier unglaubliche Gedränge. Der Marienkult ist in südeuropäischen Ländern ja noch viel lebendiger als bei uns; verständlich in einer Gesellschaft, in der der Mutterrolle noch immer übermächtige Bedeutung zukommt. Die verehrte Marienfigur symbolisiert nicht nur Leben und Fruchtbarkeit, sondern in ihrer Unerreichbarkeit eben auch Einschränkung und Entsagung. Sie hat Kontrollfunktion. Nur im asalto, im Ansturm auf die Statue am Pfingstmontag, der nur den Jungen vom Nachbardorf Almonte erlaubt ist, hat die Eroberung für einen Moment freien Lauf. Hat der Erste das Eisengitter überklettert, kommt die gesamte Dorfjugend nach und kämpft um einen Platz an der Heiligen.

Huelva (140 000 E., TI Gran Via 3) ist eine Industriestadt. Die petrochemischen Anlagen sorgen für Wildwuchs, Gestank und Geld, das man im boomenden Zentrum mit den vielen modernen, teuren Läden leicht wieder los wird. Wir können uns kaum vorstellen, daß sich hier jemand lange freiwillig aufhält, deshalb: am besten gleich raus an die Strände, wo es wieder reichlich Platz und Luft gibt:

Strände östl. Huelva: Die Küstenstraße nach Mazagon und Torre de la Higuera/Matalascanas führt durch schier endlose Kiefernwälder, da und dort gibt es Stichstraßen zum Strand, die teilweise im Sand enden. Der Strand ist spektakulär: Weiß, fein, endlos.

Mazagon ist ein gut entwickelter Ferienort, nicht gerade schön gebaut, aber gut zum Nachtanken und um einen kühlen Fino zu trinken oder ins seichte Meer zu laufen. 3 km südöstl. Mazagon ist der schöne Campingplatz 'Playa de Mazagon', noch weiter südlich liegt der Parador Cristobal Colon ***, Tel. 376000, das 20-Bettenhotel liegt auf einer Anhöhe im lichten Pinienwald. Viel Sicht, viel Strand, viel Peseten, wie bei allen Küstenparadores.

Bei Torre de Oro führt wieder eine Stichstraße zum Strand. Anziehend sind auch hier eher das schöne, freie Meer und die Küstenlandschaft als die etwas wilde Hütten- und Bungalowsiedlung. Weiter fährt man durch endlose Kiefernwälder bis

Torre de la Higuera, das heute praktisch mit Matalascanas, dem bislang einzigen Massentourismusprojekt an dieser Küste, zusammengewachsen ist.

Westlich Huelva

Punta Umbria (10 000 E.) liegt auf einer nach Süden vorgeschobenen Landzunge. Die Hochhausstrandstadt ist besonders bei spanischen Familien als Badeort beliebt. Die Mischung aus alten Villen und neuen Betonklötzen ist zwar nicht gerade reizvoll, eignet sich aber allemal für einen kurzen Badestop. Zur Wuselsaison im Hochsommer sollte man freilich gleich weiter. Jede Menge Hotels, Bars, Restaurants im Ort. Westlich Punta Umbria dann zunächst dichte, später lockere Ferienbebauung, bis schließlich beim kleinen Sommerbadeort **El Rompido** mehr und mehr freier Strand kommt. Der kleine, weiße Ort selbst ist noch immer einer der besten Plätze für einen ruhigen Badestop (großer Camping 2 km westl.).

Nach Portugal

Die drei letzten Küstenorte vor der portugiesischen Grenze La Antilla, Isla Cristina und der Grenzort Ayamonte bieten wieder das Übliche: Alte, weiße Ortskerne, hart bedrängt von neuen Appartementkomplexen, viel Strand, viel Müll. Da zieht es einen eher nach Portugal:

Die portugiesische Algarveküste hat, obwohl sie mittlerweile zu recht an einigen Stellen mit der Costa del Sol verglichen wird (zw. Faro und Lagos), noch viele herrliche und ruhige Plätze zu bieten. Wir empfehlen hier ganz unbescheiden unser Portugal-Buch, das alle diese Plätze nennt. Zum Appetitmachen: Fahren Sie einmal über die Grenze und weiter bis Cacela, lassen Sie sich auf die einsamen Düneninseln übersetzen oder waten Sie bei Ebbe selbst hin, oder auf die Ilha de Tavira, oder....

Die **Grenze** bei Ayamonte ist nur mit der Fähre zu packen, regelmäßiger Betrieb im Sommer von 8-24, im Winter von 9-21 Uhr. Der Aufenthalt in der lauten Grenzstadt Ayamonte wird höchstens erträglicher im Parador Costa de la Luz***, Tel. 320700, 20 Zimmer im alten Kastell über dem Meer, herrliche Kühle, Schwimmbad.

Pyrenäen

Für Freunde urwüchsiger Berglandschaft sind die Pyrenäen, neben den Picos de Europa (vgl. dort), das Ziel in Nordspanien. Fernab aller Küstenhektik gibt es hier noch jede Menge Natur, viel Grün, alpine Landschaft und kaum verbaute Täler. Unter touristischen Aspekten kann man die Gebirgskette in drei Regionen teilen:

* Die baskischen Pyrenäen im Nordwesten und in der Provinz Navarra. Ausgangspunkt für einen Besuch dieser Region wäre Pamplona (vgl. dort). Aber einmal hat die Stadt außer dem Hemingway-Fiesta-Rummel nicht allzuviel zu bieten und die Täler dahinter gehören auch nicht zu den schönsten.

* Die östlich gelegenen Mittelmeerpyrenäen in Katalonien. Das Gebiet zwischen Barcelona und Andorra gehört landschaftlich zu den reizvolleren Regionen, allerdings auch zu den meistbesuchten. Da sind einmal die Stadtflüchter aus Barcelona, dann führt die beliebte Ein- und Ausreisestrecke über Andorra hier durch. Also findet man keine ganz ruhige Bergwelt mehr, aber immer noch genug freie Natur, besonders abseits der Hauptstraßen.

* Der mittlere, zentrale Pyrenäenabschnitt, der zur Provinz Aragon zählt, ist der Tip für Entdecker: Hier ist es am ruhigsten, es gibt zwei der schönsten Nationalparks, Ordesa und Aigües Tortes. Praktisch keine großen Städte, sondern jede Menge Natur pur. Ein paar Tips für Touren in diesem Bereich:

Arantal, Maladeta und Nationalpark Aigües Tortes

Das Arantal liegt im äußersten Nordzipfel der spanischen Zentralpyrenäen. Das Hochtal bietet spektakuläre Sicht auf die mächtigste Berggruppe, die Maladeta und den höchsten Gipfel, den 3404 m hohen Pico de Aneto. Zentraler Ort im Tal, das in letzter Zeit leider zunehmend für den Wintersport erschlossen wird, ist:

Viella (4000 E., 1000 m), das alte Zentrum des Arantales, hat eine Reihe guter Restaurants (z.B. Can Turnay an der Plaza Mayor) und Bars, wie z.B. der sehr gute Tapa-Treff·Et Hurtat, Puerto de la Libertad 14.

Komfortable Unterkunft bietet der Parador Valle de Aran***, C. del Tunel, Tel. 640100. der klotzige Bau mit 135 Zimmer liegt zwar schön über der Stadt, die Architektur wirkt für unsere Augen aber doch sehr schwer und mächtig, wie eine moderne Zwingburg.

Zu den romanischen Kirchen bei Viella:
Für Jahrhunderte war das Aran-Tal eine der entlegensten Regionen des Landes. Erst 1948 wurde ein Tunnel durch das Viella-Massiv gegraben, seither besteht eine leidlich gute Verbindung (N 230) mit Lerida. In den Jahrhunderten davor hatten die 40 kleinen Bergdörfer im Tal keinen Anschluß an die Entwicklung im Land, und noch heute wirken einige der Orte wie rückständige Inseln.

Verständlich, daß die Einsamkeit im Tal, besonders zu Zeiten der maurischen Besetzung, ein ideales Refugium für christliche Funktionsträger war. So entstanden in den Seitentälern der Pyrenäen zahlreiche romanische Kirchen. Typisch sind schwere, bodenverhaftete Bauten mit unregelmäßigen Natursteinmauern und hohen, schönen Turmkonstruktionen, die Dächer sind mit Stein- oder Schieferplatten gedeckt. Die schönsten romanischen Kirchen liegen südlich Viella: Auf der N 230 in Richtung Benabarre/Lerida, zunächst durch den Straßentunnel am Puerta de Viella, dann ca. 20 km abwärts bis zur Abzweigung der Nebenstraße nach **Boi**, Taüll und Caldas de

Boi. Schon allein die Fahrt durch das Boi-Tal wäre lohnend, dazu kommen noch die verstreuten Dörfer an grünen Berghängen und eben die romanischen Kirchen, z.B. die bekannte von **Taüll**. Die Strecke führt weiter bergauf bis an den Rand des Seengebietees vom Nationalpark Aigües Tortes und zum 1500 m hoch gelegenen, verschlafenen Thermalkurort Caldas de Boi. Hier bieten einzelne Hotels Exkursionen in den Park an. Mit dem eigenen PKW kann man nur über Espot (vgl. dort) in den Park fahren.

Alto Aran

Im oberen Arantal wird die geologische Struktur der spanischen Pyrenäen deutlich: In die weichen Kalksteinformationen haben schnell abfließende Gewässer tiefe Rinnen gegraben, so entstanden steile Gräben und Seitentäler mit schnellfließenden Flüssen und Wasserfällen. Man findet hier ein paar kleinere Siedlungen, teilweise noch mit den typischen schiefergedeckten Natursteinhäusern. Die regionale Gastronomie ist bekannt für Fischgerichte. In **Arties** (2000 E., 1200 m) z.B. das Restaurant Patxiku Kintana, Calle Remidos. Auch komfortabel wohnen läßt sich's in Arties, im Parador Nacional de Arties****, Ctra. Baqueira-Beret, Tel. 640801. Ein sehr aufwendig restaurierter alter Bau, jeder Luxus in schöner Lage, ganz sicher einer der besseren Paradores im Lande, allerdings recht teuer.

Die Straße C 142 steigt nun bis zum Wintersportort Baqueira und weiter zum Paß Port de la Bonaigua auf 2072 m, es gibt hier grandiose Abschnitte, wo die Straße aus dem Fels gesprengt wurde.

Verschiedene Hotels und Restaurants im Aran-Tal haben nur während der Wintersport-Saison von 1. Dez. - 30. April geöffnet.

Maladeta

An den Nordrand der 'Verfluchten', der höchsten und vergletscherten Pyrenäengruppe, führt eine Straße: Von Viella in Richtung Les/Frankreich. Abzweigung bei Les Bordes nach links durch das Dorf und dann auf schmaler Strecke in Richtung der Güells del Joeu-Wälder. Vorbei an der Eremitage und hinauf bis zur Schutzhütte Refugio Forestal in wilde, wunderschöne Berglandschaft.

Für Wanderungen und Touren im Arantal gibt es eine gute Broschüre mit brauchbarer 1:40 000 Karte. Das rote Heft (mit Karte) gibt es in diversen Läden in Viella. Herausgeber: Editorial Alpina, Granollers.

Die zweite Möglichkeit, nahe an die Maladeta Gruppe zu kommen, gibt es von **Benasque** (1000 E., 1200 m) aus. Auch hier lohnt schon wieder allein die Lage im Hochtal von Esera die Anfahrt: der Ort ist eingekesselt von den 3000-ern der Gruppe. Die Anfahrt führt vorbei an den Stauseen und über Benasque hinaus zum Stausee Paso Nuevo weiter bis zur Schutzhütte La Renclusa. Hier ist der übliche Ausgangspunkt für den Aufstieg auf den Gipfel des 3404 m hohen Pico de Aneto. Die harte Tour über Geröll und später über Gletscherfelder ist nur für geübte Bergsteiger zu machen. Aber die Fahrt hinauf zur Hütte ist ja genug spektakulär, allerdings nur bei klarem Wetter. In Cerler, 6 km östl. Benasque, liegt ein Wintersportgebiet mit Hotels etc.

Der Nationalpark Aigües Tortes

Aigües Tortes heißt soviel wie 'gewundene Wasser' und der Charakter des 105 qkm großen Parks wird tatsächlich vom Wasser geprägt. Unzählige Flüsse und Bäche durchziehen den Park, bilden Schleifen, versickern in feuchten Wiesen oder stürzen über Felskaskaden in einen der unzähligen Hochseen. Allein im Park dürfte es über 100 dieser Seen (katalan: estany) geben. Im gesamten ehemals vergletscherten Pyrenäenbereich zählten Geographen 1070 Seen. Die meisten in Karen, die durch Endmoränen geschlossen sind. Besonders schön ist die größtenteils mit Weißtannen, Kiefern und Föhren bewaldete Parklandschaft im frühen Sommer zur Rhododendronblüte, dann sind auch die feuchten Wiesen am buntesten. An größerem Wild sieht man im Park nicht mehr allzuviel, in den ganz hohen Regionen gibt es Steinböcke, etwas tiefer Gemsen und Wildschweine. An großen Greifen gibt es Bussarde und Rote Milane, Adler soll es noch geben.

Zufahrt und **Wanderungen**: Die einzige Zufahrt, die mit dem eigenen PKW möglich ist, führt über **Espot** (500 E., 1300 m). das kleine Dorf am östlichen Parkrand eignet sich auch gut als Ausgangspunkt für Parkexkursionen. Im Winter bescheidener Skisport. Viel interessanter ist aber der nahe Park. Die Straße führt von Espot weiter bis zum Maurici-See. Eine Postkartenkulisse. Der See liegt in einer Karstmulde, Steilhänge mit Nadelwäldern reichen bis ans Wasser, dazwischen Wasserfälle, darüber alpine Bergwüste.

Von Espot aus werden auch Jeep-Touren durch den Park angeboten. Reizvoller sind aber Wanderungen durch den Park, z.B. von der Eremitage am Maurici-See aus über den Paß Portarro de Espot (2423 m) und den Llong-See bis Caldas de Boi. Unterkunft und Information über Wege im Park in Espot im Hotel San Mauricio, C. San Mauricio, Tel.635061. Einfaches, familiär geführtes Haus an der Hauptstraße mit guter Küche und vernünftigen Preisen.

Ordesa Park

Der 1918 gegründete Parque Nacional de Ordesa ist einer der ältesten und schönsten Parks in Spanien. Das Gebiet liegt in der einsamen Bergwelt der Zentralpyrenäen, keine große Siedlung weit und breit, er reicht bis über die Grenze , wo sich der französische Pyrenäenpark anschließt.

Zentrum des insgesamt 15 000 ha großen Parks ist das Ordesa Tal mit dem Rio Arazas. Die Szenerie ist dramatisch: der Arazas hat sich einen tiefen Canyon gegraben, an einigen Stellen erreichen die Steilwände fast 1000 m Höhe. Die Talsohle ist mit Laubbäumen bewachsen. Riesige Buchen, Eichen, Pappeln, darunter dichtes Buschwerk aus Heckenrosen, Buchs, Farnen, Ginster. An feuchten Standorten gedeihen viele Blütenpflanzen: Pyrenäenlilie, Steinbrecharten mit bis zu einmeterlangen Blütenständen, Primeln und Enzian ... In den höheren Regionen wechselt der artenreiche Laubwald in gemischten Nadelwald, in dem Kiefern und Tannen dominieren.

Die Tierwelt im Park ist ähnlich der im Aigües Tortes Park, es gehört aber auch hier viel Glück und Geduld dazu, die seltenen Arten zu sehen.

Zufahrt, Wanderungen und Unterkunft:

Ab **Torla** (500 E., 1000 m) weiter zur Parkgrenze bei der Puente de los Navarros. Am Beginn der Parkstraße sind gleich zwei herrliche Aussichtspunkte, vom zweiten ein schöner Blick auf die Wasserfälle. Auch die Infostelle liegt gleich am Parkeingang, sie ist aber nicht immer besetzt. Noch kurz vor der Info-Stelle, am Straßenende, der Parkplatz.

Es wäre sinnlos an dieser Stelle die vielen Wanderrouten in die Seitentäler aufzuführen, am besten informiert hier wieder die kleine rote Broschüre der Editorial Alpina, mit einem 1:40 000 Plan, in dem die verschiedenen Wege eingezeichnet sind, vgl. Aran-Tal. Den Führer gibt es in den lokalen Hotels und Läden.

Der Park ist zwar ganzjährig geöffnet, die Anfahrt kann aber im Winter wegen Schnee unmöglich sein. Den schönsten Landschaftseindruck hat man ohnehin nur im Sommer und Herbst.

Idealer Ausgangspunkt für Wanderungen ist das kleine Bergdorf **Torla.** Die Hotels liegen außerhalb des Ortes am Parkeingang. Eine gute Wahl ist z.B. das Hotel Ordesa**, Tel. 486125, 8 km von Torla am Parkeingang, geschl. v. 15. Okt. - Ostern. Ein ordentlicher Neubau mit gemäßigten Preisen, gutes Restaurant. Beim Hotel ein Campingplatz. Noch etwas preiswerter ist das Bujaruelo*, Tel. 486174, geschl. 10. Jan. - 1. März. Auch dieses einfache Familienhotel liegt am Ausgangspunkt vieler Wanderrouten, Info im Haus.

Ein paar km östl. des Ordesa Parks liegt inmitten einsamer Berge der Parador Monte Perdida***, Tel. 46865. Vom Bergdorf **Bielsa** (500 E., 1050 m) auf einer 11 km langen Stichstraße durch das schöne Valle de Pineta zu erreichen (beschildert). 16 Zimmer auf 1300 Meter. Dazu der übliche Parador-Luxus mit Ruhe und weiter Sicht.

Baskenland

Euskadi nennen die Basken ihr Land. 'Ongi etorri' heißt willkommen und Danke heißt auf Euskera 'eskerrik asko'. Es geht unspanisch weiter: Die Landschaft bleibt auch im Hochsommer grün, manche Regionen erinnern eher ans Allgäu als an Iberien. Die Landschaft ist häßlich, z.B. im zweitgrößten Industriegebiet des Landes, um Bilbao. Die Ria von Bilbao muß laut Reiseberichten früher einmal eine der schönsten atlantischen Regionen Spaniens gewesen sein. Heute ist sie sicher die Übelste: Schwerindustrie, Schlote, Schutt, ätzender Qualm und Dreck, der Unterlauf des Rio Nervion ist eine düstere Kloake. Welch ein Gegensatz zu dem kaum 100 km entfernten, menschenleeren Altkastilien. In der Ria von Bilbao lebt heute fast die Hälfte aller Basken, dazu kommen noch viele Zuwanderer, das alles auf nur 5% der baskischen Landesfläche. Spanien ist woanders....

Freiheit & Eigensinn

Zum baskischen Lebenstil gehört demonstrativer Eigensinn, wo es nur geht. Ein eigenes Fernsehprogramm 'Euskal Telebista', das kein Spanier verstehen kann. Die Aktionen der ETA, zumindest die der gemäßigten Gruppen, finden bei 20 und in manchen Gegenden sogar bei 40% der Bevölkerung Sympathie. Die Basken haben ihren eigenen Nationalsport, das für unsere Fußballaugen kuriose Ballspiel Pelota. Kein noch so kleines Dorf ohne Pelota-Platz. Fast archaische Kraftsportarten wie Steineheben (Weltrekordler mit 285 kg natürlich ein Baske), Dauerholzhacken und Tauziehen sind im Baskenland lebendig und alles andere als flamencoselige Touristenfolklore. In den Bars hängen nicht die Bilder kastilischer Torreros, sondern die der baskischen Kraftmeier. Autonomie und Abgrenzung überall:

Jedes größere Dorf hat eine oder auch mehrere gastronomische Gesellschaften, manchmal reine Männerclubs. Hier wird besprochen und ausgemacht. Jeder darf Gäste mitbringen, gekocht und gegessen wird in Gemeinschaftsräumen, unzählige Kochwettbewerbe werden veranstaltet. Man kennt sich und man weiß, was der andere macht: regionale Vertrauenszellen. In der 17 000 Einwohner Stadt Vergara soll es 43 dieser Gesellschaften geben - Vereinsmeierei also nicht nur in Deutschland.

Ganz anders in öffentlichen Bars und Restaurants. Das in Spanien übliche Palaver weicht hier eher zugunsten von netten Unverbindlichkeiten. Wem kann man trauen? Wer ist der wahre Patriot?

Orientierung

Die Frage, was man als Tourist in so einer eigenständig- eigensinnigen Region, die zudem noch denkbar unspanisch ist, zu suchen hat, ist kaum zu beantworten. Ein leichtes Reisegebiet ist das Baskenland sicher nicht. Wer wenig Zeit hat und unvermuteten Frust nicht ertragen kann, fährt am besten gleich weiter. Die Küste ist weiter im Westen, in Asturien und Galicien, sicher schöner. Ähnliches gilt für die Städte und - aber nur teilweise - für das Hinterland. Und vom Stier- und Saufspektakel in Pamplona hat sich der größte Promotor, Hemingway, schon vor Jahren distanziert. Immer noch Reiselust?

Das Baskenland besteht in seiner heutigen politischen Struktur aus den drei Provinzen Guizpocha (Hauptstadt San Sebastian), Alava (Vitoria) und Vizcaya (Bilbao). Nach historischem Verständnis gehört auch noch die Provinz Navarra dazu, die aber heute einen eigenen autonomen Status anstrebt. Wer sich den Luxus erlauben kann und auf seiner Spanientour ein paar Tage Zeit fürs Baskenland hat, sollte sich eher im namenlosen Hinterland aufhalten. Zwar bietet auch die Küste einiges - Städte, Steilküsten, wüste Siedlungen, aber am interessantesten sind wirklich die Fahrten auf Nebenstraßen durch die Provinz, zumal man hier noch am besten die sprichwörtliche Kochkunst der Basken entdecken kann.

Wer mehr als 50 Sorten Stockfisch zu unterscheiden weiß, versteht auch in der Küche damit umzugehen. Beim **bacalao al pil-pil** wird der Stockfisch einen Tag lang eingeweicht, mit Öl, Knoblauch und Paprika gedämpft und brodelnd serviert - pil-pil machen die Blasen beim Zerplatzen.

Anguilas sind die kleinen Glasaale, **chipirones** die kleinen Tintenfische, **centollo** die große Meeresspinne und **merluza a la vasca** Schellfisch in grüner Petersiliensauce ... - und selbst in den grauesten Industriestädten gibt es erstaunlich viele gute Restaurants, eine Freude muß man ja haben!

San Sebastián

180 000 E., TI: Calle Andia 13

Die Stadt kann schön und häßlich sein. Häßlich, wenn man wie die meisten Touristen auf der südlichen Autobahnumgehung die Stadt umfährt, oder wenn man - was häufig vorkommt - einen Regentag erwischt. Dann fühlt man sich eher in einer grauen Industrie- und Handelstadt. Anders, wenn der Sommer mitspielt, dann kommt zumindest im alten, eleganten Zentrum der Glanz vergangener Tage zum Vorschein. San Sebastian war, und ist neuerdings wieder mehr, die Sommerfrische der hitzegeplagten Großstädter aus Madrid. Vom Gästeschwund zu Zeiten der ärgsten ETA-Aktivitäten 79/80 hat sich die Stadt zwar noch nicht ganz erholt, aber an einem warmen Sommerabend ist San Sebastian nach wie vor die eleganteste Stadt der spanischen Atlantikküste.

Aber auch diese Kulisse hat Risse: Das hochindustrialisierte Baskenland wurde von der Werft- und Stahlkrise besonders hart getroffen, über die Hälfte der Jugendlichen finden keine Arbeit, viele von ihnen haben resigniert, sie werden 'pasotas', am Leben Vorbeigehende. Der Heroinkonsum in San Sebastian ist laut Interpol ebenso hoch wie in der Drogenmetropole New York.

Orientierung/Unterkunft

Die interessanten Altstadtviertel liegen westlich des Rio Urumea, der die Stadt teilt, am Fuß des Monte Urgule. Hier, zwischen Hafen und Flußmündung, wuselt es besonders am Abend. Urbanes Leben in den tausend Bars und Gassen, alles vor der Kulisse der berühmten 'Bahia de la Concha', der weiten, muschelförmigen Bucht. Auch das Tourist-Office liegt hier in der Altstadt, in der Calle Andia 13, an der Ostseite der Concha. Von hier aus kann man die Altstadt gut zu Fuß erkunden und ausgedehnte Stadtwanderungen sind auch die Hauptattraktion in San Sebastian.

Unterkunft findet man am einfachsten in der Altstadt, allerdings nicht gerade billig und zur Saison im Sommer oft schwer. Einfache Pensionen und Hostals gibt es z.B. in der Calle Embeltran, die von W nach O durch die Altstadt läuft, oder in der Calle San Bartolome, etwas südl des Altstadtkerns.

Ein edler Campingplatz liegt ca. 4 km westl. des Zentrums am Fuß des Monte Igueldo, gute Ausstattung, buntes Publikum.

Speisen

Im Verhältnis zur Stadtgröße bietet San Sebastian eine riesige Menge guter und bester Restaurants. Gepflegtes Tafeln hat ja im Baskenland allerhöchste Tradition, kein Wunder, daß die Stadt in allen Preislagen gut bestückt ist. Einzelne Tips sind bei der Fülle des Angebotes eigentlich unnötig. Ein paar Orientierungshilfen:

Schon die Tapa-Bars in der Altstadt liegen deutlich über dem Durchschnitt. Genaues Hinsehen lohnt, denn viele Bars haben zusätzlich einen kleinen, unauffälligen Speiseraum, wo man für wenig Geld gut essen kann. Die meisten Freßtreffs liegen in der Altstadt, um oder in der Nähe vom Hafen. Z.B. der Klassiker mit traditioneller baskischer Küche: Salduba, in der Calle Pescadeira 6. Oder im Herz der Altstadt, östl. vom Hafen, das ausgezeichnete Patxiku Quintana, San Jeronimo 22.

Als eines der besten Restaurants des Landes gilt das Arzac, Alto del Miracruz 21, Tel. 278465, ca. 2 km östl. vom Zentrum. Jede Menge Sternchen, darunter auch zwei von Michelin, noch zahlbare Preise.

Durchreisende: Für die Grenzstadt Irun gibt es nur einen Tip: Schnell raus! Übernachten noch am ehesten im Badeort Fuenterrabia, am schönsten im herrlich gelegenen Parador El Emperador***, Tel. 642140. Leider nur 16 Zimmer im alten Kastell über der Stadt, Traumsicht, unbedingt reservieren.

Nebenbei: Über die zahlreichen Festivitäten während der Sommermonate informiert man sich am besten beim Tourist-Office, s.o.

Konsulat der Bundesrepublik: San Juan 14, Tel. 421679.

Die Küste zwischen San Sebastian und Bilbao

Im direkten Einzugsbereich San Sebastians gibt es kaum ruhige, schöne Plätze. Interessant wird es westl. Zaraus:

Zunächst das traumhaft gelegene **Guetaria**, ein Fischerdorf auf einer handtuchbreiten Felsnase. Nur für vier Gassen war im alten Ortskern Platz, die sind an Wochenenden natürlich voll, ansonsten aber ein Bilderbuchnest. Zwei kleine Strände, großer Fischereihafen, viele gute Fischrestaurants.

Westlich Deva, das selbst kaum einen Stop lohnt, wird die Küste wieder lohnender. Zwar sind auch hier und weiter bis Bilbao viele der dramatischen Steilbuchten mit Ferienhäusern vollgestellt, aber es gibt noch schöne Abschnitte, z.B. **Lequeitio** (7000 E.), eine angenehme Mischung aus Fischereistadt und Tourismus, zwei Strände. Unterkunft am besten im Hotel Beitia, Pascual Abaroa 25, Tel. 684011.

Baskengeschichte: Guernica

Die heute moderne und laute Kleinstadt gilt gemeinhin als Symbol des baskischen Selbstbestimmungswillens, auch als Symbol für dessen brutale Zerstörung.

Seit dem Mittelalter sind die Basken auf ihre demokratischen Lebensformen stolz - zu Recht. Seit Jahrhunderten setzten sie gemeinschaftlichen Willen gegen despotische Herrschsucht. Der Umgang mit demokratischen Lebensformen wurde sicher durch die kollektive Verteilung des Titels 'hidalgo' erleichtert. Diesen niedersten Adelstitel bekamen 1526 alle Basken vom König Karl verliehen, wohl um sie als Grenzvolk bei der Fahne zu halten. Der Titel schützte alle Basken vor willkürlichen Zugriffen der Obrigkeit. So entstand früh ein demokratisches Klima, auch ein Bewußtsein des Auserwähltseins. Dazu kam traditionelle Achtung vor praktischer Intelligenz, Fleiß, Unternehmungslust und Handarbeit. Werner Herzog rückt in seinem Spanien-Buch die baskische Lebensweise ganz in die Nähe der Ideale des mitteleuropäischen Bürgertums: "Unter allen Bewohnern der Halbinsel stehen wohl die Basken der protestantischen Ethik am nächsten." Diese Motivationsstruktur mußte zusammen mit den geographischen Besonderheiten des grünen, unspanischen Landes fast zwangsläufig zu einer Sonderstellung führen. Diese wurde in den 'fueros', einer Reihe baskischer Sonderrechte, garantiert. Unter der heiligen Eiche von Guernica schworen kastilische Könige, diese Rechte zu respektieren. Die Basken konnten damit 5 Jh. lang, bis ins 19. Jh. ihre Eigenständigkeit behaupten. Erst im 19. Jh. wurde der wirtschaftliche und politische Druck der Zentralregierung in Madrid immer größer, die Basken verloren ihre Sonderrechte.

Die nachhaltigste Verletzung erhielt das baskische Nationalgefühl aber erst durch die Bombardierung Guernicas am 26. April 1937. Das Baskenland war während des Bürgerkriegs das einzige Gebiet, in dem die Fortschrittlichen **und** das Bürgertum die Republik gegen die aufständischen Faschisten und ihre deutschen und italienischen Handlanger verteidigt haben. Drei Schwadronen der Legion Condor warfen an jenem 26. April 20 Tonnen Bomben auf die Stadt. Es war Markttag, der Angriff war eindeutig gegen die Zivilbevölkerung gerichtet, die Stadt brannte, tausende Zivilisten starben. Guernica wurde zum Symbol der Barbarei des Krieges. Pablo Picasso hielt das Desaster in einem berühmten Gemälde fest (heute in einer Außenstelle des Prado hinter Panzerglas zu sehen, vgl. Madrid).

Die heilige Eiche von Guernica hat den Angriff überstanden. Sie steht hinter dem historischen, baskischen Parlamentsgebäude, Casa de Juntas (beschildert). Noch heute ist sie ein Pilgerort für baskische Politiker.

Nach dem 2. Weltkrieg versuchte Franco das baskische Nationalgefühl mit aller Gewalt zu brechen. Nicht ohne Erfolg - das Baskenland wurde systematisch kastilisiert. Eine Studentengruppe der jesuitischen Universität trennte sich 1959 von der ihrer Meinung nach zu passiven bürgerlichen Nationalistenpartei und gründete die Organisation 'Baskenland und Freiheit' - Euskadi ta askatasuna - die jetzt als ETA in den Schlagzeilen ist. Mit dem eingeschränkten Autonomiestatus, den das Baskenland im Lauf der Demokratisierung nach Francos Tod erhalten hat, können manche Basken heute leben, viele wollen einfach endlich Ruhe und Frieden, für einen kleineren Teil ist die Autonomie nur eine Farce. Auch innerhalb der ETA, die für eine militante Seperatistenbewegung erstaunlich viel Rückhalt bei der Bevölkerung hat, gibt es ideologisch konkurrierende Flügel.

Bermeo (20 000 E.) an der westl. Mündung der Ria von Guernica hat die größte Fischereiflotte der Region, das wuselige Fischerei- und Konservenzentrum ist sicher keine romantische Hafenstadt, aber dafür gibt es ungeschönten Alltag und eine reiche Auswahl an Fischrestaurants, die meisten davon um die Zona Parque de Ercilla.

Castro Urdiales (13 500 E.) geht wieder mehr in Richtung romantisch: Hoch auf den Felsen die Mauern einer Kreuzritterburg, fotogener Hintergrund vor der Hafenbucht, schmucke Strandpromenade und dahinter altmodische Häuser mit kleinen Veranden. Der Strand, der sich an die Promenade anschließt, ist in der Saison sehr bevölkert. Ein Campingplatz liegt am Strandende.

Bilbao

450 000 E.
TI: Alameda Mazarreda, Innenstadt, links vom Rio Nervion

Die Hauptstadt der Provinz Vizcaya ist eine der übelsten Industriestädte in Spanien. Die gesamte Ria von Bilbao hat sich im letzten Jahrhundert schnell und heftig zu einem einzigen Industrierevier gewandelt. Die kapitalistische Revolution begann Mitte des 19. Jh. 1848 wurde im ersten Hochofen der Region baskisches Eisenerz verhüttet. Engländer stiegen in das Geschäft ein und lieferten Steinkohle ins Baskenland, Basken lieferten Eisen nach Southampton. Der Boom begann:

Zwischen 1850 und 1900 versechsfachte sich die Einwohnerzahl in der Ria von Bilbao. Bis in die jüngste Zeit interessiert nur der Profit. Früher hatten die Arbeiter nicht genug Brot, heute hat keiner mehr genug Luft zum Atmen. Berüchtigt der Dauersmog über 'el bocho', dem Loch.

Orientierung

Freiwillig wird man als Tourist kaum in Bilbao bleiben, deshalb ganz kurz: Die meiste Schwerindustrie liegt am linken Ufer der Ria, die besseren Wohnviertel sind rechts der Ria. Auch das Zentrum wird durch den Rio Nervion geteilt, rechts des Flusses die enge Altstadt, fünf Brücken führen hinüber in die neueren Stadtviertel links des Nervion.

Wer in so einem Moloch lebt, will wenigstens gut essen. Hierfür bietet Bilbao eine Unmenge guter Chancen, es gibt im gesamten Zentrum Tapabars und Restaurants in Fülle.

VITORIA

200 000 E., 625 m
TI: Calle Dato 23

Die Hauptstadt der baskischen Provinz Alava ist besonders wegen ihrer guterhaltenen historischen Altstadt von touristischem Interesse. Besonders die arkadengesäumte Plaza de Espana, die 1791 nach dem Vorbild der Plaza Mayor von Salamanca angelegt wurde, ist eine städtebauliche Kostbarkeit. Dazu kommen jede Menge schöner Bürgerhäuser, Kirchen, etc.. Am besten man wandert an einem nicht zu heißen Tag durch die ganze Pracht.

Orientierung/Unterkunft

Die Altstadt ist kompakt und übersichtlich, man erreicht alle interessanten Punkte zu Fuß. Einen Plan mit Informationen über die klassischen Sehenswürdigkeiten gibt es beim Touristenbüro am Parque de la Florida oder in der Calle Dato, die vom Bahnhof zum Altstadtzentrum auf die Plaza de Espana führt.

Preiswerte Unterkünfte gibts beim Bahnhof an der Kreuzung Calle Fueros/Ortiz de Zarate. In der Calle Fueros finden Sie auch eine gute Tapa-Bar: Felipe, mit kleinem Restaurant. Jede Menge Tapahöhlen auch in der Calle San Prudencia.

Am besten wohnt man in Vitoria etwas außerhalb, ca. 10 km östlich auf der N 1 in Argomaniz. Der Parador Nacional de Argomaniz***, Tel. 282200, ist eine Oase. Mitten in der heißen Hochebene um Vitoria, ideal zum Relaxen nach langer Fahrt. Viel Ruhe und kühle Säle in einem Palast aus dem 17. Jh.. Schöne, erhöhte Hanglage, weiter Blick. Wer einigermaßen zeitig kommt, erhält auch im Hochsommer meist ohne Reservierung ein Zimmer. Relativ preiswert.

Pamplona

200 000 E., 440 m
TI Duque de Ahumada 3, 100 m südwestl. der Plaza

Pamplonas Tourismusgewerbe hat allen Grund, Hemingway dankbar zu sein und die Plaza vor der Arena nach ihm zu benennen: Seit er in seinem Roman 'Fiesta' die Fiesta San Fermin verewigt hat, wird die Stadt zur Fiestazeit von einem lemmingsmäßigen Touristenstrom heimgesucht. Dabei hat Pamplona, abgesehen von der Fiesta, die mit der bei Hemingway geschilderten nichts mehr zu tun hat, und abgesehen von dem schönen Stadtkern nichts Außerordentliches zu bieten.

Orientierung
Das gesamte städtische Leben konzentriert sich um die Plaza de Castillo. Alles ist von hier aus bequem zu Fuß zu erreichen. Jede Menge Bars und Restaurants um die Plaza und die Arena und in den Seitengassen.

San Fermin, das sind fast 14 Tage nonstop Suff und Remidemmi, die mit dem ursprünglichen Fest kaum mehr etwas zu tun haben. Richtig los geht es am Morgen des 7. Juli, wenn durch einen Böller angekündigt wird, daß die Säue - pardon Stiere raus sind. Die stäuben dann durch die Straßen der Altstadt, vorneweg junge Männer, die ihren Mut nicht anders demonstrieren können. Anschließend 9 Tage Alkohol bis zum Abwinken, nach Art linksrheinischer Karnevalstage.

Zur Fiesta sind natürlich alle Unterkünfte in der Stadt und der Umgebung ausgebucht. Aber zur Festzeit findet man ohnehin keine Ruhe, alkoholfeste Festochsen können über den Wunsch nach einer ruhigen Bleibe während dieser Zeit wahrscheinlich nur lachen....

Paradores südlich Pamplona:

Außerhalb der Stadt kommt man am besten in einem der drei Paradores im Süden unter.

* In Olite, 36 km südlich Pamplona, im Parador Principe de Viana***, Tel. 740000. Der Parador liegt im restaurierten Teil der riesigen Burganlage, die aus einer Mischung von Wehr- und Wohnbauten besteht. Schöne, ganz ruhige Lage.

* Auch der Parador Fernando el Catolico***, Tel. 888011, in Sos del Rey Catolico, ca. 50 km südöstl. Pamplona, versetzt einen in historisches Ambiente: In dem kleinen Städtchen, in dem 1452 König Ferdinand von Aragonien geboren wurde, gibts noch viel mittelalterliches Gemäuer. Nehmen Sie im Parador eines der 15 Zimmer mit Südterrasse, der Blick lohnt.

* Der dritte Parador liegt schon in Rioja, der bedeutendsten Weinbauregion des Landes:In Calahorra der Parador Marco Fabio***, Tel. 130358. Zentrumsnah, mit allem üblichen Luxus. Auch die alte Bischofsstadt (19 000 E., 360 m) ist im alten Kern zumindest einen ausgedehnten Spaziergang wert. Spanischer Alltag, abseits aller Touristenrouten, mehrere gute Restaurants.

Rioja

Weine aus der Rioja

Das bekannteste und renommierteste Anbaugebiet Spaniens erstreckt sich über 120 km links und rechts vom Ebro. Die zusammen 45 000 ha große Region Rioja ist in die Rioja Alta um Haro, die Rioja Alavesa um die Provinzhauptstadt Logrono und um die Rioja Baja um Calahorra aufgeteilt. Die beiden ersten Gebiete gelten als die besseren.

Alle besseren roten Riojas reifen in den traditionellen 225 l Eichenfässern. Dieses Verfahren brachten Händler aus Bordeaux in die Rioja. Alle Weine mit der Bezeichnung 'con crianza' müssen mindestens 2 Jahre gelagert sein, ein Jahr davon im Eichenfass. 'Reservas' sind meist 6 Jahre gelagert. Die billigsten Riojas mit der Bezeichnung 2° ano waren dagegen nie im Eichenfaß. Diese Angabe bedeutet nur, daß der Wein im Jahr nach der Ernte abgefüllt wurde, d.h. der Wein muß nicht einmal 12 Monate alt sein!

Die Rioja entdecken

Die Rioja eignet sich ausgezeichnet für ausgedehnte Touren. Noch gibt es am Ebro keine Weinstraße, also auch keinen organisierten Nepp. Überall warten kleine Dörfer und Bodegas auf neugierige Weinfreunde. Hier nur ein paar Orientierungstips:

Zwischen Logrono und Haro, den beiden Zentren der geschätzteren Regionen Rioja Alavesa und Rioja Alta, verkehrt ein Bummelzug, der bei manchen Bodegas praktisch vor der Tür hält. Wer zwischen den beiden Städten im Auto unterwegs ist, sollte die herrlich gelegenen Städtchen **Briones** (über dem Ebro, 10 km südöstl. Haro) und **Languardia** (20 km nordwestl. Logrono) unbedingt besuchen, genauso das Zentrum der Rioja Alto, Haro (vgl. weiter unten).

Aber nicht nur der Wein, auch das Hügelland lockt mit roter Erde, Weingärten, Olivenhainen und Flußauen, darüber der dauerblaue Himmel. Dazwischen immer wieder der einfache Lebensstil der Landsiedlungen.

Logrono (120 000 E., 400 m, TI Miguel Villanueva 10) ist das Zentrum der Rioja. Die Provinzhauptstadt am rechten Ebroufer ist zwar kein Kleinod mit kunsthistorischen Finessen. Eher eine moderne Mittelstadt mit recht großzügigem Stadtkern und einer erstaunlichen Menge von guten Restaurants und Bars. Das Zentrum liegt an dem breiten Paseo del Espolon. Auf der einen Seite des Paseo verläuft die Miguel Villanueva, bei der Nr.10 das Tourist-Office. Auf der anderen Seite des Boulevards jede Menge Bars und einfache Hotels, z.B. in und um die Calle San Juan. Viele Weinhöhlen sind in der Calle Laurel.

Feine Restaurants: La Merced, Mayor 109; Macado, Portales 49, San Remo, Av. de Espana 2, beim Busbahnhof.

Gute Unterkunft gibts im Grand Hotel***, Tel. 252100, Gran Vara del Rey 5. Absolut zentral, relativ preiswert. Gut auch das neue Murrieta***, Tel. 224150, mit gutem Restaurant.

Haro (10 000 E., 500 m, TI im Rathaus). Wem es in Logrono zu hektisch und zu laut zugeht, der sollte einfach in eines der Rioja-Dörfer fahren, oder gleich in das ruhigere Zentrum der Rioja Alto. Das Städtchen hat eine große Plaza Mayor mit einer der traditionsreichsten Weinhandlungen der Region: Juan Gonzales Muga ist unter Kennern eine Institution.

Noch zwei Restauranttips: Einmal den Klassiker Terete, Lucrenia Arana, weitbekannt für den ausgezeichneten Lammbraten und die üppige Weinkarte. Dann La Kika, Santo Tomas 9, eine Bar mit kleinem Speiseraum, sehr gute Küche, gute Weine, zivile Preise.

Rioja Weintips

Gute Weine und neue Adressen findet man in der Rioja nur durch ausdauerndes Probieren. Hier ein paar sichere Tips: **Bodegas Beronia** in Ollauri (5 km westl. Briones). Die noch relativ kleine Bodega erzeugt nur wenige Sorten, der Beronia 5° ano ist ein ausgezeichneter und bezahlbarer Rioja.

Ein relativ kleiner Familienbetrieb ist auch die **Bodega Muga** in Haro. Es gibt dort gute Rotweine, einen trockenen Weißen und Schaumwein nach dem Champagnerverfahren. Eine weitere Kellerei in Haro: **Bodegas La Rioja Alta**, seit langem wird hier ausgezeichneter Rotwein, z.B. der leichte Vina Arana,ausgebaut, und einer der traditionellen faßgelagerten Weißen.

Die **Bodegas Marques de Murrieta** in Ygay sind eines der traditionsreichsten Häuser in der Rioja, der jüngste Wein, der von dort in den Handel kommt, ist der vier Jahre alte Etiqueta Blanca, ähnlich edel die **Bodega Marques di Riscol** in Elciego.

Noch ein Tip für Weißweinfreunde: Die Cooperativa Vinicola de Labastia in Labastia (6 km nordöstl. Haro) produziert ausgezeichnete frische und fruchtige Weißweine, auch exzellente Rote.

Wer nach der Weinprobe runde Füße bekommt: Der kleine, persönliche Parador Santo Domingo de la Calzada***, Tel. 340300, im gleichnamigen Ort, 20 km südl. Haro, bietet komfortable Unterkunft in historischer Umgebung, das ehemalige Pilgerhospital wurde edel-schlicht umgebaut.

Auch der Ort selbst hat noch viel mittelalterliche Bausubstanz, er lag an der Pilgerstrecke nach Santiago de Compostela (vgl. dort). Von Santo Domingo kann man auf der landschaftlich reizvollen N 120 über den Puerto de la Pedraja nach Westen bis Burgos fahren.

Burgos

170 000 E., 700 m
TI: Paseo de Espolon 1, in der Altstadt, am Rio Arlazon.

Geschichte satt: Für fünf Jahrhunderte war Burgos die Hauptstadt Altkastiliens. Aus dieser Zeit stammt auch die gotische Kathedrale, neben den Bauten von Sevilla und Toledo die drittgrößte im Land. Die beiden 84 m hohen Haupttürme sind markante Orientierungspunkte in der Altstadt. In unserer Zeit sorgte Burgos für traurige Schlagzeilen: Franco bestimmte sie im Bürgerkrieg zur Hauptstadt der Faschisten, nach dem Krieg bekam die Stadt eine riesige Garnison. Im Dezember 1970 machte dann der Burgos-Prozess internationale Schlagzeilen. Von 16 jungen ETA-Kämpfern wurden 9 von einem Militärgericht zum Tode verurteilt. Die Angeklagten verstanden es aber, den Prozess zum Tribunal gegen das Militärregime zu machen. Die internationale Presse und damit die Weltöffentlichkeit wurden von da an auf das Baskenproblem aufmerksam. Im Baskenland legte ein Generalstreik das Leben lahm - Franco mußte die Todesurteile aussetzen.

Heute ist Burgos eine rasch gewachsene Industriemetropole und ein wichtiger Verkehrsplatz, nur die historische Innenstadt wirkt besuchenswert. Das Klima in der kastilischen Hochebene ist berüchtigt, "neun Monate Winter, drei Monate Hölle". Allzulang wird also keiner bleiben wollen.

Orientierung

Altstadtzentrum und Höhepunkt ist die gotische Kathedrale, sie liegt nördlich des Rio Arlazon, der die Stadt in eine neue und eine alte Hälfte teilt. In der Altstadt um die Kathedrale Bars und Kneipen, das lebhaftere Zentrum liegt aber auf der anderen Seite des Rio Arlazon, nur ein paar Minuten südlich der Kathedrale, um die **Plaza de la Vega**, hier auch wieder Bars, Restaurants und preiswerte Pensionen. Die breite, baumgesäumte Prachtstraße **Paseo de Espolon** verläuft parallel zum Rio Arlazon, hier an Nr. 1 das Tourist-Office, viele Läden und Bars, u.a. die traditionsreiche Cafeteria Pinedo, und das gute Hotel Espana, Nr. 32, Tel. 206340.

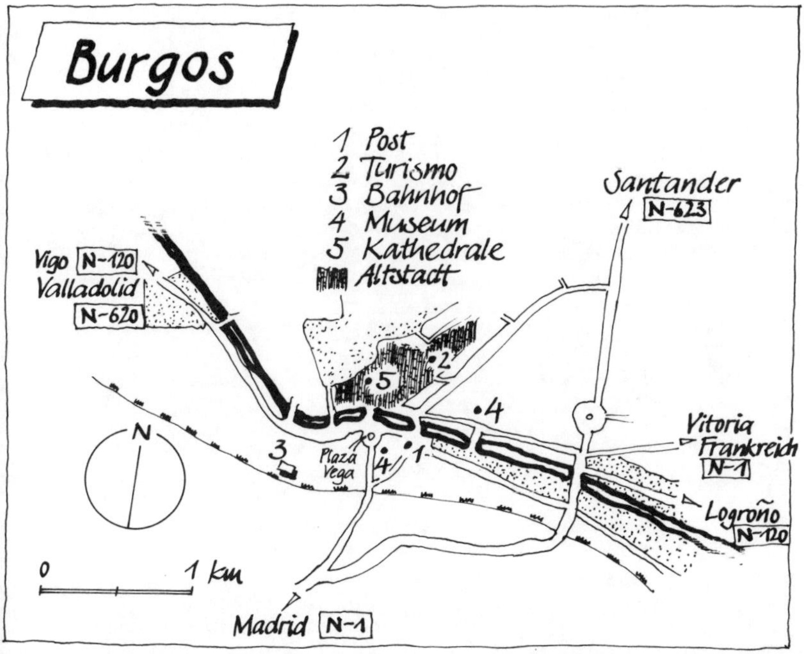
Burgos
1 Post
2 Turismo
3 Bahnhof
4 Museum
5 Kathedrale
Altstadt
Santander N-623
Vigo N-120
Valladolid N-620
Vitoria
Frankreich N-1
Logroño N-120
Plaza Vega
N
0 1 km
Madrid N-1

Kantabrische Küste

(Karten: besser und detaillierter als die Firestone-Karten sind die neuen von Michelin, Nr. 441, Nordwestspanien und Nr. 42, Baskenland!)

Die kantabrische Küste umfaßt die gesamte nordspanische Atlantikküste ohne die galicische Nordwestecke: im Osten die Côte Basque, dazwischen ein Stückchen Küste, das zu Kastilien gehört und dann die Costa Verde, die asturisch ist.

Das Meer ist hier oben mächtig, Ebbe und Flut verändern die Strandlandschaften - vor allem ein Genuß fürs Auge - das Wasser wird nur in geschützten seichten Buchten wärmer als 17 Grad.

Die Urlauber, die hier im Juli und August die Strände bevölkern, sind vorwiegend Spanier und Franzosen - aber bei weitem kein Mittelmeerandrang. Da es allerdings auch bei weitem nicht so viele Hotels und Ferienappartements wie dort gibt, kann es in der Hauptsaison durchaus zu Engpässen kommen.

Wem's zuviel wird: ein Ausflug ins Kantabrische Gebirge, das dem gesamten Küstenstrich den Namen gibt, ist mehr als empfehlenswert!

Santander bis Gijon: Gleich hinter dem Baskenland streifen wir einen Zipfel der Region Altkastilien, auf das wir später noch genauer eingehen.

Santander

190 000 E., 110 km von Bilbao entfernt
TI: Plaza Velardo 1

Santander selbst, die Hauptstadt der Provinz Kantabrien, ist nicht besonders reizvoll. Es ist eine moderne Stadt - die Altstadt wurde 1941 durch Wirbelstürme und Brand weitgehend zerstört, sodaß nicht mehr allzu viele Sternchen übrig geblieben sind. Neben der modernen City mit der Prachtstraße Paseo de Pereda gibt es noch das Vorstadtresort El Sardinero und die bewaldete Halbinsel La Magdalena mit verschiedenen Stränden, nicht sehr sauber und zuviel Betrieb um die geschützte Bucht.

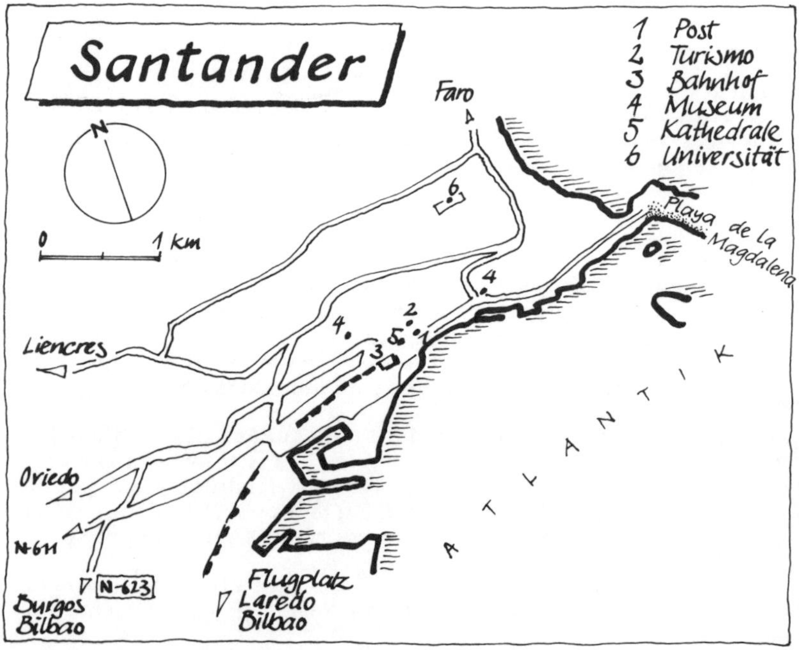

Das Schönste an allem: der Blick auf die Picos, klares Wetter vorausgesetzt. Falls es aber regnen sollte - da wären auch recht interessante Museen anzuschauen:

- Museo Municipal de Bellas Artes, Calle Rubio 4 (Sonn- und Feiertags geschlossen).
  Sammlung italienischer, flämischer u. spanischer Künstler des 17./18. Jh.
- Museo Provincial de Prehistoria y Archeologia (Museum für Vorgeschichte u. Archäologie), Casimiro Sainz 4 (Mo geschl.). Es enthält Funde aus der Provinz Cantabria und eine internationale Sammlung keltischer Grabsteine etc.

Die Küste wird eigentlich erst hinter Santander schön, wer es aber schon vorher einmal mit Baden probieren will:

Die Strände von El Sardinero und La Magdalena: Die Av. de la Reina Victoria sowie der Paseo de Ramon Pelayo führen zur El Sardinero Bucht (ung. 3 km vom Stadtzentrum, Bus Numero Uno) und ihren prächtigen und im Sommer brechend vollen Badeständen, prunkvolle Hotels, Strandterrassen, Gran Casino. Die drei Sandstrände Castaneda (1800 m lang), Sardinero (900 m) und Concha (200 m) sind bei Ebbe miteinander verbunden, bei Flut sind sie durch Felsvorsprünge voneinander getrennt.

Vom Ostende der Av. de la Reina Victoria kommt man auf die Magdalena Halbinsel mit dem 1912 erbauten spielzeugmässigen Sommerpalast von Alfonso XIII. Heute sind hier die Hörsäle der internationalen Universität drin, die jeden Sommer ihre Pforten öffnet. Das Strandgebiet der Magdalena hat ebenfalls feinen gelben Sand und wird von Kliffs gut geschützt.

Falls es hier zu bevölkert ist, gibt es noch eine Strandmöglichkeit:
Mit der Fähre zu den langen Sanddünen von **Somo** und **Pedrena.** Bei Somo gibt es neuerdings auch einen FKK-Strand. Die Fähre fährt jede halbe Stunde, um 20 Uhr geht die letzte.

Essen: In der Hernan Cortes-Gegend (Parallelstraße zum Paseo de Pereda) gibt es gute Kneipen für Fischgerichte und Mariscos, ebenso in der Calle de Marques de la Hermida am Fischhafen. Die Calle Vargas (nördlich vom Bahnhof) ist die Tapa-Gasse. Etwas feiner ist die Bar del Puerto, Calle Hernan Cortes 63.

In der El Sardinero-Gegend gibts einige Restaurants um die Plaza de Italia, Calle Panama. Besonders überzeugend fanden wir keins, schön gelegen sind einige - gut für einen kleinen Imbiß!

Unterkommen:

In der Bahnhofsgegend Richtung El Sardinero finden sich günstige Hotels und Hostals, z.B. in den Calles Hernan Cortes, de Cadiz und de Mendes Nunez.

Bei der El Sardinero Bucht stehen einige Hotels in dem Viertel hinter dem Hauptstrand, entlang der Av. de los Castros, Av. de los Hoteles, Av. los Infantes. Hier gibt es natürlich auch eine Reihe gepflegter Strandhotels mit Schwimmbad, Tennis, Blick aufs Meer (Preisliste beim TI).

Einen **Campingplatz** Bella Vista gibt es an der Carretera Faro, der Straße zum Leuchtturm (in der Nähe vom Sardinero Strand, nettgelegen mit Cafeteria).

Ausflüge: 3 km nördlich der El Sardinero Bucht das **Cabo Mayor** und der Puente Forado, eine natürliche Kalkfelsbrücke. Von hier schöner Blick auf die Bucht und die Küstenlinie. In der Nähe des Cabo Mayor in einer kleinen schönen Bucht liegt der Strand Matalenas.

Santillana del Mar

4150 E., ohne Touristen! 40 m; 30 km von Santander

30 km westlich von Santander liegt Santillana del Mar - mit dem 'del Mar' sind sie hier etwas großzügig, es liegt nämlich ein paar Kilometer weit davon weg. Wer das Glück hat, im Frühjahr oder Herbst hier vorbeizukommen, wird wohl einige Zeit hängenbleiben ....

Santillana ist das besterhaltenste und schönste mittelalterliche Dorf Spaniens. Seit 1927 ist es Nationaldenkmal und wird restauriert - zum Glück nicht überrenoviert! Die einzige Straße führt in einem Bogen an zwei Plazas, einer wirklich anschauenswerten romanischen Kirche und an zahllosen Palästen und schönen braunen Granithäusern aus dem 15. bis 18. Jahrhundert vorbei. Daß das Kopfsteinpflaster oft mit Kuhfladen bedeckt ist und es überall nach Stall riecht, fällt einem zuerst auf. Ein Blick in eins der hochherrschaftlichen Häusern mit Wappen über dem Eingang bestätigt es dann: auch Kühe wohnen hier - gleich neben dem kunstvoll geschnitzten Treppenaufgang. Und abends drängt sich am Dorfbrunnen das Vieh. Es sind nicht die Bauern, die hier ihr Glück gemacht haben, vielmehr ist den blaublütigen Spaniern irgendwann das Geld ausgegangen: Adlige wurden zu Bauern, ihre Paläste zu Bauernhöfen.

Im Sommer drängen sich hier busladungsweise die Besucher (Santillana ist nur 2 km von den berühmten Altamira-Höhlengemälden entfernt!) und fotografieren die zahllosen Andenkenläden, die im Frühjahr und Herbst vom Boden verschwunden sind. Die einzige Möglichkeit während der Saison: im Ort übernachten und den Morgen und Abend ohne die Busse genießen.

Im Mittelalter übernachten: Parador Gil Blas***, Plaza Ramon Pelago 11, Tel. 818000. Wir haben hier während eines starken Gewitters Zuflucht genommen, das sich in der Nacht als der Zyklon Hortensia zu erkennen gab. Wohler und sicherer als in dieser Festung hätten wir uns in dieser Nacht bestimmt nirgendwo anders gefühlt. Die Zimmer sind geschmackvoll schlicht. Ansonsten burgmäßig mit Rüstungen und Ahnenbilder. Leider ist die Küche nur mäßig und teuer - außer dem Frühstücksbüffet können wir nichts empfehlen!

Das Hotel Altamira mit der schönen Gartenwirtschaft, ebenfalls direkt im Kernort neben dem Parador, ist auf jeden Fall billiger, genauso die Bar Casa Luis und vor dem Ortseingang das Gartenrestaurant Meson de los Villas. Beim Postamt an der Plaza de Ramon Pelayo neben dem Parador werden einige Zimmer privat vermietet, genauso hinter der alten Kirche im Kernort - auf Schilder 'Habitaciones' achten!

Paradorähnlich und etwas billiger ist auch das Hotel Los Infantes*** am Dorfeingang - ein sehr schöner Palast.

Falls im Dörfchen selbst alles belegt ist, gibt es außerhalb entlang der Hauptstraße noch einige Hostals.

An der Comillas Straße am Westrand des Ortes außerdem der **Campingplatz** Santillana (10 Fußminuten zum Ort, Schwimmbad, Tennis, Duschen).

Achtung Feste: Santa Juliana **28. Juni**; San Roque **16. August**

Der kurze Weg nach **Altamira** ist nicht zu verfehlen. Leider kann man die vor etwas über 100 Jahren entdeckten Höhlen, deren Zeichnungen und Malereien bis zu 20 000 Jahre alt sein sollen, nicht mehr besichtigen. Der große Besucherstrom veränderte das Kleinklima der Höhle und führte beinahe zur Zerstörung der Bilder. (Es werden täglich zwar noch 30 Personen eingelassen, dazu ist aber eine schriftliche Genehmigung notwendig, um die man bei folgender Adresse anfragen kann: Centro de Investigacion y Museo de Altamira, Santillana del Mar.) Im Museum sind aber auch ausgezeichnete Reproduktionen zu sehen, außerdem viele Fundgegenstände. Schade, daß der Begleittext nur auf Spanisch ist!

Mehr Höhlen: Auf der Strecke von Santander nach Burgos, bei Puente Viesgo, gibt es zwei für Besucher geöffnete Cuevas mit rötlichen und schwarzen Malereien von Bisons, Pferden und Hirschen.

Auch der nächste größere Ort, **Comillas** (3 600 Einwohner), lohnt einen kleinen Halt. Die schöne alte Stadt mit den gepflasterten Straßen, den Steinhäusern mit ihren Holztüren strahlt eine leicht verstaubte Eleganz aus, es gibt nur wenige Neubauten. Im Ort mehrere Hotels und Hostals. Ein 5 bis 10 m breiter Sandstrand liegt unterhalb der grauen Steilküste bei dem kleinen Hafen.

Nach Südwesten gute Sicht auf die Berge, und schon hier, einige Kilometer von der offiziellen Grenze zur Region Asturien, ist die Landschaft hügelig, grün, Wäldchen, Weiden und Hecken, dazwischen Palmen. Die ersten Kleinst-Rias und Strände, z.B. vor La Revilla, der Ria de la Rabia mit schönem Sandstrand - Vorahnung auf die herrlichen Strände weiter westlich!

San Vicente de la Barquera ist unterhalb der Burg und Kirche schön gelegen (2 kleine Hotels, 2 Hostals und 1 Campingplatz). Ein breiter, flacher Strand liegt etwas abseits, 2 km vom Ort, über eine Brücke erreichbar.

Nur wenige Kilometer weiter ändert sich die Gegend: im Hinterland die schroffen, kahlen Karstberge der Sierra de Cuera, eine Steinwüste, die den Blick auf die Picos verhindert.

Asturische Villa (östl. Gijon)

Picos de Europa

Schon seit Santander lockt uns der Blick auf die schneebedeckten Picos, die nur ca. 25 km vom Meer entfernt sind. Das kompakte Hochgebirge ist der Hauptkette der Kordilleren etwas nördlich vorgelagert, 40 km in der Ost-West-Ausdehnung.

Der NP Picos de Europa umschließt die steilste und zerklüftetste Ecke, das Los-Urrieles Massiv. Hier gibt's einige Gipfel über 2500 m! Steile Schieferhänge, phantastisch schroffe Kalkwände der hellgrau und orangefarbigen Pyramidengipfel und Türme (Picos heißt Pfeiler, Spitze), verkarstete Hochwannen - dazwischen grüne Täler. Es gibt Pfade und Schutzhütten, eine ideale Wandergegend. Lautensach erwähnt sogar die Existenz von Bär, Wolf, Fuchs, Dachs, Wildkatze, Wildschwein und Gemse, also ein Paradies für Tierbeobachter und -photographen - ob heute,nach 20 Jahren,aber noch Bären existieren, wissen wir nicht.

Der Park ist ganzjährig geöffnet, die beste, d.h. trockenste Zeit ist Juli und August, während es im November/Dezember und März/April am meisten regnet. Die Temperaturen sind mitteleuropäisch, nur nachts wird es durch die Höhe relativ kühl. An einigen hochgelegenen geschützten Flecken liegt ganzjährig Schnee.

Aktuelle Info gibt's im Tourist Office in Santander (Delegacion Provincial de Tourismo, Plaza Velarde 1-1^{u}) oder Oviedo (Delegacion Provincial de Tourismo, Melquiades Alvarez 7), Karten kann man auch in Fuente De kriegen.

Die Anfahrt:

Die Fahrt von Santander über Potes nach Fuente De dauert mit dem Bus ca 3 Stunden, ist evtl. auch für Radfahrer möglich.

In Potes kann man einen kurzen Abstecher (2 km) zum Monasterio Toribio de Liebana machen. **Potes**, hinter der engen Hermida-Schlucht, liegt inmitten der Liebana, der Gegend am Oberlauf des Rio Deva. Diese Region ist vom Klima her völlig unasturisch: das tief eingeschnittene Tal im Regenschatten der Berge ist "ein Vorposten des sommertrockenen Iberiens" (Lautensach). Prächtige Stein- und Korkeichenwälder, Schweinezucht, Feigen-, Mandel- und Olivenbäume. Auf den nach Süden gerichteten Terrassen wird sogar Wein (im Kurzschnitt) angebaut.

Zwischen Potes und Espinama geht's immer am Fluß entlang bergauf, hier zahlreiche Übernachtungsmöglichkeiten, und in Fuente De wartet der Parador Rio Deva***, Tel. 730001. Ein komfortabler Bau am Fuß der Picos, Pool.

Von hier aus führt eine Seilbahn zum 1926 m hohen Mirador del Cable - lohnend, wenn nicht gerade Nebel herrscht.

Ein paar Tourenvorschläge am Zentralmassiv der Picos

Mit dem Auto:
Von Potes die Südumfahrung der Picos bis Cangas, ca. 150 km, über einige 1500 m Pässe, über Gargantas und Posada de Valdeon, dann entlang dem Rio Sella.

Zu Fuß:
Von Las Arenas über Camarmeña (hier endet die Straße), entlang dem Rio Cares nach Cain, einem hübschen Dörfchen in einem Talkessel. Im Westen liegt der Nationalpark de la Montana (wird meist NP Covadonga genannt). Cain ist übrigens von Süden, von Posada de Valdeon, auch mit dem Auto erreichbar, allerdings auf abenteuerlicher Straße. Hier ist ein guter Startpunkt für weitere Wanderungen.

Von Camarmeña über Sotres (hier endet die Straße) nach Süden bis nach Espinama. Das ca. 1700 m hoch gelegene Berghotel Refugio de Aliva soll gut sein. Hier in dem flachen Bergwiesengelände und in der Nähe des Paradors gibt es zahlreiche Orchideen. Ebenfalls häufig sind Enzian und Narzissen.

An der Westflanke der Picos liegt der **Nationalpark Covadonga.** Er ist der älteste spanische NP und wurde bereits 1918 gegründet. Große grüne Grasflächen verdrängten die ursprünglichen Buchen- und Eichenwälder. Durch die Weidewirtschaft ist eine Baumregeneration nicht möglich. In dem verbliebenen Restwald (entlang dem Rio Dobra und Rio Cares sowie im Nordwesten des Parks) gibts interessante Pflanzen wie Lorbeerseidelbast und Narzissen, auf den Rodungsflächen findet man Heide mit Ginster und Erika. Bären und Wölfe trifft man hier nicht mehr, dafür u.a. Dachse, Otter und angeblich mehrere Tausend Gemsen. Steinadler sollen hier noch leben, und natürlich viele Krähen und Dohlen, aber auch noch einige Auerhühner.

Anfahrt: von Ribadesella nach **Cangas de Onis** mit der malerischen mittelalterlichen Brücke über den Sella. Dies war die erste Hauptstadt des christlichen Spaniens und frühere

Residenz der asturischen Könige. Weiter nach **Covadonga**, einem nationalen Heiligtum und außerdem eines der schönsten Fleckchen in Asturien.

> Auf der Flucht vor den anrückenden maurischen Heerscharen, gelangte Pelayo, einer der letzten Westgotenführer, nach Covadonga. Im Jahr 718 kam es hier zur entscheidenden Schlacht: Pelayo siegte mit einer Handvoll Krieger gegen eine erdrückende Übermacht der Araber und gründete das Königreich Asturien. Seither gilt Covadonga als Wiege der Reconquista, als Keimzelle des christl. Spaniens.

Von Covadonga geht's über gut 10 km auf einer steilen Straße zu den Bergseen Lago de Enol und Lago de la Ercina, einem herrlichen Ausgangspunkt für Wanderungen. Auch in diesem Park (ganzjährig offen) gibt's Schutzhütten. Nachts kühl, oft neblig! Infos beim TI in Oviedo.

Eine Karte im Maßstab 1:30 000 gibts übrigens beim Travelbookshop Treichler, Am Seilergraben, CH-Zürich - und vor Ort.

Im Osten: **Das Nationalreservat de Saja**

Das Nationalreservat nimmt fast die ganze Westhälfte der Provinz Santander ein, allerdings ist ungefähr ein Drittel in Privatbesitz. Mehrere Flüsse entspringen in diesem Gebiet, wie z.B. Deva, Nansa, Saja, auch der Ebro, der ins Mittelmeer mündet. Hier gibt es noch große Waldflächen, mit riesigen, oft 30 m hohen Buchen und alten Eichen. Berühmt ist die Cubilon-Eiche im Tal von Cabuerniga, 27 m hoch mit einem Stammdurchmesser von mehr als 3 m !

Eine reizvolle Strecke führt von Bielba über Puentenansa durch das Tal des Rio Nansa, hier herrliche Buchenwälder, auf kleinen Straßen bis zum Embalse de Aguilar de Campoo im Süden ...

Auf dem Monte Palombera und Hijar soll es noch Bären geben, ebenso Wölfe.

Infos beim Tourist-Office in Santander.

Asturien & Galicien

Weitab von Benidorm und Flamenco ...

Hier an der Nordwestecke von Spanien ist alles anders. Ob mehr Irland oder Schweiz, Garten oder Park - der Kontrast zur roten dürren Meseta hinter dem Gebirgsriegel, der den Regen abblockt, ist unglaublich. Sehr gut zu sehen ist dies z.B. auf der Strecke von Leon über Ponferrada nach Lugo, oder noch eindrucksvoller auf der Strecke Lugo nach Sanabria.

Noch etwas ist hier anders als im Süden Spaniens - es gibt kaum Tourismus, obwohl die Landschaft reizvoll zwischen Gebirge und Meer kontrastiert. Vor allem der Norden und Westen Galiciens mit seinen Rias hat eine in Südeuropa einzigartige Küstenlinie: unverbaute Flußmündungen, ertrunkenen Tälern gleich, wie ein Merianheft blumig formuliert, die den Fjorden Norwegens ähnlich, aber weiter sind als diese und auch keine so steile Küsten haben.

Diese abwechslungsreiche und bis jetzt vom Massentourismus übersehene Ecke ist nun keine einsame ursprüngliche Gegend, vielmehr ältestes Kulturland. Die berühmte Höhle von Altamira mit ihren ca. 20 000 Jahre alten Malereien gibt Zeugnis davon. Die fruchtbare Gegend wurde bestellt und geprägt von Kelten, Römern und Sueben. Die Araber dagegen waren wohl uninteressiert am regnerischen Norden, sie drangen zwar bis nach Asturien vor, allerdings ohne große Beharrlichkeit. Nachdem sie von Pelayo in der Schlacht von Covadonga besiegt wurden, zogen sie sich wieder in den wärmeren Süden zurück. Folgerichtig konnte sich hier in Asturien der Widerstand, die Reconquista, organisieren. Arabische Einflüsse sind kaum nachzuweisen.

Die Kelten hinterließen deutlichere Spuren, nicht nur einige Dolmen und Siedlungen, die Citanias, sondern auch den Dudelsack (Gaita), das galicische Nationalinstrument. Man trifft hier auf auffallend viele blonde, oft blauäugige Leute, die eher an Mitteleuropäer erinnern als an den 'typischen Spanier'.

Die vor Urzeiten vorherrschenden Eichenwälder sind größtenteils verschwunden, verdrängt durch Nutzpflanzen wie Mais, Kartoffeln, Kohl und Weiden. Auffallend der ausgeprägte, parzellierte Kleinbesitz, er wurde in der Zeit der asturisch-leonesischen Könige geschaffen: Das Land wurde durch Pacht, Unterpacht und Vererbung immer weiter zerstückelt. Besonders übel ist es in Galicien, hier liegt die Durchschnittsgröße der Bauernhöfe nur um ca. 1 ha, Flurbereinigung gabs noch nicht und wirds auch so bald nicht geben. Handtuchgroße Anbauflächen mit Grenzheckchen und -mäuerchen, malerisch irisch fürs Auge, mühselig für die Bauern.

Auf den immergrünen Weiden sieht man - ganz unirisch - nur Rinder, Schafe fehlen völlig. Schweine werden im Stall gehalten, Mais und Kastanien sind ihr Futter. Ein Fleisch, von dem man bei uns nur träumen kann!

Nichts gegen Fritten, aber hier gibt es noch die guten mehligen Kartoffeln, nicht nur festkochende Pommesfähige - solange, wie noch danach verlangt wird! 'Cachelos' heißen sie in Galicien und werden zu jedem 'lacon con grelos' (Schweinefleisch und Grünkohl - das galicische Nationalgericht) gereicht. Sie werden in der Schale gekocht und mit Lorbeer gewürzt. Auch wird hier noch nicht alles fritiert wie an der Betonroute der Boquerones frites entlang der Mittelmeerküste.

Neben der unglaublichen Vielfalt von Grüntönen wird das Landschaftsbild durch ein merkwürdiges Vegetationsgemisch von mittel- und südeuropäischen Pflanzen bestimmt: Obstbäume, Walnuß, Edelkastanie und Eucalyptus wechseln ab mit Feigen, Mandel-, Orangen- und Zitronenbäumen. Außerdem vor allem bei Betanzos, an den Rias Bajas und in den Tälern des Sil und Miño Wein in der charakteristischen Laubenhaltung auf Granitpfeilern.

Zwischen den Wäldern der Seestrandkiefer sind größere Heideflächen (etwa bei Corcubion, südlich von La Coruña, außerdem bei Puebla, auf dem Berg La Curota). Diese Heide, galicisch Landa, ähnelt den Heideflächen in der Bretagne, Irland oder Südfrankreich. Die hohe Luftfeuchtigkeit und der Nebelreichtum des atlantischen Klimas begünstigt ihre Entwicklung. Die Landa besteht hauptsächlich aus rot blühenden Erikaarten, Stachelginster und üppig wucherndem Adlerfarn. Landa findet sich aber nicht nur auf freien Flächen, sondern auch als Bodenbewuchs der Kiefernwälder. Abgehauene Heidehölzer wurden und werden als Einstreu für die Kuhhaltung genutzt. Die mehrfach abgeernteten Heideflächen bleiben niedrig und bilden einen äußerst dichten Teppich.

In Asturien und Galicien gibt es nicht nur trockene Arroyos, sondern Flüsse, die ganzjährig Wasser führen. Vor allem in Galicien werden die größeren Flüsse gestaut und dienen der Energiegewinnung. So besteht etwa der Rio Miño im Oberlauf aus einer Kette gewaltiger Seen (Embalse Belesar 645 Mill Kubikmeter, Peares 182 Mill Kubikmeter), ähnlich der Rio Sil. Die gewonnene Elektrizität wird zu den Industrien der nordspan. Küstengebiete und ins restliche Spanien exportiert, in Galicien selbst wird der geringste Teil verbraucht.

Das Klima ist ausgeprägt ozeanisch, die Durchschnittstemperaturen im August mit 17 - 18 Grad an der Nordküste und 19 - 20 Grad an der Westküste sind nicht höher als etwa in der Oberrheinebene. Die Wintertemperaturen an der Küste sind entsprechend mild (9 - 11 Grad), im Landesinneren etwas kälter (in Lugo ist das Januarmittel 5 Grad). An der Küste gibt es praktisch keinen Schnee, im Landesinneren nur wenig. Während Nordwestgalicien zu den regenreichsten Gebieten Europas zählt (Cabo Finisterre 2000 mm/Jahr), ist Südgalicien recht trocken und gehört bereits zur Meseta.

Als wir Anfang Oktober 84 in Galicien waren, fegte gerade der Zyklon Hortensia an der Küste entlang. Sturmböen und bisher in solcher Heftigkeit von uns nicht erlebte Hagelschauer ließen uns Böses über das Wetter in Galicien ahnen, was sich dann nach einigen Tagen überhaupt nicht bewahrheitete - wir hatten 3 Wochen blauen Himmel und angenehm warme Temperaturen!

Vor allem in Asturien ist der Himmel oft bedeckt, die Wolken stauen sich am Gebirge. An der Westküste bei den Rias Bajas gibt es im Spätsommer morgens und spätnachmittags ab und zu Seenebel. Durch die hohe Luftfeuchtigkeit ist das Licht im Norden nicht so hart und grell wie in Südspanien, sondern mild, die Konturen sind weich, der Horizont unscharf. Sehr schön die Lichtspiele am Abend, wenn Seenebel und Sonnenlicht sich durchdringen und immer neue diffuse Lichtreize erzeugen.

Die Unterschiede

Asturien und Galicien haben viel gemeinsam, es gibt jedoch auch wichtige Unterschiede. Während Galicien weitgehend bäuerlich bevölkert ist, gibt es in Asturien, nicht zuletzt durch die gebirgige Gegend, wesentlich weniger Ackerland. Hier konnte sich durch das Vorkommen von Bodenschätzen wie Kohle, Eisen, Blei- und Kupfererz Bergbau und Industrie etablieren. Die selbstbewußten, kämpferischen Arbeiter führten im Jahr 1934 einen Minenarbeiteraufstand durch, im Bürgerkrieg wurden 1937 Gijon und Oviedo von den Francotruppen eingenommen und zerstört. In Galicien dagegen gab es in den letzten paar hundert Jahren keinen nennenswerten Aufruhr, obwohl gerade hier die Bauern unter dem gnadenlosen Pachtsystem litten, das erst anfangs des 20. Jh. geändert wurde, als die Bauern erstmalig das Kaufrecht bekamen - das nötige Geld natürlich nicht! Aber so haben die galicischen Dörfer und Städte noch einen unversehrten Kern.

Während in Asturien bei den Wahlen 1982 die Sozialisten gewannen, hatten in Galicien die Konservativen die Mehrheit. Überhaupt gerieten die Galicier in ihrer isolierten geographischen Randlage und mit ihrer schwer verständlichen, dem Portugiesischen eng verwandten Sprache in die Rolle des geduldigen, etwas trotteligen Hinterwäldlers.

Galicien: Paradies und Museum

Sattgrüne Wiesen, üppige Felder, Wald und Bäche, dazu ein fischreiches Meer. Reizvolle Mischung aus mitteleuropäischer Landschaft und südländischer Lebensart, Kneipenkultur, Paseo. Zauberhafte Buchten und Strände, aber kaum Neubauten und schon gar keine Hotelsilos oder Bauruinen. Freundliche Leute, gutes Essen, keine Touristen. Alte verwinkelte Dörfchen aus Granit, nicht Beton, mit Schiefer gedeckt. Keine Supermercados, Comidas Rapidas und Urbanisaciones. Gute Straßen und wenig Verkehr. Dörfer und Städte voll von romanischen und gotischen Kirchen, mit intakt erhaltenen Kernen. Kaum Industrie, saubere Luft, klare Bächlein, viele Störche, eigentlich ein Märchenland.

Ein Land, in dem die Zeit am Tempo der Ochsen vor dem ächzenden zweirädrigen Karren mit den hölzernen Vollscheibenrädern gemessen wird. Nirgends Traktoren oder gar Mähdrescher - schwarzgekleidete Frauen sicheln Mais oder Getreide, gedroschen wird mit Flegeln. Wie in Mitteleuropa vor etwa 100 Jahren, ohne die schlechten Folgen der Industrialisierung, der Neuzeit. Allerdings auch ohne die guten. Eine erhaltenswerte Idylle? Verglichen mit den dürren Ebenen der Meseta ist es ein reiches Land. Jedoch nicht reich genug, um alle seine Kinder ernähren zu können: die Emigration hat in Galicien Tradition.

Demasiado Corazon ...
Morriña ist das melancholische Heimweh, das den Galicier befällt, wenn er sich von seinem Geburtsort trennen muß. Saudade ist die Wehmut, die ihn überfällt, wenn er zu Hause ist ....

Der romantisch-melancholische Nationalcharakter der Galicier ist das Thema der Dichterin Rosalia de Castro (1837 - 1885). Sie schreibt über die Schönheit der Flüsse und Wälder, über die Mühe des Feldarbeiters und die Diskriminierung der ausgewanderten Landsleute.

In den Dörfern sieht man neben vielen alten Menschen Frauen und Kinder, aber wenig Männer. Die arbeitsfähigen Männer gingen und gehen nach Süd- und Nordamerika, in die europäischen Industrieländer und nach Barcelona. Zwar ist das früher unterverpachtete Land nun meistens mit Hilfe der Emigrantengelder aufgekauft, der Grundbesitz, auf viele kleine Parzellen verteilt, ist aber zu klein, um alle zu ernähren, nicht zuletzt auch wegen der archaischen Arbeitsmethoden (Holzpflug).

In Galicien gibt es im Gegensatz zu Asturien kaum Industrie, neben einigen Werften nur ein paar Papierfabriken, die einen extrem hohen Wasser- und Energiebedarf haben und die Umwelt stark belasten, sowie Aluminiumfabriken, die ihren ebenfalls extrem hohen Energiebedarf hier billig decken können, aber wenig Arbeitsplätze bieten. Es wird lediglich Rohaluminium hergestellt, weiterverarbeitende Industrie gibt es nicht. Bis jetzt wurde versäumt, hier Arbeitsplätze zu schaffen, niemand wollte längerfristig investieren. Auch die zurückgekehrten Emigranten streben lediglich privates, kleines Glück an, ein eigenes Haus, eigenes Land, vielleicht eine Kneipe. 'Bar Hannover' u.ä. Kneipennamen verfolgen einen in Galicien!

Diese Situation hat bis jetzt zumindest den Vorteil, daß es noch keine rücksichtslose Ausbeutung der Gegend, keine zubetonierte Kulturwüste gibt wie in den meisten Ländern mit Nachholbedarf, und wie auch in Spanien an anderen Orten. Hier liegt vielleicht die Chance für die Costa Verde: ein kritischer, sanfter Tourismus muß Geld bringen und gleichzeitig das Aussterben von kulturellen Eigenarten , das Zerstören von gewachsenen Strukturen, von Landschaft verhindern.

Costa Verde

Llanes (18 000 E.): der an der Küste zwischen Gijon und Santander liegende Ort, lohnt den kurzen 2 km-Abstecher von der N-634. Viele alte vergammelte herrschaftliche Gebäude mit Holzgitterveranden, Gärten und kleinen Parks an der schlaglochübersäten Straße. Seine Playa de Sablon, ein 50 m breiter, feiner Sandstrand (Duschen, Umkleidekabinen) unterhalb von Burg und Stadtmauer, wird beiderseits von Fels begrenzt.

Bei Niembro (10 km westl. Llanes) und bei Ballota (5 km östl. Llanes) gibts einen FKK-Strand.

Zurück zur Küstenstraße: Wo der breite Sella kurz vor seiner Mündung noch eine Schleife macht, liegt das kleine Städtchen **Ribadesella** (9 000 E., im Sommer über das Doppelte). Die Strände sind meist recht verdreckt. Lohnend ist ein Ausflug zu der neuentdeckten, einige km langen Höhle Tito Bustillo - mehrere Tropfsteinhallen und Nischen mit Malereien, nicht so großartig wie Altamira, aber dafür für Besucher geöffnet.

Das Hinterland zwischen Ribadesella und Villaviciosa verlockt zum Wandern und Rumstrolchen: waldig - die windgefegten Bäume sind übrigens Eucalyptus (leider ohne Koalas).

La Vega liegt an einer der reizvollsten Ecken dieser Küste. Die Straße führt durch eine enge Felsschlucht neben einem Bach her. Der 600 m lange Strand vor dem Dorf ist leider voll Müll, außerdem eine sehr starke Brandung.

Von **Colunga** führt ein kleines Sträßchen zum 4 km weit entfernten Fischerhafen **Lastres** mit einem weiten, flachen Sandstrand (bei Flut überspült). Die Mariscos schmecken in der Casa Eutimio an der Carretera del Puerto am besten (Mo geschl.)!

Villaviciosa, an einer kleinen Ria gelegen, ist das Zentrum des Apfelanbaus, also unzählige Sidrerias ......

Wer sich mehr für Strände interessiert: zum Baden fährt man 12 km an der Ria de Villaviciosa entlang bis zur Steilküstenbucht der Playa de Rodiles, 400 m lang. Der schönste Strand in der Nähe ist die Playa de Rodiles (mehrere Strandrestaurants, Duschen).

Am Weg entlang: **Sidra, chigres, sidrerias, horreos, zocos**

Sidra, ein leicht vergorener Apfelmost, ist das Nationalgetränk der Asturier und wird in allen **chigres** (Kneipen) angeboten. Auch wer lieber Wein trinkt - in Asturien wird kein Wein angebaut - sollte auf keinen Fall einen Besuch in einer **sidreria** (Spezialkneipe für sidra) versäumen. Schon das Einschenken ist ein Genuß: Sidra muß am Glasrand hart aufprallen, um zu schäumen und der Mundschenk versteht es, den Apfelsaft in hohem Bogen ins Glas zu gießen. Dann sind die Gäste an der Reihe: das Glas wird ausgetrunken bis auf einen kleinen Rest, der mit einem Ruck in einen bereitstehenden Holzbottich gekippt wird. Früher gab es nämlich nur 1 Glas für mehrere Leute zusammen und mit dem letzten Schluck putzte man das Glas, bevor man es weitergab. Heute bekommt zwar jeder sein eigenes Glas, aber sonst hat sich nicht viel geändert.

Man sieht jetzt auch vermehrt die typischen Maisspeicher, die **horreos**, auf vier Säulen stehende Hütten, manchmal mit einem Geländer umgeben. Sie sind größer als die horreos in Galicien, die einen länglichen Grundriss haben, mit sechs oder acht Säulen. Die steinernen Kragen am oberen Ende der Säulen sollen den Mäusen und anderen Nagern das Leben schwer machen. Die horreos in Galicien mit ihren mit steinernen Kreuzen und Obelisken verzierten Giebelspitzen wirken wie antike Tempel.

Auch die Schuhe fallen auf: die Leute tragen hier schwarze Holzpantinen, die **zocos,** mit drei stollenartigen Absätzen - zwei vorne, einer hinten - im feuchten Lehmmatsch sicher sehr praktisch.

Gijón

270 000 E., 28 km von Oviedo entfernt
TI: Plaza Mayor (Ayuntamiento, Rathaus); General Vigon 1; Plaza del Generalisimo 8

Gijon wurde im spanischen Bürgerkrieg von 1936 - 39 größtenteils zerstört. So überwiegen die Kolonnen von Wohnhochhäusern, Industrie, Schornsteine mit dem leider üblichen Qualm in der Luft. Lohnt nicht unbedingt einen längeren Aufenthalt. Auch der 2 km lange feinsandige Playa de San Lorenzo ist von Hochhäusern eingerahmt.

Auffallend, daß alle Wegweiser nach Gijon schwarz übersprüht sind, und zwar völlig schwarz, nicht wie in den anderen autonomen Regionen (Baskenland, Galicien, Katalanien) in der Orthographie korrigiert - vielleicht damit sich niemand versehentlich nach Gijon verirrt?

Wer schon mal hier ist:
Mittelpunkt ist die Plaza del 6 de Agostino. Von hier aus führt die Corrida nach Norden zum Hafen, wo es gute und billige Kneipen gibt, versuchen Sie es mal in den Calles del buen Suceso, Santa Lucia oder in der Corrida.

Das alte Fischerviertel **Cimadevilla** liegt auf der bergigen Landzunge Santa Catalina, gepflasterte Gässchen mit unzähligen chigres. Durchs Fischerviertel weiter nach Norden kommt man zum Monte de Santa Catalina, von hier aus schöne Sicht: nach Westen bis zum Cabo de Penas, nach Südosten bis zu den Picos.

Und dann gibts hier noch ein **Dudelsackmuseum**, Museo de la Gaita (im gleichen Haus wie das Museo de Ceramica Popular), mit Dudelsäcken aus der ganzen Welt.

Gute Sidrerias: Asturias am Plaza del Ayuntamiento (mit Bar und Comedor), Casa Rubiera, Calle Asturias 7 (Restaurant im 1. Stock)
Für Fische und Mariscos: La Figar, Av. Eduardo Castro 153 (parallel zum Hafen)
Feine Restaurants: Casa Victor, Carmen 11, Rodaballo al la Plancha (gegrillter Steinbutt) oder Chuleta de Buey (Ochsenkotelett) gefällig?
4 km außerhalb von Gijon in östlicher Richtung finden Sie die feinsten Fischgerichte und Mariscos im Las Delicias, Barrio Fuejo (beim Plazuela Villamanin, Di geschl.)
Übrigens: Santiaginos sind sehr kleine und sehr teure Langusten!

Unterkommen: Der Parador Molino Viejo***, Tel. 370511, im Parcque de Isabel la Catolica (beim Stadion) - eine wahre Oase, fast schon zu idyllisch neben einem Schwanenteich - war im Herbst 84 wegen größeren Umbauarbeiten geschlossen.

In der Hafengegend (Calle Santa Lucia etc.) und in der Gegend um Cine Royal einige billige Hostals.

Einen Campingplatz direkt am Meer gibt es außerhalb der Stadt, östlich in Richtung Santander.

Nordwestlich von Gijon Richtung Cabo de Penas, in **Luanco**, ein empfehlenswertes Restaurant: Casa Nestor, Calle Conde del Real Agrado 6 - (Mo geschl., Spezialität: Paella especial de mariscos oder lubina a la naranja (Schellfisch mit Orangen).

Auch **Aviles** (89 500 E., am Ufer eines Ria) ist nicht reizvoll, ebenfalls mit Eisen- und Stahlindustrie, hat aber noch ein kleines intaktes Altstadtviertel, während Gijon im Bürgerkrieg von den Francotruppen fast völlig zerstört wurde.

Falls Sie zwischen 25. und 30. Juli in der Nähe sind, dürfen Sie das Internationale Folklore Festival nicht versäumen!

Und dann gibts natürlich auch Sidrerias mit guten Tapas: Casa Lin, Av. de los Telares 3; Casa Alvarin, Las Alas 2. Sehr fein die Cantina Renfe, Av. de los Telares 14 (Di geschl.), Spezialitäten: Sopa de Mariscos und natürlich alles fischige, a la plancha (gegrillt) oder al horno (im Backofen gegart). Sonstige Kneipen finden Sie in den Calle de la Fruta und Calle de la Ferreteria. In diesem Viertel gibt es auch billige Hostals und ein komfortables Hotel: Luzana***, Calle de la Fruta 9 (Dozi rund 70 Mark).

Ausflug ins Land:

Oviedo

198 000 E., 28 km vom Meer entfernt an den Ausläufern des kantabrischen Gebirges
TI: Calle Cabo Noval 5

Wenn man sich durch die häßlichen Hochhaus-Suburbs durchgearbeitet hat, trifft man auf einen überraschend hübschen Kern, teilweise wiederaufgebaut, da auch Oviedo, die Hauptstadt der Region, im Bürgerkrieg schwer zerstört wurde - übriggeblieben sind noch großbürgerliche Häuser, ein hübscher Park, eine Uni und auffallend viele Buchläden.

Orientierung: Zum Entspannen und Zurechtfinden eignet sich der Parque San Francisco im Zentrum: östlich davon die Kathedrale, Plaza Mayor und Altstadt.

Beim Plaza Mayor findet die ganze Woche über der schöne Gemüsemarkt El Fontan statt, in den anschließenden Markthallen gibt es auch Fleisch und Fisch. Und dann unter den mittelalterlichen Arkaden des Platzes eine Fischsuppe löffeln.

Gute Sidrerias gibts in dem Viertel westlich der Kathedrale, entlang den Calles San Juan und Santa Clara.

KÄSE - ohne chemische Labstoffe oder pasteurisierte Milch!

Fromagerie Babilonia, Calle Asturias 16 (westl. vom Park). Geöffnet: tägl. von 19 bis 2 Uhr.

Hier können Sie unter 15 verschiedenen handgearbeiteten asturischen Käsesorten wählen. Da gibts z.B.: Afuego al Pitu, ein milder Frischkäse aus Kuhmilch; Vidiago, ein etwas fetterer Kuhmilchkäse; Beyos aus Schaf- und Kuhmilch; Cabrales, ein scharfer Käse aus Kuh-, Schaf- u. Ziegenmilch, ist der Vorläufer des frz. Roquefort. Im 17. Jh. brachten Mönche sein Rezept von einer Pilgerfahrt mit nach Frankreich. Er wird in Kalksteinhöhlen gelagert und setzt dabei einen rot-grünen Schimmel an. Außerhalb Spaniens oder gar Asturiens findet man ihn selten, denn mindestens die Hälfte wird sofort an Ort und Stelle verzehrt. Der Rest wandert, in palgamo-Blätter eingewickelt, in die feinen Restaurants und Läden der größeren spanischen Städte. Gamoneda, ebenfalls aus allen 3 Milchsorten und Afuega el Pitu con Pimenton - gibts sonst nirgendwo! (Wir freuen uns auf Ihre Käseerfahrungen im Babilonia!)

Oviedo ist auch sonst eine Feinschmeckerstadt, hier einige kulinarische Sternchen:

- Casa Fermin, Calle San Francisco 8 (etwas steif, aber sonst ausgezeichnet)
- La Goleta, Covadonga 32
- Casa Conrada, Arguelles 1
- Trascorrales, Plaza de Trascorrales (So geschl.)
- Marchisa, Calle Dr. Casals 8 u. Calle San Barnabe 5 Spezialität: anguilas con cetas (Glasaale mit Pilzen)

Und da man ja nicht nur essen kann:
Oviedo hat auch noch vier wunderschöne kleine Kirchen (Fremdenverkehrsprospekt holen!) aus dem 9. Jh. in dem einzigartigen asturischen Stil, zwischen westgotisch und romanisch - jede einzelne hat uns mehr beeindruckt als die Kathedrale (spätgot. Kirche mit Camara Santa, die den Schatz der asturischen Könige birgt).

Santa Maria de Naranco gefiel uns am besten - schon allein der Spaziergang lohnt sich (vom Zentrum aus ung. 45 Min.): Über die Fußgängerbrücke zwischen den beiden Bahnhöfen entlang der Cuesta de Naranco (mit dem Auto auf der Carretera de los Monumentos del Naranco). Das Kirchlein liegt reizvoll an den waldigen Hügeln des Mt. Naranco, etwa 3 km oberhalb der Stadt. Herrlicher Blick auf Oviedo und bei klarem Wetter auf die Picos. Am gleichen Hügel liegt auch noch das Kirchlein: San Miguel de Lillo.

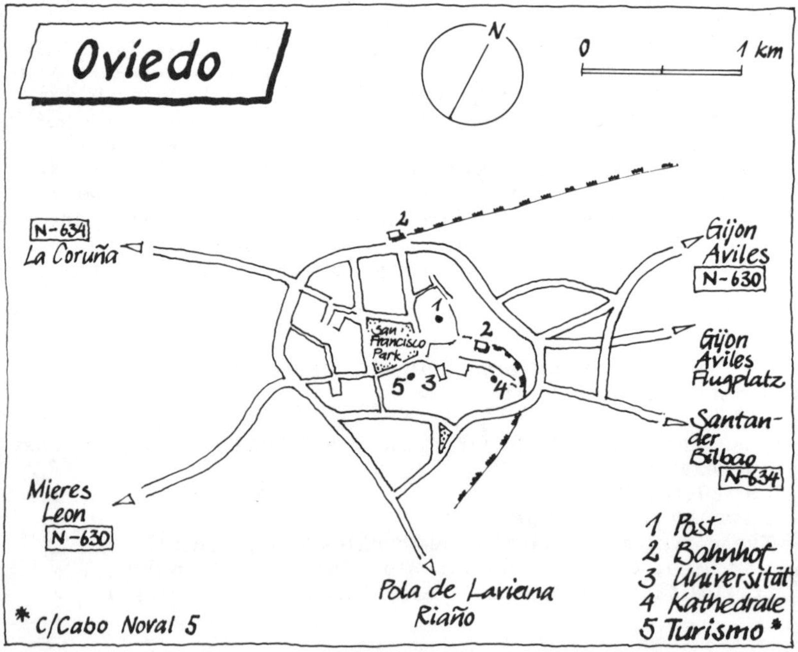

Unterkommen: Günstige Quartiere um den Nordbahnhof herum, Calle de Uria, Calle Campoamor.

Ein modernes Hotel mit Komfort und natürlich teurer: Ramiro I****, Av. Calvo Sotelo 13, Tel. 232850 (an der Straße nach Madrid gelegen). Dozi um 70 Mark.

Preislich ähnlich, mit gutem Restaurant und zentral gelegen, gegenüber dem alten Unigebäude: Principado***, San Francisco 6.

10 km außerhalb in einem grünen Paradies und preiswert: Las Caldas*, Tel. 291101, mit einem Heilbad, das im 18. Jh. gegründet wurde. Das 43 Grad warme Wasser lindert Rheumaleiden (geöffnet von Juni bis September).

Nach der Oviedo-Landtour ist wieder Meer angesagt: Die Strände zwischen Aviles und Cudillero sind nicht so besonders doll und auch stark besucht, aber dahinter, zwischen Cudillero und Luarca finden Sie bestimmt eine eigene kleine Bucht ...

Der schönste Strand beim Fischerhafen **Cudillero** ist die Playa de Concha de Artedo (3 km vom Ort entfernt) und die besten Fischgerichte gibts in der Taverna del Puerto, direkt am Meer.

Die Straße nach **Luarca** (21 000 Einwohner, 101 km von Oviedo, schön gelegen an der Mündung des Negro) windet sich durch die bewaldeten Hügel, ist aber für den leider massiven Schwerverkehr zu eng. Die spanischen Laster bestehen aus schwarzem Dieselrauch und Gestank - sind mal gespannt, was die EG-Bedingungen daran ändern werden! Am Hauptplatz gibt es eine billige Fonda, ein Hostal und ein Hotel.

Westlich von Luarca wird bereits intensiv an der Verbreiterung gearbeitet. Trotz der ausgedehnten Streusiedlungen ist die Gegend hier kurz vor der Grenze nach Galicien nicht zerstört, zersiedelt.

Otur, westlich von Luarca auf der Straße Santander - La Coruna bei km 317, bietet die letzte Möglichkeit, beste asturische Küche zu genießen: Casa Consuelo ist in ganz Asturien hochangesehen (auch Hotel** mit sehr zivilen Preisen).

An der Mündung des Rio Navia, 2 km von **Navia** entfernt, liegt bei einem Bauernhof der ca. 200 m lange Playa de San Pedro - bei Flut bleibt allerdings nicht mehr viel davon übrig.

Tapia de Casariego ist ein netter Badeort mit mehreren Hotels und Bars. Das Wasser ist sauber und ein feiner Sandstrand lockt.

Rias-Küste

"Das Schönste in Galicia ist die Kette von Rias, fjordähnlichen Einbuchtungen, in denen das Meer weit ins Landesinnere strömt. Diese fischreichen Meeresarme liegen in eine höchst ansprechende Landschaft eingebettet. Manche verlaufen zwischen Weideland ... andere wiederum durchschneiden niedrige Hügel und lassen so allerlei Inseln entstehen. Wie oft habe ich an einer der Rias mein Picknick gehalten ... Und Tag um Tag Sonne und gleißendes Licht, der salzige Geruch des Meeres, gelegentlich ein Nebelschwaden, der über die Sonne wegzieht ..."
J.A. Michener, Iberia

Rias sind ertrunkene Flußmündungen, die entstanden, als die Hälfte des heutigen Galiciens ins Wasser zurücksank. Ganz dem Meer gehören sie nicht: alle 6 Stunden, wenn das Wasser fällt, sind sie wieder Land. Dann werden Muscheln und Krustentiere gesammelt, auch Seetang - als Dünger für die Felder.

In den Rias ist das Wasser wärmer als an den offenen Stränden, die Luft manchmal sogar richtig heiß - wie im Süden. Eher wie im Norden steigt manchmal abends der Nebel vom Meer auf und bleibt in den Eukalyptuswäldern hängen.

Man riecht das Meer und man lebt davon: Hummer (bogavantes), Krabben (die großen sind die carabiñeros), Spinnenkrabbenarten (necoras), die verschiedensten Muschelsorten (conchas), Kammuscheln (vieiras), Herzmuscheln (berberechos, hellfarbig und austernähnlich), Austern (ostras), Entenmuscheln oder Elefantenfüßchen (percebes, eine Austernart) etc.

Vor allem an Küstenorten findet man häufig **Marisquerias**, die nichts anderes als Meerestiere servieren und die Portionen nach Gewicht berechnen - ideal zu Schalentieren der weiße Albariño.

Die Rias sind nach den kleinen Städten an ihren Ufern benannt:

Ribadeo, Viveiro, Barqueiro, Cedeira, Ferrol etc. Die Strecke zwischen der Eo-Mündung und der Ria von La Coruna - an den **Rias Altas** entlang - ist wilder als die südlichere Riasküste. Hohe Felsenriffe stürzen zum Meer hinab, schaumgepeitschte Wellen, relativ kaltes Wasser und leere Strände.

Die **Rias Gallegas** südwestlich von La Coruna, Ria de Corme y Laxe, Ria de Camarinas, sind gezähmter.

Corcubion, Muros y Noya, Arosa, Pontevedra und Vigo, die **Rias Bajas** sind fast schon lieblich zu nennen. Das Wasser ist wärmer, die Wellen geglättet - die Strände, zumindest im Sommer, nicht mehr leer.

"Wie kaum irgendwo sonst, bezaubert hier das selbstverständliche Neben- und Ineinander von Vertrautem und Ungewohntem. Erinnerungen an die Bretagne, an Cornwall werden wach, und manche der Fjorde Galiciens mögen gar norwegische Assoziationen hervorrufen, aber in südlicher Verfremdung durch eine Vegetation, in der Eukalyptus, Pinie, Edelkastanie der einst vorherrschenden Eiche den Boden streitig machen und in den dichten, zum Schutz der Felder gegen den Wind angelegten Hecken Lorbeer und Liguster sich mit Brombeersträucher und Weißdorn verschlingen."

Fritz Rene Allemann, im Merianheft

Rias Altas

Die Ria de Ribadeo bildet die Grenze zwischen Asturien und Galicien. Ein gutes Dutzend Bäche und Bächchen münden hier, mit herrlich intakten Mündungen, Schleifen, Sandbänken etc., ziemlich ungewöhnlich für Europa. Die Ria erinnert an einen Binnensee.

Der Ort an der Spitze des Trichters, **Vegadeo**, geschäftig mit Sägemühlen, aber, wie **Ribadeo** an der Mündung, nichts Außergewöhnliches. Die Lage von Ribadeo ist herrlich, besonders schön ist der Blick auf die Ria vom Speisesaal des Paradors Ribadeo*** (Tel. 110825), der außen leicht angestoßen wirkt, aber innen natürlich die gewohnte Edelausstattung bietet.

Die Strecke bis **Viveiro** führt durch wenig reizvolle Orte mit Hochhäusern und vielen neugebauten Betonstelzenhäusern, die Wohnraum schaffen sollen für die Arbeiter der Holz- und Kiesindustrie. Neben den wenigen alten, ohne Mörtel gebauten Steinhäusern mit den Schieferdächern wirken sie noch häßlicher. Viveiro selbst ist nicht so schön wie Ribadeo, es hat den Charakter eines Boomtown, Wachsen um jeden Preis.
Strände: Playa de Covas, geschützt in einer großen Bucht, feiner rötlicher 800 m langer Sandstrand; Playa del Areal, ca. 250 m langer Sandstrand.

Viveiro bis El Ferrol - Traumstrände

Kurz hinter **Covas** geht's auf einer unbeschilderten, steilen Schotterstraße zu einem netten Strand mit kleinem Bach, der klares Wasser liefert. Ein ruhiger Platz zum Picknicken oder Campen.

Schöner, größer aber auch belebter ist der Strand hinter **Vicedo** an der Ria del Barqueiro, das wie ein See inmitten flacher Hügel liegt. Die geschützte halbrunde Bucht hat gut zwei km herrlichen Sandstrand! Und gleich dahinter, an der Mündung des Rio Sor, ist nochmal ein optimaler Badestrand, auch für Wohnmobile geeignet.

Kapsammler können hier zum nördlichsten Punkt Spaniens fahren, der Punta de la Estaca de Bares.

Lohnender ist aber die Fahrt zum Playa de Pion. Dazu biegt man bei **Loiba** ab, fährt durch Äcker und Weiden vorbei an urtümlichen grauen Dörfchen, vorbei an einem klaren Bach, in dem man bequem baden kann, zu einem wahrhaften Traumstrand. Am Westrand der Bucht ein Weltblick auf das felsige Kap und die mächtige Brandung. Und dabei nur ein

Gebäude in der Nähe, weit genug weg, um nicht zu stören! Hier muß man Tage verbringen, die Luft, den Duft von Harz und Salz, das Spiel von Ebbe und Flut genießen. Wer nicht direkt am Strand (wild) campen kann oder will, hat in **Ortigueira** eine gute Basis. Die Ria de Sta. Marta de Ortigueira ist auch für Kayakfahrer reizvoll (erinnert an Fjorde in Alaska).

> Die Bergstrecke von **Mera** über **Pedra** nach **San Andres** ist eine Top of the World Highway. Zwischen frei grasenden Pferden und Rindern, Ausblicke aufs Meer, die an die Hebriden erinnern.

Cedeira (TI: Ayuntamiento, Rathaus), der nächste größere Ort, ist schön an einer Sandbucht gelegen, besteht aber leider großenteils aus häßlichen Neubauten. Von der kurvigen Straße hat man schöne Blicke auf die in Eukalyptuswälder eingebettete kleine Ria de Cedeira, netter Strand bei Vilarrube. Noch schöner ist die Playa de Pantin, etwa 1 km weiter (250 m lang). Bis Ferrol reihen sich noch einige Strände aneinander.

El Ferrol del Caudillo (Francos Geburtsort) selbst ist, trotz schöner Umgebung und entsprechender Größe (89 200 E.), keine Weltstadt mit Atmosphäre. Hier liegt Spaniens größter Kriegsmarinehafen - darüber, in beherrschender Lage der Parador del Ferrol***, San Francisco 1, Tel. 353400, mit etwas steifer Atmo und hauptsächlich von älteren Herrschaften besucht.

Wie in La Coruña sieht man auch hier die Häuser mit Glasfronten als Windschutz. In der engen, kleinen Altstadt wimmelt es von Bars und Matrosen, wobei letztere in solchen Mengen auftreten, daß sie die Atmosphäre stören. Genauso die vielen Wohnsilos außenrum, besonders schlimm in Richtung Fene.

Die Playa de Frouxeira, der Ausflugsstrand von El Ferrol bietet zwar genug Platz für den Besucherstrom, im großen und ganzen wirkt der etwas bemüllte Strand aber nicht sehr einladend. Etwas angenehmer die etwas abseits gelegene Playa de Cabanas (südlich von Fene), ein ca. 300 m langer feinsandiger Strand.

Die Ria von Ferrol und die Ria de Betanzos sind beide zersiedelt, wie es die Nähe der großen Städte erwarten läßt. Überraschenderweise ist die Landzunge zwischen Betanzos und La Coruña noch sehr urtümlich, Ochsenkarren mit Scheibenrädern und Frauen mit Lasten auf dem Kopf.

La Coruña

232 200 E.
TI: Darsena de la Marina; Jardines de Mendez Nuñez.

Die Kristallene ist die schönste Hafenstadt in der Nordwestecke! Vom Hafen aus blickt man auf die berühmte Glashäuserfront. Die in der Sonne glänzenden Cristalerias sind nicht nur schön anzuschauen, sie schützen auch gegen den Wind. Bei uns wird diese Technik in den Solarhäusern ebenfalls langsam populär.

Aber auch hier muß man die Luft anhalten und durch die Vororte brausen, bis man das übersichtliche kleine Altstadtviertel erreicht, das direkt neben dem Hafen auf der Landenge liegt. Von hier aus segelte die Armada 1588 gegen England, um den Tod von Maria Stuart zu rächen. Ein Jahr später brannten die Engländer dann unter Sir Francis Drake die Stadt nieder.

Orientierung

Die Tourist Information liegt direkt am Hafenpaseo, schräg gegenüber dem Restaurant 3.

In den Parallelstraßen hinter dem Hafenpaseo findet man Alles: Bars, Hotels, und stets viel Leben. Am besten mietet man sich gleich hier irgendwo ein, Hostals gibt es genug und auch die Altstadt (östlich des Plaza de Maria Pita) ist nicht weit.

Wir hatten das Glück, zwischen dem 5. und 14. Oktober hier zu sein, zur richtigen Zeit für die Fiestas Virgen del Rosario. Die Folkloregruppe, die hierbei am Plaza de Espana auftrat, raubte der anschließenden Rockgruppe die Schau! Wir waren nachher fast geneigt, in eine örtliche Trachtengruppe einzutreten. Die Musik - an den Dudelsack muß man sich in diesen südlichen Gefilden erst gewöhnen - und die Tänze, samt Tänzer und Tänzerinnen in ihren Trachten aus Samt mit den schönen Schultertüchern, waren bezaubernd ... Vielleicht war es aber auch einfach der schwere rote ***Ribeiro*** *und der* ***Pulpo****, die uns in diese sentimentale Stimmung versetzten. Wenn Ihnen also solche Tänze und Musik nicht gefallen, sollten Sie wenigstens den obengenannten Wein samt Polypen probieren - diese Zusammenstellung gibt es auf jedem Volksfest in Galicien, solange die Burgers oder Currywürste noch nicht weiter auf dem Vormarsch sind.*

Der Ribeiro wird überall im Land angeboten, man hat die Wahl zwischen weißem und rotem, wobei letzterer auf die Ohren schlagen kann. Er wird in den landesüblichen Tonschalen, den cuncas, serviert, süffig sind beide Sorten. Den Pulpo gibts vor allem noch in Lugo und Santiago auf Volksfesten und in den zahlreichen Pulperias, wobei uns der auf dem Volksfest in La Coruna und im Casa Vilas in Santiago (siehe dort) am besten geschmeckt hat. Zu warnen ist vor dem Pulpo in den Tapa-Bars, dort schmeckt er meist zäh bis ledrig, so richtig pulpmäßig - ist einfach nicht richtig behandelt worden! Die Fischersfrauen verstehen sich besser auf die Zubereitung: das mehrarmige Vieh wird, nachdem es ein längeres Verklopfen hinter sich hat, in einem großen Kessel mit Wasser gekocht, und anschließend mit einer Schere in mundgerechte Happen geschnitten. Gewürzt mit Paprika, grobem Salz und Olivenöl wird er auf einem einfachen Holzteller serviert. A la Gallega heißt mit cachelos, also mit Kartoffeln.

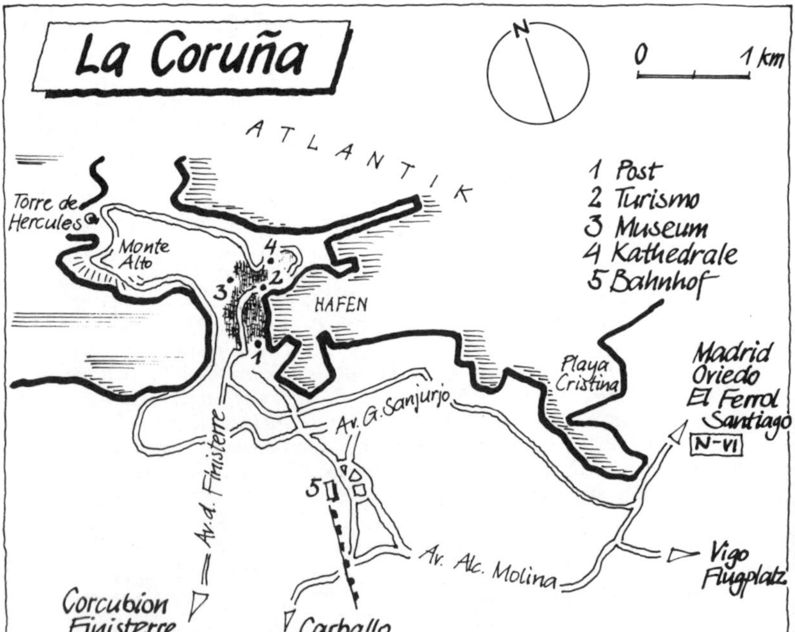

Volksfest in La Coruna

Die Trachtengruppe ist schon abgetreten, jetzt ist die Band an der Reihe. Um 21 Uhr ist sie noch mit dem Aufbau beschäftigt, die Plaza de Espana menschenleer - noch drängen sich die Leute um Wein- und Pulpostände. Eine Stunde später die ersten Gitarrenakkorde aus gewaltigen Lautsprechern - es geht los. Aber nach dem Soundcheck ist nichts mehr zu hören, die Musiker sind wieder weg, technische Probleme? Panne? Niemand kümmerts. Trinken wir eben noch einen Schoppen. Irgendwann, es ist schon kurz vor elf, rührt sich was. Wir lassen uns mittreiben auf den Tanzplatz, der sich mehr und mehr füllt. Kinder spielen Verstecken und Fangen zwischen den Grüppchen und Gruppen, die sich langsam bilden - hier die Mädchen, ausgelassen, erwartungsvoll, hier die Junggardisten, schneidig das Käppi übers Ohr gezogen, dort 4- und 5-köpfige Familien, Geschwister, alte Männer. Ohne Vorwarnung setzt die Musik ein, gemäßigte Rockmusik, die spanischen Texte von einer vollschlanken Dame in gnadenlos knallengem Kostüm vorgetragen.

Die Kinder sind wieder die ersten. Zwischen den Menscheninseln fangen sie zu tanzen an, erst noch zaghaft. Kleine Mädchen mit dem Vater, Cliquen von 14- bis 15-jährigen Mädchen tanzen sich gegenseitig warm, während die Gardisten noch abwartend, die Zigarette in der Hand, den Takt mitklopfen, einige Mutige auch schon die Kameraden umtanzen - unmerklich ordnen sich die Gruppen, Nichttänzer und fangespielende Kinder werden an den Platzrand gespült, einzelne Paare drängen sich in die Mitte, langsam öffnen sich die Gruppen, umkreisen, durchdringen sich, bis jeder mit jedem tanzt. Weit nach Mitternacht ist das Fest gerade erst in vollem Gange ...

Und wenn wir gerade schon beim Essen sind ....

Lacon con grelos ist das galicische Nationalgericht, vorzüglich, nur etwas schwer: gekochtes Schweinefleisch mit einer Art Grünkohl, der nur in Galicien angebaut wird, genauer gesagt sind es die grünen Schößlinge der Rüben - jung und zart heißen sie naviza, ausgewachsen, saftig und sattgrün ist es das grelo. Außerdem gehört zum lacon noch eine Salzkartoffel von guter Größe und eine chorizo, die landesübliche paprikarote Räucherwurst.

Das Fleisch schmeckt hier so gut, daß es nicht verwürzt zu werden braucht, selbst für Halbvegetarier wie uns ein ganz neues Gefühl!

Pote Gallego ist ein Eintopf aus ebendemselben Kohl, Paprikawurst, Speck, Kartoffeln, Bohnen und dem unto, das ist eingesalzenes Schweinefleisch.

Caldo Gallego ist die Brühe davon, kräftig und voll im Aroma, manchmal auch sehr scharf.

Callos a la gallega nennt sich das scharf gewürzte Gericht aus Kutteln, den allgegenwärtigen Kichererbsen, Paprikaschoten, -würsten und Schweinsfüßen.

Ternera asado ist feinstes Kalbfleisch mit Kartoffeln.
Für ein kleines Picknick empfehlen wir als Käse den **La Tetilla** und etwas galicisches Brot - beides in der gleichen bewährten Form, keine Ahnung, was sich die Galicier hierbei wieder gedacht haben (das Brot hier oben im Norden ist übrigens viel besser als weiter im Süden).
Nun wieder zurück nach La Coruna, wo Sie all diese feine Sachen bekommen. Die Calle de la Estrella hat diesbezüglich einiges zu bieten, die Schaufenster der Restaurants und Bars sind jedes für sich ein Stilleben: riesige und winzige Hummer, Krebse in jeder Größe und Farbe, Muscheln von rosenrot bis schwarz, Regenbogenforellen, rosa Königlachs aus galicischen Flüssen, dazwischen blasse Seezungen, Meeräschen, Barsche und silbrige Sardinen.

Gute Restaurants sind z.B. das El Coral, Estrella 5 oder das O Piorno, Estrella 20.

Unterkommen

Im Hotel-Residencia Noroeste, Riego de Agua 14, schlafen Sie mitten im Paseo - nicht gerade luxuriös und ruhig, aber mit allem, was man braucht. Daneben ist noch eine billigere Fonda, La Allianca und irgendwo hier in der Gegend finden Sie bestimmt was Passendes.

Wildes Camping ist am Herkulesturm möglich. Der 2 km nördlich der Stadt gelegene Leuchtturm Torre de Hercules hat zum Stolz der Coruñaner einen römischen Unterbau aus dem 2. Jh., der obere Teil stammt von 1792. Von hier aus hat man eine schöne Sicht auf die Küste und die Stadt.

Strände um La Coruna:

Playa Santa Christina, 7 km außerhalb, mit Bus erreichbar: 800 m langer Sandstrand mit Disco.

Playa de Bastiguiero, 8 km außerhalb: 300 m langer feiner Sandstrand. Nicht so schön wie Sta. Christina.

Von der Ostseite der Ria, am Leuchtturm bei **Mera**, hat man einen schönen Blick auf die Stadt und das Meer, hier ist ein ruhiger, netter Platz (auch zum Wildcampen geeignet), allerdings ohne Strand.

Westlich von La Coruña, wenn man sich durch Vorstädte, Raffinerien und Dunst vorgearbeitet hat, wird die Gegend extrem ländlich. Ein breiter Streifen entlang der Küste ist von vielen Weihern zersiedelt, dank dem vielen Wald wirkt es aber nicht ganz häßlich. Hier wird die Armut und Rückständigkeit deutlich, Ochsenkarren, schwarzgekleidete Frauen mit Lasten auf dem Kopf, kleine Felder, Männer mit übergroßen Sicheln ...

Die wenigen Strände entlang der Steilküste sind nicht lohnend.

Carballo, ein Provinzstädtchen, fällt lediglich durch die vielen Betonstelzenhäuser auf. In **Malpica**, einem kleinen Fischerort mit ansehnlicher Fischerflotte, kann man die Bauern bei Ebbe bei der Seetangernte sehen. Im Ort sehr gute Fischrestaurants, die Strände sind nicht besonders. Westlich davon zwei kleinere Strände (Seirugo, Barizo).

Rias Gallegas

Ein richtig schöner Dünenstrand wartet an der **Ria de Corme y Laxe**: von Ponte Ceso (hier wieder viele Sägwerke) Richtung Corme zum Playa de Balares. Nach herrlichen Blicken auf die Ria kommt man zu einem guten Strand neben Kiefernwald, für

Wohnmobile geeignet. Der Duft der Feigenbäume hängt lebkuchenartig in der Luft, und wenn man über die felsige Landzunge mit den vielen Disteln im Süden klettert, kommt man zu einem kilometerlangem, feinen Sandstrand.

Um **Laxe** die typischen kleinflächigen Mais- und Krautfelder, und natürlich Horreos. Laxe selbst ist mit seinen Sägemühlen wohl zu bescheidenem Wohlstand gekommen, der sich in den vielen, leider häßlichen Neubauten äußert.

Weiter an der Küste folgen ein paar kleinere Sandstrände, dann die **Ria Camariñas**, ebenfalls mit einigen netten Stränden. **Ponte do Porto** an der Spitze der Ria ist ein kleiner, verschlafener Ort mit einer hübschen Plaza am Bach, einigen alten Häusern und Bars. Reizvoll die unzersiedelte Gegend des Hinterlandes (Richtung Berdoias), Wald, Felder, dazwischen graue Granitmäuerchen, graue Granithäuser, horreos, Wiesen, ein kleiner Bach, kein Verkehr - hier scheint die Welt vor hundert Jahren stehengeblieben zu sein.

Von Cee bis Noia

In Cee und Corcubion ist man wieder in der Gegenwart. Holzverarbeitung, Schiffswerften, häßliche Neubauten. Erstmals auch Spuren von Tourismus, Hotelschilder etwa, und Campingplätze.

Die Fahrt zum Ende der Welt, zum **Cabo Finisterre,** dem westlichsten Punkt Europas lohnt sich: Blick aufs Meer, und nach Süden auf die Berge. Es ist ein herrlicher Spaziergang am Spätnachmittag von Finisterre auf der Stichstraße zum Leuchtturm, dort den Sonnenuntergang anschauen! Wetterumschläge sind hier leider häufig und dann ist sofort der Nebel da. Der kleine Ort Finisterre selbst liegt wirklich am Ende der Welt, recht ärmlich und herb. Sein Playa de Llangosteira ist zwar recht groß, über 1 km lang und 60 m breit, feiner Sand, auch ist das Wasser klar - aber trotzdem nicht sehr anheimelnd.

Im Wald vor **Sardineiro** ein Campingplatz, am schönen Badesandstrand Playa da Serra ist ein Hotel im Bau.

Mallas liegt 200 Jahre zurück, graue Granithäuser, Schieferdächer, Gässchen zu schmal für ein Auto ...

Die Suche nach der Playa del Rostro bei **Bujan** lohnt sich, trotz fehlender Beschilderung. Ein herrlich langer, einsamer Sandstrand!

Südlich von Cee geht's auf kurviger Straße durch freundliche kleine Dörfchen, Frauen auf den Bänken vor den Häusern, horreos, an kleinen Stränden vorbei. Bei Ezaro eine

bizarre Steinwüste mit riesigen Granitblöcken.

Die riesige Playa de Carnota, gut 5 km lang, erreicht man von **Carnota** durch eine kleine Gasse, vorbei am Friedhof, hinunter auf die große Ebene mit den Maisfeldern. Leider einige Mülldeponien hier, aber der Strand ist gut. Hinter dem 200 m breiten feinen Sandstrand bildet sich bei Flut eine Lagune, die bei Ebbe austrocknet.

Bei **Louro** noch einige kleinere Strände, ab hier fährt man nach Osten, entlang der Ria de Muros y Noya. Hier am Nordufer sind nur wenig Strände.

Muros ist ein sympathischer Fischerhafen mit einigen Bars und Hostals, an einer schönen Bucht, voll mit viveiros, den Muschelplattformen. Die Küste bis Noya wird felsiger und steiler, ab und zu wieder große Granitblöcke. Nach der schier endlosen Kurverei auf der Küstenstraße das Städtchen **Noya** (5 500 E.) mit viel Leben und großen Banken. Zahlreiche Hotels und Hostals. Von Noya sind es knapp 40 km nach Santiago, leider ist die Straße stark von Lastern befahren, kurvig und eng - schneller und besser fährt man von Padron nach Santiago!

Noya - Padron

Am Südufer der Ria reihen sich einige kleinere Strände aneinander, mit schönem Blick auf die Punta Carreiro. Z.B. die ca. 3 km von Noya entfernte Playa de Boa (200 m lang) unterhalb eines Eukalyptuswäldchens.

Und zwischendrin immer wieder keltische Gegend: Steinmäuerchen, Wälder mit verstreuten Granitblöcken. Wenn Nebel aufkommt, wachen die Hexen und Trolle auf ....
Der schöne Strand Rio Sieira wird noch übertroffen von der Playa de Ladeira südlich des Cabo de Corrubedo. Auf dem Weg dorthin, von Oleiros nach Olveira, kommt man an den Dolmen de Axeites vorbei - riesige urtümliche Blöcke. Die **Playa de Ladeira** ist gut fünf km lang, mit riesigen Sanddünen, Gras, Felsen. Noch dazu ist der Strand nach Westen orientiert - das bedeutet Sonnenuntergänge! Ideal auch zum Campen.

Die Ria de Arousa ist danach beinahe enttäuschend. Bald hinter **Ribeira,** einem größeren Hafen, kommen kleine unschöne Dörfer, hängt der Fischgestank der Konservenfabrik vor Escarabote in der Luft. Bei **Boiro** mit seinen häßlichen Wohnsilos gibt's wieder einen kleinen Strand.

An der Spitze der Ria, bei Padron, soll der Leichnam des heiligen Jakob gelandet sein - von hier geht's nach Santiago.

Der Jakobsweg

Santiago de Compostela ist das Ziel des Jakobswegs, der sich wie ein breites Band von Mitteleuropa in den Nordwesten Spaniens zieht. Auf diesem Weg pilgerten Millionen Menschen zum Grab des heiligen Jakob, im 11. und 12 Jahrhundert kamen jährlich eine **halbe Million** nach Santiago - ein maurischer Augenzeuge berichtet, die Ebenen Nordspaniens seien schwarz von Menschen gewesen! Und das in einer Zeit, als die meisten Menschen wohl kaum weiter als bis in ihr Nachbardorf reisten! Santiago war eine heilige Stadt wie Jerusalem und Rom, und die Wallfahrt dorthin war der erste Massentourismus der Geschichte. Sogar spezielle Reiseführer gab's (Codex Calixtinus, Aimeric Picaud), die ersten der Geschichte.

Nach der Legende sollen einem Hirten im Jahr 812 ein himmlisches Licht und Engelsgesang erschienen sein. Der davon benachrichtigte Bischof Theodomiro ließ die Gegend absuchen, und wirklich fand man ein steinernes Grab, das sogleich als das des heiligen Jakob identifiziert wurde. Jakob wurde zwar nachweislich in Jerusalem von Herodes Agrippa geköpft, soll aber vor seinem Tod in Nordspanien missioniert haben. Angeblich wurde seine Leiche (mitsamt Kopf) von zweien seiner Schüler dann nach Galicien gebracht und dort begraben, das Grab geriet nach ihrem Tod in Vergessenheit. Jedenfalls kam der Fund zur rechten Zeit, denn knapp 100 Jahre nach dem ersten Sieg über die Mauren war man noch nicht viel weiter gekommen, die Mauren waren einfach nicht zu schlagen. Sie hatten das ganz neue Konzept des heiligen Krieges, außerdem waren sie im Besitz einer wichtigen Reliquie, die sie in der Moschee von Cordoba hüteten: ein Knochen ihres Religionsstifters Mohammed, der ja noch keine 200 Jahre tot war (gestorben 632). Daraus zogen sie einfach unüberwindbare Kräfte. Nun aber half der heilige Jakob im Kampf gegen die Ungläubigen. Der Schlachtruf der Christen lautete jetzt 'Santiago y cierra España' (Hlg. Jakob und vorwärts, Spanien), und obendrein griff der Heilige auch selbst tatkräftig ein, auf weißem Pferd schlug er die Mohren zuhauf, so etwa 844 bei der Schlacht bei Clavijo, was ihm den Ehrennamen Matamoros - Maurentöter bescherte.

Ob und was hier Dichtung und Wahrheit ist und ob man gar so weit gehen sollte, die ganze Jakobsgeschichte als gezielt in die Welt gesetzt zu betrachten, die den Sieg der Reconquista beschleunigen sollte, sei dahingestellt. Dagegen spricht nicht nur, daß man heutige Logik nicht auf mittelalterliche Menschen übertragen kann, sondern auch der Umstand, daß die Strafexpedition von Almanzur, der 997 eigens von Cordoba kam und die Stadt und Kathedrale vernichtete, das Grab des Apostels schonte. Der Wiederaufbau der Kirche begann dann erst kurz vor 1100, das Westportal wurde 1188 fertiggestellt.

Zumindest war der hlg. Jakob stark genug, Millionen von Pilgern nach Galicien zu ziehen, diese Wallfahrt war somit zweifellos ein wichtiger politischer Faktor. Klöster und Spitäler wurden errichtet, Wege befestigt, Brücken gebaut. Jakob wurde Schutzpatron des christl. Spanien und mußte erst im 17. Jh. diese Rolle an die hlg. Theresa von Avila abgeben - er hatte seine militärischen Dienste vollbracht, der Matamohr konnte gehen.

Galicien war jedenfalls im Mittelalter geistliches und geistiges Zentrum des christlichen Spaniens, eine Rolle, von der heute nichts mehr übrig geblieben ist.

Eine schöne Stelle des Jakobswegs sieht man, wenn man von Astorga (ca. 40 km westlich von Leon) nach Ponferrada fährt, nicht auf der Hauptstraße N IV, sondern südlich davon auf dem alten Camino de Santiago durch die Berge. Hinter Foncebadon, auf einem kleinen Paß, sind unter einem hohen Eisenkreuz Hunderttausende von Steinen aufgehäuft - von Pilgern während Hunderten von Jahren hier hochgetragen, hochgeschleppt und nach einem Gebet abgelegt - hier fiel einem der sprichwörtliche Stein vom Herzen, man war schon fast in Santiago.

Literatur zum Jakobsweg: Im Schatten der Milchstraße, Konkursbuchverlag Tübingen

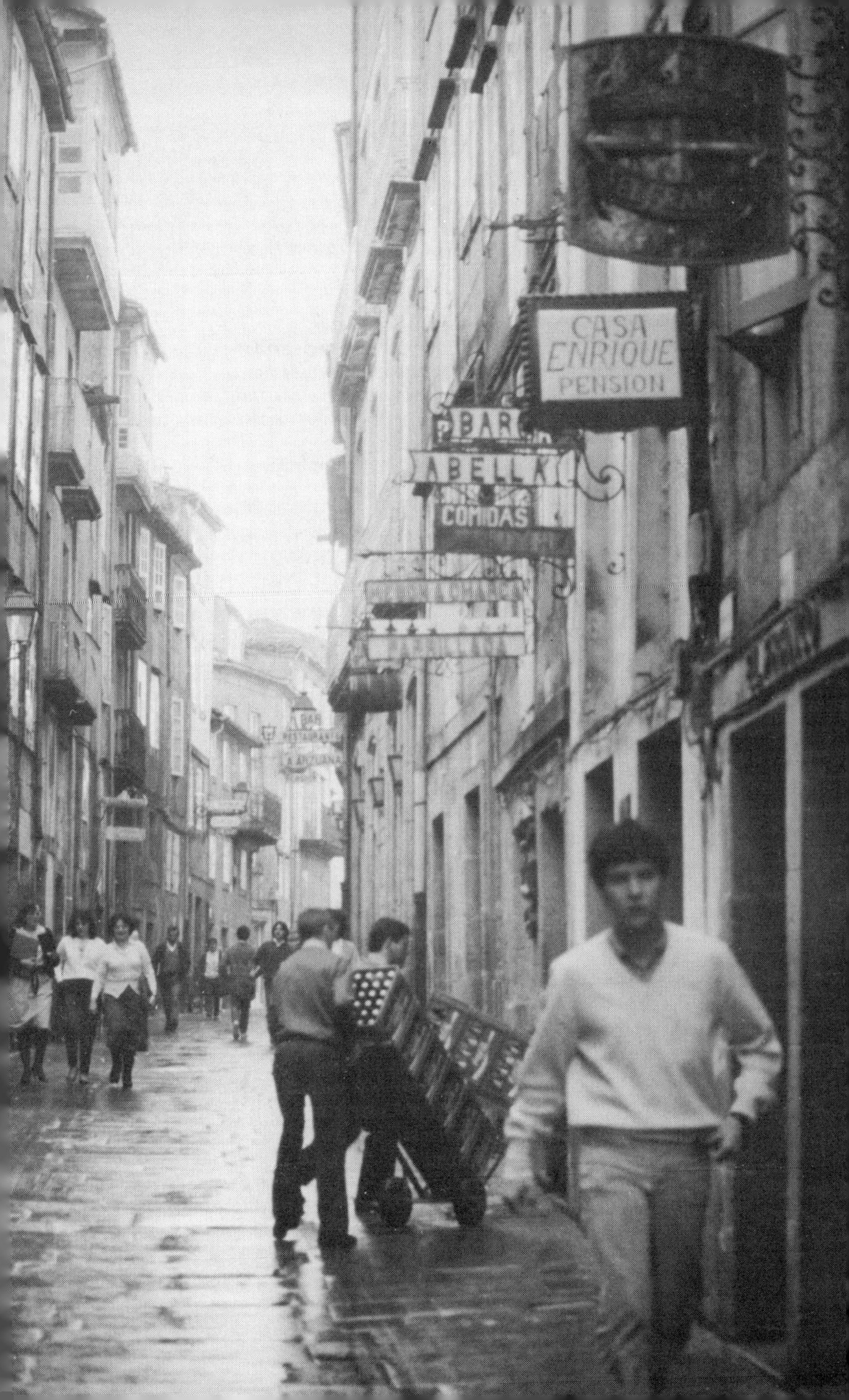
CASA
ENRIQUE
PENSION
BAR
ABELLA
COMIDAS

Santiago de Compostela

83 000 E., 64 km von La Coruna, 35 km von der Atlantikküste; TI in der Fußgängerzone, Rua del Villar 23

> *"Dem Regen, dem vielgeschmähten feinen Winterregen Santiagos, verdankt nicht nur die Landschaft ihre Farben; er trägt auch zu jener eigentümlichen Stimmung zwischen gelassener Schwermut und visionärer Phantasie bei, von denen die Galicier in den dunklen Winternächten befallen werden ..."*
> Walter Haubrich, im Merian

Das Apostelgrab im Dom, das geschichtsträchtige Stadtbild, die mittelalterliche Universität (die einzige in Galicien): wahrer Mittelpunkt des geistigen und kulturellen Lebens - über diese Rolle sind sich zumindest die Galicier einig!

Zwar gibt's hier ebenso die üblichen Vorstadt-Wohnsilos, der alte Kern aber ist eine Fußgängerzone und gänzlich aus schönem braunen Granit gebaut, die Gebäude haben Arkadengänge als Schutz gegen den Regen. Das Altstadtviertel ist kompakt und überschaubar und neben den kulturhistorischen Denkmälern und Museen (besonders interessant ist das Museo de Poblo Gallego im Kloster Santo Domingo mit alter Volkskunst) voll von Kneipen, Bars und Leben.!

Besonders viel Tourismus im Juli, brodelnd am Geburtstag von Jakob (25. 7.). Wenn dieser, wie 1982, auf einen Sonntag fällt, das nächstemal wird dies 1993 sein, ist hier die Hölle los!

Orientierung

Für Autofahrer ist es ratsam, das Auto möglichst bald abzustellen, z.B. im Parkhaus unter dem Plaza Galicia. Hier gibts einige Hotels in der Nähe und die Altstadt ist bequem zu Fuß zu erreichen.

Tagsüber ist die Stadt recht verschlafen - außer donnerstags, wenn die Bauern zur Feria, zum Viehmarkt kommen. Abends sind dann die Studenten unterwegs. Bei der Porta Faxeira westlich des TI ist einer der Treffpunkte, hier gibts auch Straßencafes und Kneipen, genauso in den drei Parallelgassen Rua del Franco, Rua del Villar, Rua Nueva, die von der Plaza Galicia Richtung Kathedrale führen.

Essen: In der Altstadt gibt es viele kleine Bars und Kneipen, z. B. entlang der Calle Franco, Calle de la Reina. An offenen Ausschänken gibts Ribeiro in breiten Porzellantassen. Queso de la Tetilla, Almejas und - was eine Spezialität dieser Gegend ist: **La Empanada**, ein flacher, runder Laib, der im Ofen gebacken wird, gefüllt ist er mit Zwiebeln, Tomaten, Lorbeer, Petersilie, Sardinen oder Schweine- und Rindfleisch.

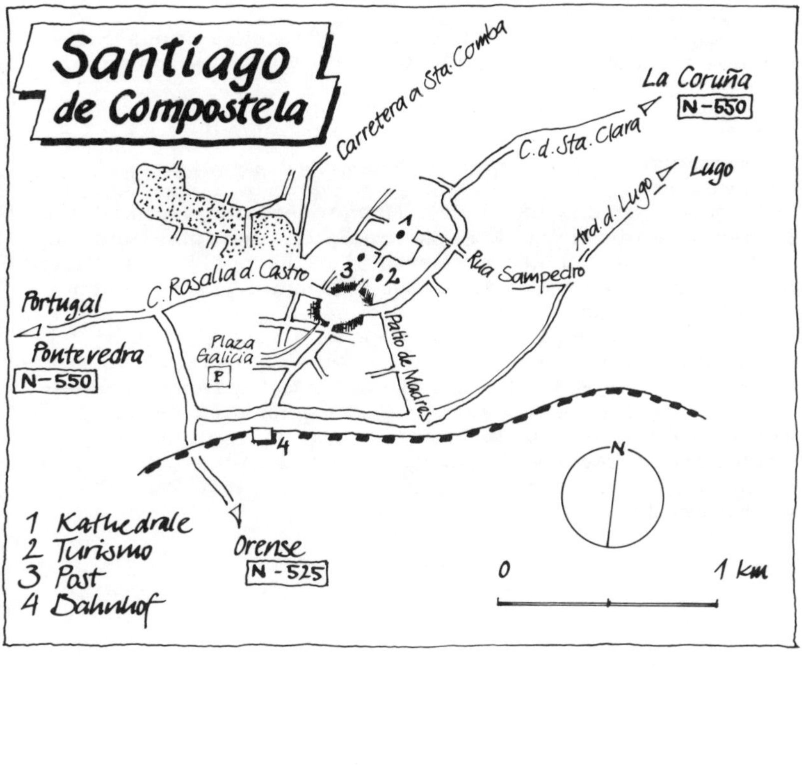

Als Feinschmeckerrestaurant wird gerne das El Chiton oder das Don Gaiferos genannt. Dies sind Touristenrestaurants mit ständig wechselnden Besitzern, die nicht recht wissen, was für eine Küche sie bieten sollen, ein bißchen internationale Grillerei und exotische Früchte.

Ganz anders dagegen ist die **Casa Vilas,** Calle Rosalia de Castro 88 (ca. 5 Min. Fußweg außerhalb der historischen Baudenkmälern, So geschl.). Josefina Vilas und ihre Söhne sind anerkannte Größen der cocina gallega. (Wer nicht allzu hungrig ist, sollte sich ein einzelnes Gericht aussuchen, da die Menüs allesamt recht stark angerichtet sind.) Hier gibt es natürlich auch eine gute Auswahl an regionalen Ribeiro- und Albariño-Weinen.

Nicht weit entfernt von der Casa Vilas, in der Avda. de Villagarcia 21, nicht gerade in idyllischer Umgebung, hat Josefinas Sohn ein etwas moderner eingerichtetes Restaurant aufgemacht: **Anexo Vilas,** das der Casa in nichts nachsteht (Mo geschl.).

Im Chita gibt es ebenfalls gut zubereitete regionale Gerichte und Hausweine aus der Gegend.

Unterkommen

An Hostals, Fondas und Hotels mangelt es hier bestimmt nicht: In der Altstadt bietet jedes zweite Haus eine Unterkunft an (eine Liste der Privatvermieter gibt es beim TI), außerhalb der Fußgängerzone sucht man am besten in den Seitenstraßen der Plaza Galicia.

Hostal de los Reyes Catolicos, Pl. de Espana 1 (direkt bei der Kathedrale), hört sich recht bescheiden an, ist aber das schönste und teuerste Hotel von ganz Santiago. Die katholischen Könige Isabella und Ferdinand gründeten es im 14. Jh. als Hospiz für die müden Pilger. Heute ist es eines der prächtigsten Hotels in Spanien. Auch wenn Sie nicht hier nächtigen, lohnt es einen Besuch. An der Rezeption nach Führungen fragen.

Rias Bajas

Von Padron nach Pontevedra

An der südlichen Küste der Ria de Arousa macht sich der Tourismus bereits stärker bemerkbar. Zwischen Vilanova und O Grove ist das Wasser auch unglaublich geschützt und flach, so daß hier endlich einigermaßen erträgliche Wassertemperaturen herrschen. Aber: die Gegend ist zersiedelt und im Sommer recht belebt, hauptsächlich von Spaniern. Trotz allem gibt es auch hier noch keinen Massentourismus wie im Süden. Bei Ebbe sieht man Hunderte von Fischern beim Graben, die Luft riecht gut nach See.

In **Cambados**, einem Ort mit einem wunderschönen Dorfplatz, ganz mit Granitplatten gepflastert, steht der gepflegte Parador del Albariño***, Tel. 542250, Paseo de Cervantes, direkt an der Strandpromenade in einem Park mit Eukalyptusbäumen. Im Parador gibt es gute regionale Gerichte und die berühmten Albariños.

Eine ideale Gelegenheit zur Weinprobe bietet Mitte August das Fiesta del Albariño.

Ein anderes feines Restaurant, das O Arco, liegt in der Nähe des Palastes von Fefinanes am Rande von Cambados, wo in einem Flügel davon der berühmteste aller Albariños gekeltert wird. Der Marques de Figueroa altert alle seine Weine in Eichenfässern und sein Alberiño hat so ein volleres Aroma, weniger Säure und ein tieferes Gelb als die übrigen Weine des Gebiets.

Wahrscheinlich waren es die Benediktinermöche von Cluny, die im 12. Jh. die Albarinõ-Rebe aus dem Rhein- und Moselgebiet hierhergebracht haben. Nach Meinung der Galicier sind diese leicht herben, fruchtigen **Albariño-Weißweine** die besten Weine des Landes, ähnlich den Alvarinhos aus Torre de Moncao in Portugal.

Obwohl die größte Albarinõ-Zone im äußersten Südwesten der Provinz liegt, in den Gebieten Condado de Salvatierra und El Rosal, kommt der hervorragendste Albariño aus dem

Val de Salnes nördlich der Stadt Pontevedra und aus der Gegend um den Küstenort Cambados.

In Galicien wird mehr Wein getrunken als erzeugt und so ist es nicht immer einfach, diese feinen lokalen Weine aufzustöbern. Oft werden sie nicht in Flaschen abgefüllt und nur in größeren Mengen an Bars und Restaurants abgegeben. Eine ausgezeichnete Weinauswahl finden Sie z.B. im Chocolate in Vilagarcia de Argosa, einem der besten Restaurants in der Gegend.

Gegenüber von **O Grove** die kleine Insel **A Toxa**, mit einer Brücke mit dem Festland verbunden, ein leider nicht sehr einfallsreich gebautes Nobelresort. Auf dem Festland, direkt bei der Brücke das feine und gute Posada del Mar.

Zum Strandwandern und Baden gibt es bei San Vicent del Mar den schönen, kilometerlangen Playa de la Lanzada. Um eine kleine waldige Halbinsel herum findet man einige kleine Sandbuchten, die durch Felsvorsprünge voneinander getrennt sind. Oberhalb davon, im Wald, einige Picknicktische, Restaurants, Tennisplätze.

Die Küstenstraße führt durch Wälder und Wiesen an mehreren Strandbuchten vorbei. Leider ist die Küste bis Pontevedra einigermaßen zersiedelt, aber der Blick auf die Ria mit den Muschelbänken ist immer noch schön. Man merkt, die Leute haben hier etwas mehr Geld - es gibt Tennisplätze, gepflegte Gärten, Ferienhäuschen, urbanisaciones und statt dem Ochsengespann sieht man zweirädrige Kleinschlepper.

Pontevedra bis A Garda

Zwei größere Städte geben den beiden südlichsten Rias von Galicien ihren Namen: Das Verwaltungszentrum Pontevedra mit seiner unter Denkmalschutz stehenden Altstadt und 37 km südlich davon das Handelszentrum Vigo.

Pontevedra

66 500 E., TI General Mola 1

Hinter den üblichen Wohnsilos verbirgt sich die erholsame Altstadt von Pontevedra. Um die Plaza de la Estrella mit den Arkaden an den Häusern herrscht ein Gewirr von Gassen und Gäßchen, mit Straßenkneipen und dem Mercado. Gleich neben der Plaza de la Estrella die Zapateria J. Martinez, hier gibt's Lederschuhe mit Holzsohle, die schwarzen Holzschuhe etc.- mal reinschauen!

Übernachten: Ganz billige Unterkünfte sind hier selten. Der Parador Casa del Baron***, Tel. 855800, in der historischen Altstadt, Plaza de Maceda, ist wieder in einem gepflegten Palast des 17. Jh. untergebracht.

Etwas billiger ist es im Rias Bajas***, Daniel de la Sota 7, oder im Virgen del Camino***, Virgen del Camino 55 - 57.

Die besten Fische und Mariscos aus den Rias Bajas essen Sie nicht weit von Pontevedra beim Kloster San Salvador de Poyo in der **Casa Solla** (an der Carretera von La Toja - San Salvador de Poyo, 2 km vom Zentrum, So geschl.), die malerisch in einem alten Herrenhaus aus dem 17. Jh. gelegen ist.

Neben der cocina gallega werden außerdem noch für diese Gegend ungewöhnlich leichte Gerichte a la nouvelle cuisine angeboten. Besonders fein der Lenguado especialo Solla - dazu regionale Albariños und Ribeiros, und zum Nachtisch eine tarta de almendra (Mandelkuchen) oder, noch besser, ein Souffle Solla, ein Rumeiseierzuckertraum. Das Ganze mit einem Weltblick vom Comedor auf die Ria de Pontevedra.

Südwestlich von Pontevedra an der Küste ein kleiner Sporthafen und eine riesige Holz- und Papierfabrik mit dem dazugehörigen unangenehmen Gestank, außerdem große Werftanlagen.

Erst hinter Mogor wird es wieder erträglich. Überhaupt hat die Gegend nicht mehr die Unberührtheit der Rias Altas. Sie ist zersiedelt, einsame große Strände gibt es hier nicht, von Cangas bis Domaio reiht sich praktisch ein Haus ans andere, und auch die seeartige Erweiterung der Ria, östlich der gewaltigen Spannbetonbrücke, ist rundherum besiedelt. Typisch auch hier der Anbau von Mais und Wein auf Kleinstparzellen.

Vigo

271 000 E., TI Colon 30; Estacion Maritima

Der größte Hafen an der span. Westküste ist in letzter Zeit mächtig gewachsen, vor allem in die Höhe. Fast nur Hochhäuser, Autoindustrie (Citroën) und viele Wohnsilos. Kein Ort zum Verweilen.

Fondas und Hostals sind leicht zu finden - hinter der Strandpromenade oder um den Bus- und Zugbahnhof (Calles Lepanto und Alfonso XIII).

Das beste sind wieder die feinen Restaurants:
- El Mosquito, Pl. de J. Villavicencio 4 (So geschl.)
- Puesto Piloto Alcabre, Avda. Atlantida 194 (Soabend geschl.), ein Strandrestaurant mit regionalen Gerichten und guten Hausweinen aus der Gegend.

Die **Playa Samil** mit schmalem Sandstrand südwestlich von Vigo ist sehr schön gelegen, umgeben von bewaldeten Bergen. Dahinter ein ebenso schön gelegenes Hotel mit Tennis und Swimmingpool. Der Campingplatz Samil liegt an der Straße nach Canido am Meer (Lebensmittel, warme Duschen).

Im Sommer gibt es jede 2 Stunden eine Fähre zu den Inseln in der Ria de Vigo - schöne Dünenstrände.

Baiona (8 000 E., TI Jose Antonio 40) liegt 28 km von der portugiesischen Grenze bei Tuy entfernt am Westzipfel der Playa America (bei Nigran auch Campingplatz mit Schwimmbad), einem langen, halbrunden, schönen Strand. Hier herrscht mittelmeerähnliches Strandleben - ein Ort, der erst durch seine vielen Besucher lebt.

Die Promenade mit Shops und Bars wird überragt vom Parador Conde de Gondomar****, Tel. 355000, einer alten Festung auf einer kleinen Felshalbinsel - ein Traumort. Wenn der Nebel nicht alles verhüllt, lohnt sich der teurere Aufenthalt im Parador (mit eigenem Strand, Sauna, Tennisplätze etc.) bestimmt. Unbedingt reservieren!

"Auf einer in den Atlantik vorspringenden felsigen Halbinsel hat die spanische Regierung eine hochgelegene, noch recht gut erhaltene alte Burg erworben und zum Parador umgebaut. Es gibt nur zwei Kategorien von Zimmern. Die besseren gehen auf eine Kette malerischer Buchten hinaus, in denen man punktförmig Inseln und wohl ein Halbdutzend ferner Landzungen ausmacht, gegen die der silbrige Gischt des Atlantiks anbrandet - das großartigste Panorama, das ich je von einem Hotel aus gesehen habe. Von den billigeren Zimmern kann man freilich nur 120 km weit auf den wogenden Atlantik hinausschauen, sieht nur eine einzige Insel und lediglich vier prächtige Landzungen, die z.T. schon zu Portugal gehören. Ich bezweifle, ob es noch irgendwo sonst auf der Welt ein Hotel mit solcher Umgebung gibt ..."

J.A. Michener, Iberia

Ansonsten gibt es noch 4 Hotels, empfehlenswert auch das Hostal Carabella la Pinta in der Seitenstraße gegenüber dem Parador.

Der Campingplatz Baiona Playa ist eine große Anlage mit Restaurant u. warmen Duschen (beschildert). Der nächste zwischen Baiona und La Guardia ist der Camping Pedra Rubia bei Oya (Restaurant, Meerwasserschwimmbad).

An guten Restaurants ist nicht viel geboten, das Moscon an der Strandpromenade Alferez Barreiro 2 ist etwas besser als das Naveira ein paar Häuser weiter.

Die letzten 25 km spanische Atlantikküste sind steil und nur wenig besiedelt, die Fahrt auf der größtenteils dicht am Meer verlaufenden Strecke lohnt sich, auch wenn - wie leider häufig - Nebel wenig Sicht läßt. Es gibt nur wenige Stellen mit Zugang zum Meer. Einen großen Strand (Playa del Molino) gibt es erst wieder bei **A Guarda** an der Mündung des Miño, dem Hauptfluß Galiciens. Er fließt in südlicher Richtung von der Provinz Lugo durch die Provinz Orense und bildet im Unterlauf die nördliche Grenze Portugals, wo er Minho heißt.

Auf dem hohen **Sta. Tecla Berg** eine teilweise wiederaufgebaute Citania, eine keltische Stadt. Die Sicht vom hohen Felsen auf Portugal und das Meer muß bei klarem Wetter beeindruckend sein - bei uns regneten die Bäume vor Nebel, gespenstisch bei einer Kulisse von kreisförmigen archaischen Häusergruppen aus grauem Granit!

Strände gibts um die Ecke, am Rio Miño, bei Camposancos und weiter östlich.

Nahe der Mündung des Miño liegt das kleine Weinbaugebiet **El Rosal** (ohne Denominacion, ca. 15.000 hl pro Jahr). Die perlenden Weine sind vom Typ her den vinhos verde jenseits der Grenze ähnlich. Die Portugiesen sind jedoch in ihren Verfahren effizienter und bauen gleichmäßigere Weine aus als das Heer der galicischen Kleinbesitzer.

Weiter flußaufwärts, östlich von Tuy das Weinbaugebiet **Condado de Salvaterra**, auch Condado de Miño oder de Tea genannt (2320 ha Rebland, ca. 1300 hl Wein). Hier wird ein ähnlich guter Wein angebaut wie in der Zona de Albarino. Vorwiegend perlende Rotweine ähnlich den leichten Bordeauxweinen. Da diese Weine nicht in kommerziellem Maßstab abgefüllt werden, ist es immer ein Problem, sie zu finden.

Die in Galicien und Portugal häufig vorkommenden **viños verde** (portugiesisch vinhos verde) oder viños de aguja sind nicht grün - vielmehr bezeichnet dieser Ausdruck Weine, die aufgrund einer 2. Gärung leicht perlen.

Ausflüge ins Landesinnere:

Túy - Orense - Lugo

Die kleine Straße von Garda nach Tuy führt am Mino entlang, man hat aber nur selten Blick auf den Fluß. Wer ein Freund vom Flußbaden ist, kleine Seitenstraßen führen immer wieder an den Mino hinunter, an dessen Ufer es einige sandige Strände gibt. Ringsum Weinbau und Landwirtschaft.

Túy (15 650 E., 47 km von Pontevedra) selbst ist eine häßliche Grenzstadt. Nicht einmal der Parador San Telmo***, Tel. 600300, Avda. de Portugal, ein schöner Bau mit Gartenterasse, Pool und herrlichem Blick über den Miño nach Portugal, konnte uns zum Bleiben bewegen.

Die Straße nach Orense führt, gut ausgebaut, an Reben- und Weinfeldern vorbei. Langsam steigt die Straße durch Berge mit runden heidebewachsenen Kuppen. Die Täler dagegen sind grün, fruchtbar mit Weiden und Äckern. **A Caniza**, eine angenehme Kleinstadt ohne viele Neubauten, ist umgeben von Wald, Feldern, Hügeln. Hier hat sich in den letzten 50 Jahren sicher nicht viel geändert. Der Miño, den man vor **Ribadavia** (7100 E., 30 km v. Orense) immer wieder sieht, ist ein träger, schöner Fluß.

Das **Ribeiro-Weinbaugebiet** (5.000 ha, ca. 60.000 hl Wein) ist das wichtigste in ganz Galicien. Ribeiro de Avia ist das älteste Gebiet, es liefert exzellente Weißweine aus Gomariz und ebenso feine Rotweine aus Costeira, Regada und Beade; Ribeiro del Miño und Ribeiro de Arnoia bauen ebenfalls leichte und aromatische Weine an.

In Ribadavia liegt die bei weitem größte Winzergenossenschaft, die **Bodega Cooperativa de Ribeiro** (ca. 1600 Mitglieder, 70 000 hl Wein pro Jahr) mit riesigen Betontanks. Die besten ihrer Weine verkaufen sie unter dem Etikett Pazo, einer der meist verkauftesten galicischen Markenweine. Der Weißwein ist trocken, nicht zu säurereich und perlt nur wenig. Der Rotwein ist ebenfalls trocken und den vinhos verdes jenseits der Grenze ähnlich. Die billigeren und weniger feinen Weine werden unter den Etiketten Xeito und LAR abgefüllt. Daneben gibt es noch einige private Bodegas, die selbst abfüllen, z.B. die Bodega Rofemar (Saudade) oder die Bodega des Marques de Ulloa (Fino extra blanco).

Orense (95 000 Einwohner, 117 km südlich von Lugo, TI Curros Enriquez 1) gehört zwar nicht gerade zu den schönsten Städten, ist aber zumindest einen kleinen Zwischenstop wert, nicht nur wegen der schönen Brücke über den Miño, auch der Markt neben der Plaza Mayor ist reizvoll. Um die Markthalle gibt es (nur vormittags geöffnet) Stände und Büdchen mit Gemüse, Brot, Pasteten, Bier, Wein ... Gleich unterhalb der Markthalle (südöstlich) sprudeln heiße Quellen, die Fuente de las Burgas, in einem kleinen Park. Das klare, geruchfreie Wasser (ca. 60 - 70 Grad) kommt ganz unspektakulär durch drei Rohre aus der Wand und plätschert in einen kleinen Brunnen. Die Römer hatten anscheinend mehr Sinn für ein warmes Bad, heute kann man so etwas hier leider nicht mehr

Haus mit Azulejofront bei Llanes

genießen. Stattdessen kann man unter den schattenspendenden Bäumen am Plaza Major ein kühles Bier ordern.

Im **Sanmiguel**, San Miguel 12 u.14 (Di geschl.) sehr feine regionale Küche und Weine aus Ribeiro und Condado. Die Weinkarte ist ein Erlebnis! Ebenfalls die Pate de la casa, eine leichte Gemüse-Pate mit grünen Bohnen, Karotten und Blumenkohl, die empanada de vieiras ..... (Wir konnten uns leider nicht durch die ganze Speisekarte fressen!)

Von Orense führt eine kleine, wenig befahrene Straße durch Wald nach Norden, nach **Chantada**, einer verschlafenen Kleinstadt inmitten von Viehweiden. Eine wohltuende Gegend nach der zugebauten Küste um Vigo. Wenig südländisch, eher badisch oder schwäbisch. Landwirtschaft, immer wieder ein kleines, kompaktes Dorf, Steinhäuser mit Schieferdächern, kaum Neubauten. Dicke Eßkastanien fallen ins Auge, ab und zu auch knorrige Eichen. Auf einem Karrenweg durch Eichenhaine lustwandeln ...

Einen besonders schönen Eichenhain mit sehr alten, dicken Bäumen findet man auf einem Abstecher nach **Puertomarin** (2 600 E., 26 km v. Lugo, 450 m), einer Station des Jakobswegs. Der Parador Puertomarin**, Tel. 545025, Avda. de Sarria 15, war bei unserem letzten Besuch (Herbst 84) geschlossen. Der Ort selbst ist heute vom Stausee überspült, die kirchlichen Gebäude sind abgerissen und an dem Ort oberhalb des Sees wieder aufgebaut worden. Außer diesen Gebäuden bietet das neue Puertomarin nichts Besonderes. Der Stausee ist nur ein breiter Bach und lockte uns nicht zum Baden.

Die unversehrte Altstadt von **Lugo** (72 680 E.; 100 km v. La Coruna; 465 m; TI Plaza de Espana 27) ist von einer prächtigen, mit 10 Toren versehenen römischen Stadtmauer umgeben. Es ist aber kein Museum, sondern eine angenehme Stadt mit Leben, normal, vom Tourismus fast unbeleckt.

In der Altstadt hübsche Gässchen mit Bars, zwischen der Plaza del Campo und Plaza Espana läuft der Paseo. Am Plaza Mayor gute Cafes, Restaurants und ein kleines Hotel. Auffallend die vielen Pulperias.

Autofahrer kreisen am besten um die Stadtmauer, bis der Busbahnhof in Sicht kommt, dort gibt es öffentliche Parkplätze und gleich um die Ecke einige Hotels und Hostals.

Innerhalb der Stadtmauer billige Fondas und ein gediegenes Hostal Mendez Nunez, Reina 1, DoZi 45 Mark.

Erste Adresse am Ort und doppelt so teuer das moderne Gran Hotel Lugo****, Avda. Ramon Ferreiro, 5 Fußminuten vom Zentrum.

Kontraste: Vom Immerfeuchten ins Semiaride

Von Lugo über A Rua nach Puebla de Sanabria und Benavente in Altkastilien

Die Landschaft wechselt einige Male von grün zu braun, von üppig zu karg. Die Straßen sind gut und wenig befahren, also auch für Radfahrer geeignet, vor allem zwischen A Rua und A Gudina. Allerdings geht's einigemale bergauf und bergab, von 400 m auf 1100 m, dann wieder von 700 m auf 900 m. Etwas für zähe Bergziegen!

Man fährt auf der Ostseite des Miño vorbei an einzelnen Bauernhäusern und Feldern. Abwechselnd Wald, Weiden, Äkker, besonders schöne Gegend nach Sarria. Hinter Monforte das Tal des Rio Lor, unbesiedelte, mit Heide bewachsene Hügel. Dann großflächiger Weinanbau am Rio Sil bei Rua, dazwischen viele Eßkastanien. Südlich von Rua windet sich die Straße durch kleine Dörfer und Weinberge in karges Land hinauf. Die Hochfläche oben ist wieder fruchtbar, im Osten sieht man die Sierra Segundera. Hinter dem Pass Alto de Covelo mit immerhin 1052 m hat man einen guten Blick auf das Embalse de Bao im Westen. Weiter gehts bergab wie durch einen Garten. Mourisca liegt besonders idyllisch. Eßkastanienbäume, verträumte Wege - ein letztes Mal grünes Spanien!

Hinter Viana (der See reizt nicht groß zum Baden) nochmal eine Hochfläche mit großflächigen Äckern - und dann beginnt Heide, Karst und Felsen, die Hochfläche wird langsam zum eintönigen Hochtal - das ist nicht mehr Galicien, sondern Altkastilien/Leon, die Meseta.

Der Parador de Turismo*** bei **Puebla de Sanabria**, Tel. 620001, ein Neubau, ist nicht reizvoll, einfach ein Rastpunkt auf der Durchfahrt.

Nicht weit von hier, auf der Hochfläche des Segundera-Massivs eine erfrischende Oase: der Nationalpark **Lago de Sanabria** im bewaldeten Valle de Sanabria auf 1000 m Höhe, mit 2 Campingplätzen (Los Robles in Richtung Ribadelago in einem Park am See und El Folgoso, hinter San Martin de Castaneda im Wald nahe dem nördlichen Seeufer - wild campen ist hier verboten) und einigen Hotels (direkt am See das 'Bello Lago' - gut).

Der Lago de Sanabria (eigentlich Lago San Martin de Castaneda) entstand aus Gletschern, ist 3,5 km lang, 2 km breit und ca. 60 m tief. Er hat ein paar schöne Strände und ist eine grüne Abwechslung in der herben Umgebung - und das Klima ist mild. Wer sich mehr für die Wildschweine und Wölfe des Parks interessiert - Info in Zamora bei Delegacion Provincial de Tourismo, Av. de Italia 11.

Von Sanabria führt eine gute Straße bis **Benavente**, wo der Parador Rey Fernando II de Leon ****, Tel. 630300, in beherrschender Lage über dem Städtchen thront - allerdings fast zu beherrschend. Das Paradorghetto ödet hier an!

Kastilien

"Que ancha es Castilla! Wie weiträumig ist Kastilien! So lautet ein alter Spruch. Und wie vielgestaltig, muß man ihn ergänzen: Von den großen Getreideebenen im Norden, der tierra del pan, dem Brotland, bis zu denen vor den Montes de Toledo, von den hügeligen Strukturen der Mancha, bisweilen besetzt von Ölbaumschwadronen bis hin zu den Sierras, die das kastilische Tafelland mit Zweitausendern - der höchste 2592 Metern - durchschneiden. Ganz zu schweigen von den bizarren Felsenlandschaften bei Cuenca und den tiefeingeschnittenen Tälern des Iberischen Randgebirges von Molina de Aragon bis Soria und Burgos - Que diferente es Castilla! Wie verschiedenartig und immer wieder neu!"

Miguel Delibes, im Merian

Die reizüberfluteten Stadtlandschaften der Industrieländer machen uns immer empfänglicher für Reduziertes. Landschaft pur mit großem Himmel gibt uns Raum für Gedanken. Kastilien hat nichts mehr mit dem grünen Europa gemeinsam: es ist rauh, kahl und weiträumig. Im Norden der Meseta das Getreidemeer, im Süden das Riesenmosaik aus Olivenbäumen und Weinreben. Zwischendrin verlorene Dörfer, Städte mit monumentalen Bauwerken und Kathedralen, großzügige Machtdemonstrationen der Monarchen aus expansionistischen Zeiten - und Burgen, die alles dominieren.

Zum erstenmal wurde Kastilien in einem Dokument aus dem Jahre 800 erwähnt. Damals herrschten die Araber über fast ganz Spanien. Von der Reconquista, der Zurückeroberung der Gebiete von den Mauren, zeugen die Burgen. Von der Inquisition die gotischen Kathedralen, die Prachtbauten und das geistige Loch.

Kastilien grob

Die beiden Kastilien teilen sich die Meseta. Diese Hochflächen bilden den zentralen Teil der Iberischen Halbinsel - in Form eines großen quadratischen Blocks.

Altkastilien, das so genannt wird, weil es als erstes Gebiet von den Mauren zurückerobert wurde, umfaßt die Gegend nördlich von Madrid bis zur Rioja und dem Baskenland: im nördlichen Bereich das Duerobecken, in der Mitte die 800 bis 1000 m hohe Meseta, die ringsum von Gebirgszügen begrenzt wird - im Nordwesten die Montes de Leon, im Norden das Kantabrische Gebirge, im Osten das Iberische Randgebirge und im Süden das Kastilische Scheidegebirge mit den Sierras de Francia, de Gredos, de Guadarrama, das die Hochflächen in die Nord- bzw. Südmeseta teilt.

Die Hochebene südlich Madrids bis zum Übergang nach Andalusien wurde im Zuge verwaltungstechnischer Maßnahmen **Neukastilien - La Mancha** genannt und entspricht dem Teil Spaniens, in dem früher das Königreich Toledo lag. Seine Grenzen sind politisch und geschichtlich derart unscharf, daß die Spanier vorwiegend von La Mancha reden, womit geographisch eigentlich nur der mittlere und südliche Teil von Neukastilien abgedeckt ist. Die Südmeseta ist insgesamt niedriger und wird in ihrem Westteil durch die Montes de Toledo, einer Folge verschiedener Bergkämme, nochmals gegliedert.

Während im Norden kleinere und mittlere Höfe vorherrschen (Feldergrenzen aber oft nicht erkennbar), sind es im Süden große Güter - sie wurden während der Reconquista als Lehen vergeben.

Beide Kastilien sind halb so groß wie die BRD (128 150 qkm), etwas mehr als 1/4 des spanischen Festlandes. Die langen Sommer sind sehr heiß, auf Regen wartet man vergebens. Die Winter sind bitter kalt.

Das Land ist über weite Strecken öde und ausgedörrt, dennoch erzeugt Kastilien lohnende Weine und die **cocina castellana** lockt mit frischen Bachforellen, -krebsen und saftigen Braten aus dem waldigen Bergland um Soria, Segovia, Burgos, Rebhühner und Wachteln aus südlichen Gegenden wie Toledo:

Cocido castellano ist der Eintopf aus Rindfleisch, Speck, Huhn, lokalen Variationen luftgetrockneter Wurst, Gemüse (vorwiegend Weißkohl) und den ewigen garbanzos, den Kichererbsen. Lamm- und Ferkelbraten gibt es zu festlichen Anlässen: **Cochinillo asado**, dieses im Holzofen gebratene Spanferkel ist deshalb so zart und saftig, weil es sehr jung geschlachtet wird, ung. 3 Wochen alt. **Cordero asado** oder **lechazo asado** ist das im Backofen gebratene Lamm oder Milchlamm (soll am besten in der Valladolidgegend schmecken). **Perdices estofados,** in Weißwein mit Schinkenwürfeln geschmorte Rebhühner.

Bleibt für die armen Vegetarier außer dem **queso manchego**, dem Schafskäse der Mancha, noch ein Gemüsegericht aus Auberginen, Kürbis, Paprika, Tomaten und Rührei, der **pisto manchego** - manchmal mit Schinkenstückchen. Und ausgezeichnetes **Obst**: Äpfel und Birnen aus dem Tietar-Tal in Avila, Melonen aus Villaconejos (südl. von Madrid) und Erdbeeren aus Aranjuez.

Feine **Postres**: In der Gegend um Avila und Burgos gibts kandierte Eidotter, **yemas. Natillas** sind gerührte Süßspeisen aus Eidotter, Milch, Zucker und Zimt. Der beste **mazapan** kommt aus Toledo, genauso wie **polvorones**, eine süße, weiche Mandelmasse.

Altkastilische Städte

León

131 600 E.; 123 km von Oviedo, 319 km von Madrid; 883 m
TI: Plaza de la Catedral 4

Römisch, gotisch, maurisch und dann wieder christlich - unter Ordono II von 914 - 924 Hauptstadt des Königreichs von Asturien, Kreuzpunkt von Pilgerwegen. Das Altstadtviertel ist voll von Erinnerungen.

Am Stadtrand neben der Flußbrücke steht das ehemalige Pilgerhospital San Marcos aus dem 13. Jh., das dem Santiago-Orden gehört - heute ein Touristenhotel***** (Tel. 237300), eins der schönsten Hotelgebäude Europas. Die Fassade wurde um 1513 in platereskem Stil renoviert, Jakobsmuscheln schmücken Bögen und Säulen. Innen hängen Riesenkronleuchter, Gemälde, handgewebte Teppiche, Stilmöblierung aus 16. Jh. - auch in den Zimmern. Vom grünbepflanzten Klosterhof mit Kreuzgang sieht man auf die Kapelle, in der auch heute noch Gottesdienste abgehalten werden. Ebenfalls hier noch ein Archäologisches Museum - und, vielleicht noch wichtiger: das Restaurant Rey Don Sancho, das beste Küche bietet. Für den, der hier wohnt, gibt es eigentlich fast keinen Grund, einen Fuß vor die Tür zu setzen - außer die Altstadt: viele romanische Kirchlein, jeden Samstag der bunte Obst-, Gemüse- und Schafskäsemarkt auf dem Plaza Mayor, die Kathedrale Pulchra Leonina auf der Pza de la Regla aus dem 13. und 14. Jh. mit den großartigsten Glasmalereien Spaniens (unbedingt hineingehen, schöne Lichtstimmungen). "Ihr Mauerwerk besteht über die Hälfte aus Glas oder, anders ausgedrückt, ist die reinste Symphonie aus Fenstern, denn wo eine gewöhnliche Kathedrale vielleicht sechs hat, hat die von Leon hundertfünfundzwanzig ... Wie konnte man ein massives Steingebäude nur so mit Fenstern durchbrechen, ohne daß es einfiel?"
J.A. Michener, Iberia

Unterkommen, Essen und Rumlungern

Billiger als im San Marcos ist es im Hotel Quindos**, Avda. Jose Antonio 24, in Citylage mit sehr gutem Frühstück, DoZi um 55 Mark. Ganz billig sind die Hostals in der Bahnhofgegend.

Das Barrio Humedo und Pl. San Martin sind belebte Viertel mit vielen guten Bars: El Tizan, La Bodega Regia, Cano Vadillo (bekannt für seine guten Tortillas), Palomo und El Ruedo.

Das Cafe Victorio, Generalisimo Franco 25, ist das traditionelle Kaffee- und Teehaus.

Richtig gut essen kann man außer im Rey Don Sancho im San Marcos im Novelty, Independencia 4 und in der Bodega Regia, Pza San Martin 8 (So. Abend geschl.), in einem aus dem 12. Jh. stammenden Haus im Barrio Humedo, Nähe Kathedrale. Hier gibts lokale Gerichte und Weine aus dem El Bierzo Gebiet.

Zamora

55 000 E., 62 km von Salamanca u. 245 km von Madrid, auf 654 m oberhalb des Duero gelegen.
TI: Santa Clara 20.

Die Prairiestadt Zamora, die westlichste Bastion der Verteidigungslinie am Duero, liegt für den Tourismus abseits. Sie ist eine der ruhigsten großen historischen Städte in Kastilien.

Unterkommen ist kein Problem, es gibt zwar nur wenige Hotels, aber die sind relativ billig und nicht überfüllt. Schauen Sie sich in der Gegend um Plaza Mayor und Plaza Alemania um, hier gibt es auch einige Hostals. Genauso entlang den Calles San Torcuato, Benavente, Santa Clara.

Der Parador Nacional Condes de Alba y Aliste**** (Tel. 514497/8/9) in der historischen Altstadt, Pl. de Canovas 1, ist in einem alten Palast an der Plaza bei der Kathedrale untergebracht. Blick auf den Duero, Schwimmbad und schöner Innenhof mit großartigem Renaissance-Kreuzgang.

Billiger, aber auch sehr komfortabel: Il Infantas***, Cortinas de San Miguel 3, im Zentrum.

Tapas gibts rund um die Plaza Mayor, entlang der Calle los Herreros gibts mehr als 15 Bars!

Ausflug in die Weinberge

Die Comarca de Toro, das Rebland im Osten der Provinzhauptstadt ist eines der trockensten Gebiete Spaniens. Hier werden ausgezeichnete Rotweine erzeugt, die früher zu den beliebtesten Spaniens zählten und u.a. auch den Studenten und Professoren der Universität von Salamanca zu geistigen Höhenflügen verhalfen. Der Großteil des Weines wird als Verschnitt weiterverkauft, ein kleiner Teil wird von der Coop. de Morales de Toro und den Bodegas Luis Mateos und Hijos de Frutos Villar abgefüllt.

Das Städtchen **Toro**, inmitten den Weinbergen, Obstfeldern und Wiesen wartet außerdem noch mit vielen Sternchen auf: Stiftskirche aus dem Jahre 1160, div. Kirchen im Moriskenstil, Klöster, Burg aus 10. Jh., Stadttor und einen Stierkampfplatz aus dem Jahre 1828, der zu den ältesten des Landes zählt - genug Gründe für eine kleine Weinfahrt!

Valladolid

339 000 E., 193 km von Madrid entfernt, auf 691 m in flacher eintöniger Landschaft gelegen.
TI:Pl. de Zorilla (Verlängerung des Bahnhofausgangs)
Stadtplan ist hier sehr wichtig, Autofahrer werden zusätzlich zu dem starken Verkehr auch noch mit engen Einbahnstraßen überlastet.

Valladolid ist eine ganz normale geschäftige Stadt, Industriestadt und wirtschaftliches Zentrum im Nordwesten, dh. so gut wie ohne Touristen. Sobald es einem gelungen ist, sein Auto zu parken, kann man ganz in Ruhe die spanische Stadthektik genießen. Ohne auf jedem Schritt und Tritt über ein Museum, Burg oder Schloß zu stolpern (es gibt natürlich auch hier ein paar Sternchen), hat man endlich Zeit zum Beobachten der Kleinigkeiten, die einen Tag in einer spanischen Stadt ausmachen: wie ein Spiegelei zwischen 2 Toastscheiben unversehrt einen Platz findet, die Espressomaschinen blitzeblank gefummelt werden, die Zeitungen vor Sportseiten bersten und wo der Tag mit einem café con leche und einem croissant in einer Bar beginnt und mit einem Glas Wein und Tapas endet.
In den Kiosken um die Pl. Zorilla gibt es auch noch eine erstaunlich gute Auswahl an deutschen Magazinen.

Unterkommen: Ganz billige Unterkünfte gibt es z.B. um die Kathedrale (C. de la Constitucion) - die Kathedrale wurde vom Escorial Architekt Juan de Herrera gebaut, ist aber nicht umwerfend. Etwas feiner im altmodischen Felipe IV****, Gamazo 16, zentral und mit Parkmöglichkeit, was in Valladolid sehr wichtig ist, DoZi ab 80 Mark.
Die Jugendherberge Unesimo Redondo, Paseo Cementerio 2, liegt zentral. Der nächste Campingplatz, El Platino, 10 km außerhalb in Simancas.

Essen: Kastilische Gerichte und regionale Weine gibts im Meson Panero, Marina Escobar 1 (etwas teuer) und im Meson La Fragua, Pza. Zorilla 10.

Montealegre (bei Valladolid)

Burgen um Valladolid

Vor Beginn der Maurenvertreibung nahm Valladolids Bedeutung stetig zu, es wurde Hauptstadt eines gigantischen Kaiserreiches und überall in diesem Gebiet sind Burgen zu Verteidigungszwecken entstanden. Hier liegen verschiedenste Burgen so eng nebeneinander, daß sich eine kleine Burgenkreuzfahrt lohnt. In ganz Spanien finden sich heute noch die mehr oder weniger gut erhaltenen Reste von 2538 Burgen und Festungen, Valladolid ist die burgenreichste Provinz.

Die folgenden 4 Burgen sind um die Provinzhauptstadt herum verteilt - jede einzelne lohnt den Weg:

Nördlich von Valladolid, auf einer kleinen Anhöhe inmitten kastilischer Einöde unter unergründlichem Himmel die **Montealegre** aus dem 12. Jh: ohne jegliche ornamentale Zugeständnisse - eine Kriegsmaschine. Sie war Teil der leonesischen Grenzlinie. Die rotleuchtende Burg und die riesige Schafherde, die kurz vor Sonnenuntergang ins Adobedorf neben der Burg heimgetrieben wird, blieben uns im Gedächtnis.

Östlich von Valladolid auf einem Hügel zwischen dem Duero und Duraton **Penafiel.** Sie hat sich dem Fels und dem Gelände angepaßt: 250 m lang und 29 m breit - eine Burg wie ein Schiff. Einziges Ornament die prächtig gearbeiteten Schießscharten. Wahrscheinlich war diese felsige Anhöhe schon seit dem 11. Jh. befestigt, von den übriggebliebenen Anlagen überwiegen die aus dem 15.Jh.

Und ihr zu Füßen im Örtchen Peñafiel die Weinkeller der Coop. de Ribera del Duero. Es ist eine alteingesessene Genossenschaft mit ca. 230 Mitgliedern, die in den 2000 Fässern aus amerikanischer Eiche Rotweine ausbauen, die neben den Rioja zu den besten Spaniens zählen. Probieren können Sie diese Weine z.B. im Restaurante Asador Mauro direkt im Ort. Seine Spezialität: gebratenes Spanferkel oder Milchlamm.

Südlich von Valladolid Iscar und Coca. Auf halbem Weg zwischen Olmedo und Cuellar die **Burg Iscar.** Von unten gesehen nurmehr Überreste - was beeindruckt, sieht man erst von oben: von dem vereinzelten Hügel, abgehoben von der restlichen Welt, dem armseligen Dorf weiter unten und den Flußebènen des Lega und Eresma. Iscar selbst ist mehr Turm als

Burg, der Hauptturm ist praktisch der einzige Überrest der Festung, die wohl aus dem 11. Jh. stammt und im 15. Jh. fast vollständig umgebaut worden ist.

Im Nordwesten von Valladolid an der Grenze zur Provinz Segovia ein sündhafter Traum - die Idee des prunksüchtigen Adligen Alonso de Fonseca - **Coca**, das Zauberschloß im Mudejarstil. Sie wurde Ende des 15. Jh. begonnen und Anfang des 16. Jh. fertiggestellt. In der sandigen, pinienbestandenen Gegend sind Steine nicht häufig, kein Problem für die Morisken-Baumeister, die Coca wie auch die benachbarte Burg Medina del Campo und viele andere Kirchen dieser Gegend mit Lehmziegeln erbauten.

Salamanca

170 000 E., 62 km von Zamora, 210 km von Madrid, 829 m
TI: Plaza Mayor

Die Plaza Mayor mit ihren 4-stöckigen, fast symmetrischen Gebäudefronten ist die schönste Spaniens. Der café con leche ist jede Pesete wert, die er mehr kostet als anderswo.

Wer hier den ganzen Vormittag herumgelungert ist, sollte sich um die Mittagszeit wieder etwas Bewegung verschaffen und die Plaza nach Süden verlassen. Die Rua Mayor führt direkt zur Barockkirche la Clerica und ihr gegenüber steht die Casa de las Conchas, ein dreistöckiges braunes Renaissancegebäude, das mit 16 Reihen modellierter Muschelschalen verziert ist, Symbol der Pilgerzüge nach Santiago im frühen 16. Jh.

Um die Mittagszeit ist ein Besuch des Muschelhauses am reizvollsten, "wenn die Sonne die Calle de Melendez hinaufkriecht und mit den Muscheln ein ganz reizvolles Licht- und Schattenspiel treibt. Ungefähr eine Stunde lang bleibe ich in dem gegenüberliegenden Schusterladen auf meinem Hocker sitzen und schaue genüßlich zu, wie ein Muschelbogen nach dem anderen vom Sonnenlicht allmählich aus dem Schatten gehoben wird, bis schließlich die ganze Muschel aufleuchtet. Dann flammen die Stuckwappen über den Fenstern auf; der Adler ⊃

pickt nach den Strahlen, die sich auf ihn zu schieben, und bald darauf sind auch schon seine Schwingen in Gold eingetaucht .... Um halb eins, wenn der Schuster den Vorschlag macht, einen Schluck zu trinken, ist die ganze Fassade von der Sonne hell ausgeleuchtet. Da zeigt sich, daß die Mauer nicht ganz eben ist; das Haus ist doch schon alt, und da und dort hat sich ein Stein vorgeschoben. Dennoch ist es, wenn es so im Licht der Sonne erglüht, am allerschönsten. Ein bißchen wundert es mich freilich doch, daß es mir einen derartigen Spaß bereitet, die Verwandlungen eines Gebäudes zu betrachten, das architektonisch bestimmt nichts Besonderes darstellt, und das nur, weil irgend so ein verrückter Architekt auf die Idee gekommen ist, ein paar hundert Muscheln draufzusetzen. Und doch würde ich mich, und wenn ich schon morgen nach Salamanca zurückkäme, genauso wieder auf den Schusterhokker klemmen, um mir das bezaubernde Ballett aus Sonne und Stein anzuschauen." J.A. Michener, Iberia.
Außerdem gibt es hier in der Gegend auch noch einige Bars mit gutem Tapaangebot!

Die Universität Salamancas, die 1230 von Alfonso IX gegründet worden ist, war lange Zeit die Welteliteschule neben Oxford, Paris und Bologna. Bei den Astrologen Salamancas suchte Columbus nach Unterstützung seiner Navigationsberechnungen, auch war es ein Wirtschaftswissenschaftler aus Salamanca, der als erster davor warnte, solche Mengen Gold aus den Kolonien einzuführen, ohne die Produktion von Konsumgütern anzukurbeln. Um 1567 hatte die Universität rund 7800 eingeschriebene Studenten und etliche Zuhörer mehr. Gegen Ende des 16.Jh. fing auch hier die Inquisition an, Früchte zu tragen: es gab keine mathematischen Vorlesungen mehr, kurz darauf keine medizinischen, erst wurden jüdische Studenten ausgeschlossen, dann alle nichtadligen und so warens 1824 nur noch 300 Studenten. Jetzt sinds wieder 1200 Studenten, aber die Uni hat nur mehr Sprachschulencharakter.

Fray Luis de Leon, ein führender spanischer Theologe und Humanist an der Universität Salamanca, wurde 1572 mit der Begründung verhaftet, er sei Halbjude und habe ein schweres, an Ketzerei grenzendes Verbrechen begangen. Nach fast 5-jähriger Haft setzte man ihn ohne weitere Erklärung auf freien Fuß und erlaubte ihm sogar, seine Lehrtätigkeit an der Universität wieder aufzunehmen. An einem Dezembermorgen im Jahre 1578 hielt er vor einem vollbesetzten Saal nach mehrjähriger Abwesenheit seine 1. Vorlesung und begann mit den Worten: "Wie ich gestern darlegte ...."

Essen

Jeden Montag und Freitag findet der Mercado Central statt, auf dem Pl. del Mercado zwischen Gran Via und Pl. Mayor. Wer lieber gepflegt essen geht: Chez Victor, Espoz y Mina 22 (So. Abend und Mo geschl.).

In den Gassen zwischen Pl. Mayor und der Gran Via gibt es ein ausreichendes Barangebot:

- Las Torres, Pza. Mayor 26, gute Nachtische und cafe con leche
- Novelty, Pza. Mayor 1, sehr gutes Cafe, viele Studenten
- Meson de Cervantes, Pl. Mayor, gute Tapas, bocadillos und Salate (Tische im Freien und innen, vom Pl. aus hoch auf steiler Treppe in den kleinen urigen Gastraum mit Blick auf die Plaza. In der Blechtrommel wird ein ätzendes Sangriagemisch angemacht und als vino de la tierra verkauft.
- La Covachuela, Pza. Mercado 24, gute Preise für Tapas und pincho
- Los Arandanos, C. de la Fuente 2 (Bar, Rest., Fromagerie)

und weiter in den Calles: Bermejeros (La Taberna de Pilatos), Pza. de San Julian (El Puerto de Chus), C. de la Reina (La Cantina, Cristal), an der Kreuzung der C. Ventura Ruiz Aguilera, Clavel, Pozo Amarillo stehen gleich 3 gute Bars....

Mit einem Tag kommt man einfach nicht hin ....
also **Übernachten**:

Billige Unterkünfte gibt es rings um den Pl. Mayor, mit etwas Glück sogar mit Sicht auf die Plaza.

- Hotel Gran Via, La Rosa 4 (an Gran Via, zentral, gut)
- PN Salamanca****, Tel. 228700, Teso de la Feria, liegt etwas außerhalb jenseits vom Fluß auf einem Hügel, schöne Sicht auf die ockerfarbene Stadt mit der alles überragenden Kathedrale. Die Sicht ist allerdings das beste am Parador, einem neuen, phantasielosen Bau, innen Cafeteriastil, beliebtes Ziel für Wochenendkaffeeausflüge spanischer Familien.
- Gran Hotel****, Pza Poeta Iglesias 6 (Nähe Pl. Mayor) Falls man gepflegt wohnen will, ist dieses Edelhotel auf jeden Fall dem Parador vorzuziehen. Preis Paradorniveau.

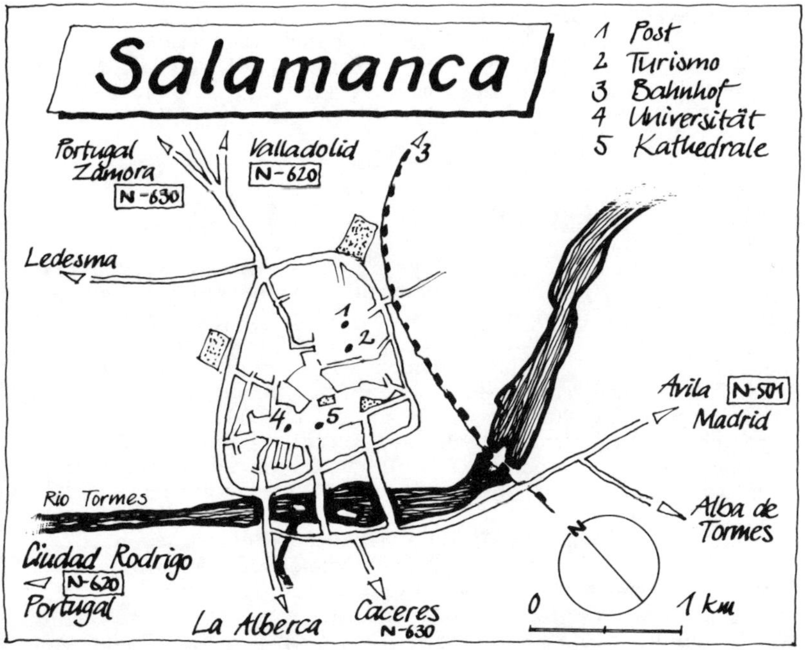

Ausflüge

Nach Süden: **Alba de Tormes** am Rio Tormes, ein wichtiges Pilgerziel Spaniens, hier im Karmeliterconvent liegen die Gebeine der Santa Teresa. Direkt im Ort ein kleiner Strand, nordöstlich davon Zugang zum Stausee mit Bade- und Campmöglichkeiten - Wasser ist erfrischend kühl!

Der Embalse Sta. Teresa weiter südlich ist nicht lohnend, karges Ufer, wegen der großen Niveauschwankungen kein Uferbewuchs.

Nach NW zu den Stauseen und den Arribes del Duero: Richtung Villamayor am Rio Tormes entlang, der bei Ledesma von einer römischen Brücke überquert wird. Auf der ganzen Strecke bis Almendra leider keine guten Bademöglichkeiten. Aber trotzdem weiterfahren: bei Aldeadavila de la Rivera am Ufer des Duero gibts die bis zu 300 m breiten Flußmeander (arribes) und einen schönen Wasserfall. Ab hier entweder auf gleicher Strecke zurück nach Salamanca oder weiter durch Mandel- und Zitronenhaine über Fregeneda, Lumbrales, Sanfelice bis Ciudad Rodrigo, einem netten Städtchen mit allen notwendigen Sternchen: Stadtmauer, Alcazar, 12. Jh. Kathedrale, Parador ....

Vergessenes Land: **Las Hurdes**

Zwischen Ciudad Rodrigo und Bejar im äußersten Norden der Provinz Caceres liegt Las Hurdes, die menschenleere Berggegend, in die zu Inquisitionszeiten die Judios geflohen sein sollen. Man fährt durch Weizenfelder, Edelkastanien, Korkeichen, Oliven- und Nußbäume langsam bergauf in die Pena de Francia, die immerhin 1700 m hoch ist. Durch diesen Gebirgskamm ist das Las Hurdes-Gebiet (479 qkm) nach Norden hin abgeriegelt. Bis vor wenigen Jahren war es nur von Süden her erreichbar. Manche Orte sind immer noch nur auf Maultierpfaden erreichbar und nicht ans Elektrizitätsnetz angeschlossen.

Zwischen Felsen das Dorf La Alberca: steile Gassen, Häuser aus unbehauenem Stein, Ziegendreck auf dem Plaza Mayor, tiefstes Mittelalter. Der Weg schlängelt sich über den Portillopaß ins Gebiet Las Hurdes, anstelle trostloser Kargheit dunkelgrüne Waldberge, Forellenbäche und immer wieder winzige alte Dörfer.

Die jahrhundertelange Abseitslage machte es zum rückständigsten Gebiet Spaniens: 90% der erwerbstätigen Bevölkerung ist in der Landwirtschaft tätig, die Mehrzahl arbeitet über die Hälfte vom Jahr als Saisonarbeiter außerhalb von Las Hurdes.

Ciudad Rodrigo

16 000 E., 640 m; TI am Hauptplatz/Altstadt.

Der alte, denkmalgeschützte Kern der Provinzstadt liegt wunderschön auf einer Anhöhe über dem Rio Agueda. Drumherum das weite, etwas vergessene Grenzland zu Portugal, bis zur Grenze sind es nur noch 26 km. Innerhalb der alten Stadtmauern ist Ciudad Rodrigo auch heute noch eine wunderschöne Stadt. Wer hier an einem lauen Abend, nach einem glühenden Tag, durch die Gassen wandert, versteht, weshalb Kastilien so reizvoll sein kann. Gerade in der dürren Hochebene, im ohnehin vernachlässigten Grenzgebiet zu Portugal, erlebt man Stadt intensiver, direkter. Es ist nicht nur die mittelalterliche Stadtarchitektur, die besternte Kirche, es kommt mehr zusammen: Eine ruhige Provinzstadt mit intaktem Zentrum, Traumlage über der Einöde, beste Unterkunftsmöglichkeiten. Ideal für einen ruhigen Zwischenstop in der Provinz.

Orientierung/Unterkunft

Der alte Stadtkern liegt oberhalb der Durchgangsstraße E-3 Salamanca - Grenze Portugal. Das kompakte Zentrum ist leicht zu Fuß zu erkunden. Am besten von der Plaza Mayor aus, hier läßt sichs in den Straßencafes aber auch leicht einen Nachmittag vertrödeln, z.B. im Klassiker El Sanatorio, Nr. 13, mit gutem Tapa-Angebot.

Beim Tourist-Office am Hauptplatz gibt es einen kleinen Stadtplan und ein Info-Blatt über die historischen Sehenswürdigkeiten.

Wohnen kann man in Ciudad Real mitten im alten Zentrum, hoch über der kastilischen Weite im Parador Enrique II***, Tel. 460150, ganz sicher einer der angenehmsten historischen Paradores im Land. Kein aufgemotzter Klassik-Pomp wie in vielen der größeren Paradores, sondern eine edle Herberge, mit allem Luxus in einmaliger Lage. Ein für Parador-Verhältnisse gutes Restaurant. Die 27 Zimmer sind relativ preiswert, unbedingt Reservieren!

Ebenfalls im alten Stadtkern und ähnlich schön wie der Parador, aber spürbar billiger, ist das Hotel Conde Rodrigo**, Tel. 461404, Plaza San Salvador 7.

Avila

41 800 E., 113 km von Madrid, 62 km von Segovia, auf 1128 m die höchstgelegenste Stadt Spaniens (nur Juli und August sind frostfrei!).
TI: Plaza de Catedral 4, gegenüber Kathedraleneingang.

Die Felsenburg auf einem Hügel am Rio Adajo mit seinem monumentalen Mauerring, glatt und ohne Makel, ist ein gelungenes Bühnenbild des Mittelalters, am schönsten im Abendlicht von der baumlosen Steppenlandschaft aus. 300 Jahre waren sich hier die Christen und Mauren nicht einig. Bis Karl V. mit seinem Adel nach Toledo verschwand, hatte die Stadt eine Blütezeit - mit der Vertreibung der Mauren, die Handwerk und Handel belebten, schrumpfte die Einwohnerzahl auf 2000.

Heute findet das Leben außerhalb des Mauerrings statt, die Altstadt ist mehr Museum und Ruine. Am eindrucksvollsten die Stadtmauern selbst, die murallas sind die besterhaltensten und ältesten Spaniens. Laut Fremdenverkehrsprospekt "schenkte Alfons VI. der Stadt im 11. Jh. ihren Mauerring" - nachdem seine Einwohner über 9 Jahre an den 3 m dicken Mauern arbeiten durften. Wer oben auf den 2,5 km langen Mauern spazieren will, findet einen Aufgang dazu beim Parador.

Ansonsten steht fast alles in Avila unter dem Stern der Hlg. Teresa, die hier 1515 geboren wurde. Sie ist eine der wichtigsten Figuren der Gegenreformation. Ihr gehört auch der belebteste Platz der Stadt, unmittelbar vor dem Alcazartor.

Unterkommen: Um den Bahnhof herum gibt es billige Hotels, genauso im unteren Teil der Av. Jose Antonio.
- Cuatro Postes**, Ctra. de Salamanca 23, liegt zentral, moderner Bau mit schönem Blick auf die Stadt, Garten und moderater Preis.
- Burgähnlich und in bester Lage der PN Raimuno de Borgona****, Tel. 211340, Marques de Canales y Chozas 16, ist etwas nobler, beste Lage direkt in Stadtmauer gebaut, schöner Blick, Garten.

Der nächste Campingplatz, Camping La Choza de Gredos, liegt westlich von Avila auf der Straße zum Parador de Gredos, im Örtchen Martin de Pimpollar, 5 km westlich von Venta del Obispo.

Essen: Die Kneipen um die Kathedrale herum sind mehr touristisch, gute tapas gibts in der Bar Casa Patas, San Millan 4 (comedor im 1. Stock). Feine kastilische Gerichte gibt es im Rastro (in Stadtmauer hineingebautes Restaurant) und im Paradorrestaurant.

Da wären zunächstmal die **truchas**, die Forellen aus dem Rio Tormes, dann die gebratenen Spanferkel (**toston**), **judias del Barco de Avila** (weiße Bohnen mit Speck und Paprikawurst), **ternera**, das Fleisch des Milchkalbs aus dem Ambles-Tal - und zum Nachtisch **yemas de Santa Teresa**, kandierte Eidotter oder **huesillos fritos**, eine Art Schmalzgebäck.

Segovia

53 500 E., 88 km von Madrid, 65 km von Avila, 1008 m
TI: Plaza Mayor 8

Im Gegensatz zu Avila ist Segovia eine vitale Kleinstadt. Sie liegt zwischen zwei kleinen Flüssen in einer abwechslungsreichen Tal- und Hügellandschaft am Fuße der Sierra de Guadarrama.

Vom südwestlich gegenüberliegenden Kalvarienhügel mit den 5 Steinkreuzen überblickt man die Stadt in voller Breite - eins der schönsten Stadtpanoramas Spaniens. Die Römer haben hier das eindrucksvollste Denkmal ihrer über ein halbes Jahrtausend währenden Herrschaft in Spanien hinterlassen, den Acueducto Romano (aus 1. und 2. Jh.): 728 m lang mit 118 teils zweistöckigen Bögen aus mörtellos gesetzten Granitquadern. Die doppelten Bogenreihen auf der Plaza del Azoguejo sind fast 30 m hoch. Der Aquädukt wurde bis 1906 für die Wasserversorgung der Stadt benützt.

Auch sonst ist Segovia reich mit Adelspalästen, Kirchen aus dem 12. Jh. besternt. Nicht zu vergessen der Alcazar, der zwischen 14. und 15. Jh. erbaut wurde. 1862 wurde er von einem Feuer fast ganz zerstört, was heute steht, ist mehr oder weniger eine Parodie des Originals.

Essen: Die cochinello asado (Spanferkel) hängen in allen Auslagen. Gute Bargegend in den Seitenstraßen vom Pl. Franco (Calle de Infanta Isabella). Ansonsten empfehlenswert: Jose Maria, Cronista Lecea 11 (mit Restaurant); Tasca la Posada, Juderia Vieja 1.

Das beste Restaurant ganz Kastiliens (wir habens leider nicht getestet und freuen uns auf Ihre Erfahrungen) soll das Meson de Candido sein (Pza. del Azoguejo 5, am Aquädukt).

Unterkommen: Guter Ausgangspunkt für Zimmersuche ist Plaza Franco, hier hats zwischen den rel. teuren Cafes billige Fondas.

- PN de Segovia****, Tel. 430462, Ctra. de Valladolid, mit Garten, Schwimmbad, Sauna, schöner Sicht über die Stadt, etwas kühler Atmo.

Rel. billig und im Zentrum, mit Blick auf Aquädukt:

- Acueducto***, Avda. Padre Claret 10.

SIERRA GUADARRAMA

Am Fuße der Berge hohe, lichte Wälder, zumeist Kiefern. Weiter oben hartes, zähes Gestrüpp, das immer dürrer wird und immer enger am Boden kriecht. Dünnes Moos, ganz oben schließlich Stein - überall grüne Eidechsen. Der Blick reicht weit: Segovia, Madrid, El Escorial und daneben das Monumentalkreuz über der Felsenkirche des Generalisimo. Der Himmel und das Licht betäuben. Auch im Wald weiter unten kein Dunkel, kein Modergeruch - er duftet licht.

Die Wege in den Sierras sind selten markiert und fast nie beschildert. Karten sind eine Hilfe, aber nicht immer zuverlässig, ein Kompaß ist deshalb nützlich. Genauso wichtig eine Wasserflasche. Manchmal sammeln sich zwar Rinnsale zwischen den Felsen und bilden tiefe Brunnen - schön zum Baden, aber mit solchen Begegnungen darf man nicht rechnen.

Sierra de Gredos

Die Sierra de Gredos im Westen ist noch schöner als die Sierra Guadarrama, noch weniger zersiedelt und noch wilder. Ihre Gipfel sind fast immer schneebedeckt. Der Pico Almanzor (westl. von Arenas) ist 2592 m hoch. Arenas de San Pedro ist Ausgangspunkt vieler Wanderungen.

An der Carretera San Martin de Pimpollar - El Barco de Avila (interessante Festung aus 15. Jh.) liegt der Parador De Gredos ***, Tel. 348048, ein schönes altes Steingebäude mit herrlichem Blick auf die Berge und großer Sonnenterrasse- aber kurhotelmäßig.

Südlich des Picopasses steht die Palastburg **Mombeltran** - in einer der schönsten Gegenden Kastiliens. Sie wurde 1461 erbaut und ist noch in gutem Zustand. Die alten silbrigen Olivenbäume inmitten der Gebirgslandschaft fühlen sich wohl hier im milden Klima.

Die Straße über den Pico-Paß kreuzt übrigens mehrmals die Calzada Romana, die alte Römerstraße.

Canadas reales *sind die von Bruchsteinmauern eingefaßte 300 bis 400 m breiten Bänder, die Wald, Feld, Acker und Weiden der Meseta durchschneiden, jahrhundertelang plattgetretene Pisten der Viehtriebe (vor allem Schafe). Die riesigen Herden der Mesta weideten im Winter nahe der Mittelmeerküste und im Sommer auf den Hügeln Altkastiliens und Kantabriens. Und die Canadas sorgten für einen ungehinderten Durchzug. Es durfte auf ihnen weder gebaut, gejagt oder geackert werden. Heute sind diese großzügigen Relikte der Wanderweidewirtschaft beliebte Reitstrecken, wo man die Pferde nach Herzenslust galoppieren lassen kann. "Vergegenwärtigt man sich die geographische Distanz zwischen den Winter- und Sommerweidegebieten im Innern der Halbinsel, so ergibt sich z.B. zwischen den andalusischen Winterweiden und den Sommerweiden von Leon oder Soria eine mittlere Distanz von etwa 830 km, die früher in rd. 30 Tagen Fußmarsch über genau festgelegte Triftwege bewältigt wurden. ... Aufgrund der langen Marschzeit mußte der Abstieg von den Sommerweiden bereits Mitte September beginnen;... Die Eisenbahn hat die großen raumüberwindenden Canadas überflüssig gemacht. Sie sind deshalb heute nur noch in Resten in der Kulturlandschaft zu erkennen."*

Toni Breuer, Spanien (Klett/Länderprofile

Toledo

75 800 E., 70 km von Madrid, 529 m
TI: Puerta Bisagra, am Paseo de Madrid, gleich außerhalb der Stadtmauern.

Manchmal kommt man an einen Ort, wo alles schief geht. Das fängt beim Hotel an, das häßlich und überteuert ist und nimmt dann eine Eigendynamik an: ein dreckschäumender Tajo, aufdringliche Menschen, die einem Zimmer andrehen wollen und sauer reagieren, wenn man ablehnt, ein alter Bäcker, der sich weigert, das mühsame, aber doch verständliche Spanisch zu verstehen, die gepriesenen köstlichen Rebhühner, die alt, zäh und fritiert sind, die herrlich malerischen engen Gässchen mit den stinkenden Abgasen, aus denen man nur dann heil herauskommt, wenn man den Atem anhält und sich an der Wand entlangpreßt.

Schreiben Sie uns von Ihren Erlebnissen, vielleicht geben sie uns Mut zu einem erneuten Besuch.

Von weitem besehen hat uns Toledo beeindruckt, nicht nur, weil es die berühmte El Greco-Stadtansicht ist. Die robuste gotische Kathedrale (1227 - 1493 gebaut) und der Alcazar (11. Jh.) über der Stadt, die mächtige Stadtumfriedung, der Fluß als Burggraben und drumherum Felsen, Hügel mit brauner, roter und ockerfarbenen Erde.

Die Stadt war einmal Hauptstadt der Westgoten, dann Hauptstadt eines maurischen Königreichs und die Hauptstadt Alfons VI - die Goldene Zeit Toledos als Treffpunkt von Abend- und Morgenland währte vom 13. bis 16. Jh. und endete abrupt, als Madrid Hauptstadt wurde und die Inquisition immer mehr zuschlug. Heute pflegt sie nurmehr ihre Geschichte. Allerdings für El Greco-Freunde ein Leckerbissen. Domenico Theotocopoulos, wie der Grieche bürgerlich hieß, wurde 1541 auf Kreta geboren und lebte seit 1577 in Toledo. Sein Meisterwerk, das Begräbnis des Conde de Orgaz, steht im rechten Seitenschiff der Kirche Santo Tome. Von hier aus führt die C. de los Amarillos in das alte jüdische Viertel, zur Casa del Greco, wo der Künstler die meiste Zeit in Toledo wohnte. Sie ist nicht besonders gut renoviert, aber die Skizzen von Velazques, El Greco und das Museum im selben Haus mit vielen guten El Grecos lohnen den Weg.

Essen und Schlafen: Rund um den Zentraltreff am Plaza Zocodover liegen mehr oder weniger schlechte Neppbars. Die beste Bar war die an der Ecke mit der langen Theke. Ein gutes Restaurant haben wir nirgends gefunden.

In der Altstadt gibt es ein paar billigere Privatunterkünfte, das Auto würde bei der Suche allerdings stören.
Der PN Conde de Orgaz****, Tel. 221850, Paseo de los Cigarrales, hat sich wieder einen schönen Platz auf einem Hügel mit schönem Blick über die Stadt ausgesucht.

An der Stadtmauer bei der Puerta Bisagra gelegen ist das Hostal del Cardenal***, Paseo del Recaredo 24.

Ansonsten ist es am nervenschonendsten, man sucht sich entlang der Circunvalacion (Ringstraße um die Stadt) oder an der Ausfallstraße Richtung Madrid ein Hotel - aber wie bereits angedeutet: es ist hier alles etwas teurer!

Campingmöglichkeiten: El Angel, westl. der Stadt an der Straße 502 nach Puebla de Montalban; El Greco, nördlich der Stadt an der Straße 401; Circo Romano, 400 m westlich des großen Kreisverkehrs am N-Rand der Stadt, zentrumsnah; Toledo, 5 km nördlich der Stadt an der 401.

Zu den Hängenden Häusern

Cuenca (40 000 E.; 165 km von Madrid; 920 m; TI: Colon 34) - wieder eine dramatische Lage: auf felsiger Höhe, die vom Huecar und Jucar umflossen wird. Die Altstadt mit engen Gassen, meist steilen Treppen, wappengeschmückte Adelshäuser - die berühmtesten direkt über dem Abgrund: die Casas Colgadas, die Hängenden Häuser von Cuenca. Sie stammen aus dem 14. Jh. und haben als königlicher Sommersitz gedient. Man besucht sie am besten vormittags, wegen dem Licht! Die Schilder 'Casas Colgadas' führen Sie an einen Ort unterhalb des Stadtfelsens. Wenn Sie in die oben liegende Altstadt möchten, fahren Sie besser Richtung Pl. Mayor. In den Casas Colgadas ist auch ein Archäologisches Museum und ein sehr gutes Museum für Abstrakte Kunst eingerichtet, mit Werken von Antonio Saura Tapies. Ebenfalls hier das Restaurant Casas Colgadas, Canonigos, weniger wegen dem Essen, sondern wegen der Aussicht hingehen. (Zarajos heißt Hammelbraten, caramba!)
Von dem Fußgängersteg Puento de San Pablo, der über ein tiefes Tal zum Kloster führt, hat man die schönste Sicht auf die Casas Colgadas.

Unterkommen: Hostals und Fondas finden Sie in den calles Ramon und Cajal, 18 de Julio, die von der Neustadt hoch in die Altstadt führen und entlang den wichtigsten Innenstadtstraßen (z.B. Avda. Jose Antonio).

Die Jugendherbergen sind meist voll: JH Alonso de Ojeda, San Ignacio de Loyola 13 (222 451); JH Maria de Molika, C. Virgen del Pilar 1 (222 420)

Die Posada de San Jose**, Julian Romera 4, ein recht günstiges Hotel. Das Xucar**, Cervantes 17, ist etwas komfortabler, aber preislich auch günstig und zentral.
Campingplatz gibt es keinen.

Verrücktes Land: **In die Ciudad Encantada**

Die Verzauberte Stadt liegt ca. 35 km nördlich der Stadt. Die Straße dorthin ist bestens ausgeschildert und führt über Vilalba de la Sierra, hinauf zum Aussichtspunkt Ventano del Diablo, dem Teufelsfelsen, und weiter zur Ciudad Encantada: 20 qkm phantastische Erosionsgebilde von Seehunden, Elefanten, römischen Brücken usw. Der markierte Rundwanderweg beschäftigt Sie gut eine Stunde (tägl. von 9.30 bis 19 Uhr geöffnet - am besten gleich morgens hingehen, wegen der Ruhe!).

Fahren Sie auf der Straße weiter durch die reizvolle Landschaften der Serrania, nach Una, am Ufer des Jucar und Stausee Toba entlang bis nach Huelamo und Tragacete zur Quelle des Cuervo, die inmitten riesiger Kiefernwälder liegt. Das Wasser tropft von den moosbehangenen Grotten in den farbenschillernden Quelltopf.

Madrid

3 259 000 E., 70 km von Toledo, 650 m
TI: Plaza Mayor 3

Einen klaren blauen Himmel hat die Stadt nicht mehr so häufig. Die Luftverschmutzung hat in den letzten Jahren rapide zugenommen. An manchen besonders schlimmen Tagen verhüllt die Smogschicht bis auf 10 Meter Höhe alles. Für die Gruselarchitektur der neuen Arbeitervororte im Südosten der Stadt ist dies aber noch nicht tief genug. Ein kurzer Regen genügt, dann steht die Stadt wieder sauber da: auf einer Hochfläche 650 m über Meereshöhe, darüber der Goya-Himmel.

Eigentlich ist sie eine sehr junge Großstadt: 1083 war es eine maurische Festung und erst 1561 machte sie Philipp II zur Hauptstadt seines Weltreiches. Vor 100 Jahren hatte sie 300 000 Einwohner, seither werden es pro Jahr 100 000 mehr, heute sind es bereits 4 Millionen.

1860 mußten die Stadtmauern einem Ringstraßensystem weichen: Bulevares im Norden, Paseos im Osten und Rondas im Süden. Zu Beginn des 20. Jh. wurden dann die engen, winkligen Gässchen zum Problem. Von 1917 - 1930 wurde am Strassendurchbruch der Gran Via (offiziell Av. de Jose Antonio) gearbeitet, die den Pl. de Espana mit der Calle de Alcala verbindet.

Mit dem unheimlichen Bevölkerungszuwachs ist auch der Wasserverbrauch gestiegen. Die Wasserversorgung Madrids wäre ohne die 14 Stauseen rund um die Stadt schon längst zusammengebrochen. Die meisten davon sind in der Regierungszeit Francos entstanden. Selbst wenn der Aprilregen ausbleibt und ganz Kastilien unter Wassernot leidet, sprudeln die Wasserspiele und Fontänen der Fuentes monumentales auf den großen Plätzen der Stadt munter weiter - Tafeln versichern: sie benützen immer dasselbe Wasser!

Groborientierung:

Der Mittelpunkt Madrids, der Punkt, von dem aus auch die Entfernungen im ganzen Land gemessen werden, ist die **Puerta del Sol**, drumherum die Altstadt. Von dem Sonnentor - das Tor wurde schon 1570, bald nach der Erhebung Madrids zur Hauptstadt, abgerissen - gehen heute 11 Straßen aus.

Nördlich der Puerta del Sol bis über die Gran Via hinaus erstreckt sich das bürgerliche Altbauviertel (aus 18. Jh., der Zeit der Bourbonen) mit dem königlichen Palast. Nördlich der Gran Via das interessanteste Viertel: **Malasaña** - niedrige Häuser, Holztüren, Schusterwerkstätten, Milchhändler, alte Apotheken und viele günstige Hotels - hier trifft sich die Szene und alt eingesessene Madrilenos rund um den Pl. Dos de Mayo. Zum Glück noch kein Schickeria-Viertel.

Die älteren Viertel (16. Jh., Habsburger) mit dem regelmäßig rechteckigen (und natürlich arkadengesäumten!) **Plaza Mayor** liegen südlich der Puerta del Sol, Tascagegend mit Kinos, Cafes und Paseo. Das **Lavapies-Viertel** südöstlich des Pl. Mayor ist immer noch eines der populärsten Viertel Madrids.

In der Altstadt gibt es immer noch eine überraschend große Zahl von kleinen Läden, häufig im Souterrain gelegen - Relikte aus vorindustriellen Zeiten, genauso wie die Strassennamen der Calles de Cuchilleros (Messerschmiede), Laterones (Messinggießer), Bordaderos (Sticker), Tintoreros (Färber), Curtidores (Gerber).

Die Grenze im Westen ist der Fluß **Manzanares**, der die Bezeichnung im Sommer nicht verdient und der urwüchsige Stadtpark Casa de Campo - im Osten der Retiro Park, Prado und Botanische Gärten.

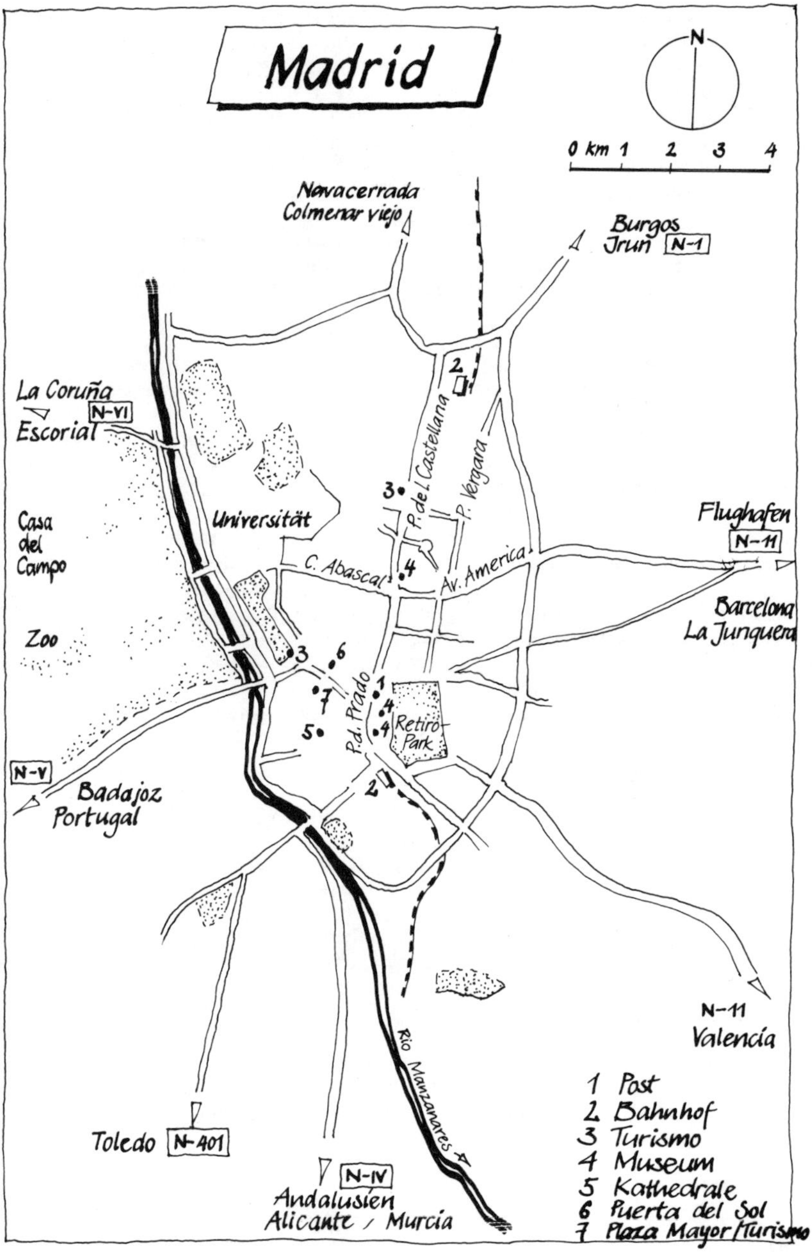

Madrid
N
0 km 1 2 3 4
Navacerrada
Colmenar viejo
Burgos
Jrun N-1
La Coruña
N-VI
Escorial
Casa del Campo
Zoo
Universität
P. de l. Castellana
P. Vergara
C. Abascal
Av. America
Flughafen
N-11
Barcelona
La Junquera
P. d. Prado
Retiro Park
N-V
Badajoz
Portugal
Rio Manzanares
N-11
Valencia
Toledo N-401
N-IV
Andalusien
Alicante / Murcia
1 Post
2 Bahnhof
3 Turismo
4 Museum
5 Kathedrale
6 Puerta del Sol
7 Plaza Mayor/Turismo

Die **Gran Via** ist das Hauptgeschäftszentrum, mit großen Kinos, Restaurants, Hotels, teuren Geschäften. Zwischen Gran Via und Puerta del Sol, teilweise Fußgängerzone, reihen sich die Kaufhäuser. Calle de Alcala das Bankenzentrum. An der Verlängerung des Prado nach Norden, der **Castellana,** reihen sich Luxushotels, Versicherungen, Ministerien, Behörden, Botschaften. Prado - Castellana - Generalisimo - das Rückgrat des modernen politischen Madrid.

Kunst & Kultur liegt rund um die **Plaza de Cibeles:** Prado-Museum, schöne kastilische Gebäude und Patrizierhäuser an der Castellana, Parlament, Landwirtschaftsministerium etc....

Nördlich des Retiroparks, im vornehm und großzügig geplanten **Salamancaviertel,** lebt das gehobene Bürgertum.

Außerhalb dem ringförmigen Straßenzug, der von den Straßen Joaquin Costa, Francisco Silvela etc. gebildet wird, beginnt die **Peripherie**, die ehemaligen Vorstädte wie z.B. Cuatro Caminos, Ventas, Prosperidad etc. Hier wohnten vor allem zugewanderte Arbeitssuchende, die sich die Miete in der Stadt selbst nicht leisten konnten. Ab 1950 nahm der Zuwandererstrom ungeahnte Ausmaße an - von dem ursprünglichen Bebauungsplan der Peripherie blieb nicht mehr viel übrig. Grünflächen fielen Bodenspekulation zu Opfer, primitive Schuppen wurden zu Wohnraum. In dieser Zeit entstanden auch die Chabolas, die Elendsviertel. Sie sind inzwischen zum großen Teil in mehr oder weniger feste Behausungen umgewandelt - unter gepflegten Vorstädten stellt man sich allerdings etwas anderes vor.

Arbeitslosigkeit & Jugend: "Der liebe lange Tag."

Wer in spanischen Städten mit offenen Augen unterwegs ist, sieht es: Fast die Hälfte der spanischen Jugendlichen ist zum Gammeln verurteilt. "Wir wissen nicht, was wir den lieben langen Tag anfangen sollen", schrieben 100 gerade aus dem Gefängnis Entlassene dem spanischen Ministerpräsidenten Felipe Gonzales. Kriminalität und Drogenkonsum haben Konjunktur. Oft geht es nur noch ums Geld für die nächsten Kicks. Auch die Älteren halten mit. Die Probleme, allen voran die Arbeitslosigkeit, sind ja diesselben. In dem Madrider Stadtgebiet Vallecas gibt es für 500 000 Einwohner mehr Kneipen als in ganz Schweden. Allein die Gemeindeverwaltung hat

30 000 Alkies registriert, psychische Krankheiten stehen in diesen Vierteln an erster Stelle. "Die Männer saufen, die Frauen werden hypochondrisch", konstatiert der Pfarrer von Entrevias.

Arbeitslosigkeit total: Mit 17% hält Spanien den ersten Rang in Europa. Traurige Spitze auch die Jugendarbeitslosigkeit mit 41,5%. In den Madrider Problem-Vororten Entrevias und Orcasitas haben über zwei Drittel aller Jugendlichen keine Arbeit. Schon die Elfjährigen wandern ab in die Innenstadt und beginnen dort eine Karriere als Bettler, allein 7000 soll es in der Innenstadt von Madrid geben ...

Madrid praktisch

Infostellen: Pl. Mayor 3, Pl. España, Edificio Torre de Madrid und an Bahnhöfen und Flugplatz. Hier gibts Stadtplan und Unterkunftslisten. 'En Madrid' ist eine kostenlose Touristinfo über wichtige Ereignisse, Festivals, Rockkonzerte etc., wird auf Englisch publiziert und kommt monatlich neu heraus. Der Guia del Ocio enthält u.a. eine Restaurantliste.

Das **Auto** ist wohl nicht das geeignete Medium für einen Fremden - falls man keinen Parkplatz findet, sollte man die teuren Gebühren für einen der 40 unterirdischen Parkhäuser (z.B. unter dem Pl. Mayor, Pl. de la Descalzas, Pl. del Carmen Pl. de Colon - letzterer sogar mit Metroanschluß) brummelnd in Kauf nehmen.

ACHTUNG: Viele Namen von Straßen, Metrostationen und Plätzen wurden und werden umbenannt, um ihre faschistischen Namenspaten zu tilgen - dafür nimmt man ein paar Verirrungen doch in Kauf!?

Die **Metro** ist der Stolz der spanischen Verkehrsplaner - zu Recht, auch wenn sie an den altmodischen, soliden Stahlrädern festhalten, statt sie gegen geräuschlose Hartgummireifen einzutauschen! Dafür hat sie einen absoluten Billigpreis und die Orientierung ist einfach. In Betrieb ist sie von 6 bis 1.30 Uhr in der Früh.

Busfahren ist teurer und etwas komplizierter. Nähere Infos am Plaza de Cibeles.

Überraschend billig sind dagegen die **Taxis,** ca. 30 Pts. pro km. Touristen und Ortsunkundige werden aber gerne übers Ohr gehauen, insbesondere bei Taxiständen vor teuren Hotels oder vor dem Flughafen.

Bahnhöfe: Züge aus Frankreich und dem Norden und Osten des Landes kommen bei der Estacion de Chamartin an. Das ist der modernste futuristische Madrider Bahnhof, ziemlich abgelegen im Norden der Stadt. Eine neue Metro-Linie verbindet ihn mit dem Zentrum.

Außerdem gibts noch eine Zugverbindung mit der Estacion de Atocha, die 10 Fußminuten zum Prado relativ zentral gelegen ist. Hier kommen die Züge von Portugal und dem Süden und Westen des Landes an.

Der kleinste Bahnhof ist der Norte oder Principe Pio, er ist für den Nordwesten zuständig. Alle Bahnhöfe haben eine Metro-Station mit eigenem Namen.

Der **Flughafen** Barajas - der größte Flughafen Spaniens mit 10 Millionen Fluggästen pro Jahr (Frankfurt hat 17 Mill.) - liegt 16 km außerhalb an der Carretera general a Barcelona, an der Ausfallstraße nach Barcelona. Terminal ist der Untergrundparkplatz beim Pl. Colon, Eingang Calle de Goya.

Montags sind die meisten Museen zu, außer dem Wachsmuseum am Pl. de Colon und dem Archäologischen Museum.

Unterkommen: Preiswerte Unterkünfte gibts in der Altstadt, südlich der Puerta del Sol die billigsten Fondas. Ebenfalls gut ist es nördlich der Gran Via bis C. Fuencarral, um den Plaza Mayor und um die Atocha Station. Entlang der Gran Via stehen ebenfalls viele Hotels, etwas teurer als im Altstadtviertel.

Hostals mit Garage im Zentrum: Pereda, Valverde 1 (Tel. 222 4700); Salas, Gran Via 38 (Tel. 231 9699)

Ganz billig und ohne Garage: Marimart, Puerta del Sol 14 (222 9815); Sol, Puerta del Sol 9

Ansonsten beim Infozentrum die Unterkunftsliste studieren.

Jugendherbergen gibt es zwei, eine zentral, die andere etwas außerhalb: Alberque juvenile Richard Schirrmann (Tel. 463-5699) im Erholungspark Casa de Campo, Metro El Lago. Alberque juvenile Sta. Maria del Buen Aire, La Herreria, San Lorenzo de Escorial (Tel. 896 0631), 15 km außerhalb, 2 km vom Monasterio El Escorial entfernt, auch Zeltmöglichkeit vorhanden.

Campingplätze sind um Madrid herum verteilt, der nächstgelegene ist der 'Madrid', ung. 7 km außerhalb an der Straße nach Burgos. Da er an der Schnellstraße liegt, recht laut, dafür Schwimmbad und Schatten.

Ebenfalls laut - diesmal wegen dem nahen Flughafen - ist Campingplatz Osuna, 8 km ostwärts auf der N II Richtung Aeropuerto Barajas. Ebenfalls Schwimmbad und Schatten.

Camping Alpha liegt 12 km südlich an der N IV bei Getafe, auch laut, auch Schwimmbad - aber wenig Schatten.

Camping Solague, 11 km südwestlich bei Leganes (km 10 der Straße Getafe-Alarcon), ohne Schwimmbad.

Tapas, Cafes, Musik und Halligalli

In der ganzen **Altstadt** gibts Tapakneipen zuhauf, hinter der Puerta del Sol z.B. entlang den Calles Victoria, de la Cruz, Echegaray, del Pozo, Nunez del Arce. Ebenso zwischen Gran Via und Plaza Mayor, wobei die um die Plaza vorwiegend von Touristen besucht werden.

Im **Malasaña-Viertel** um den Pl. Dos de Mayo ist bis frühmorgens die Hölle los, viele Bars mit Musik, gelegentlich auch live.

***Dos de Mayo,** der 2. Mai 1808 - Volksaufstand der Madrilenen gegen die Mamelucken Napoleons. Die Erschießung der Aufständischen am Quartel de la Montana, einem Hügel oberhalb des Manzanares, heute Parque de la Montana.*

Seit dem Ende der Franco-Diktatur wurde Madrid zum Treffpunkt der einst ausgewanderten Spanier, sowie der heutigen Emigranten aus Südamerika. Es gibt kaum eine spanische Zeitung, in der keine argentinischen Redakteure hocken. Und Madrid pflegt sein Image als Zentrum für die rund 200 Mio. Menschen, die, verteilt auf 20 Staaten der Welt, Spanisch als Muttersprache sprechen. Dazu gehören die internationalen Treffs, die Cafes und Kneipen der Literaten, der Fernseh-, Leinwand- und Bühnenprominenz. Interessant, mal reinzuschauen!

Im Cafe Ruiz, dem Plüschcafe Gijon (Paseo de Recoletos 21), Comercial (Glorieta de Bilbao 10, nördl. der Manuela Malasana) treffen sich die jungen Dichter und links gestimmte Bohème. Im Boccacio die Fernseh- und Leinwandprominenz. Querbeet im Universal, Club Oliver, Cafe de Lyon (Alcala 57), Central (Pl. del Angel 10, südl. Puerta del Sol), Teide. Plätze zum Sehen und Gesehenwerden. Hier hat das Leben erst nach dem Tod Francos 1975 begonnen.

Cerveceria Alemana (Plaza de Santa Ana), früher Treff berühmter Toreros und Picadores auf dem Weg von den Tascas an der Puerta del Sol zur alten Stierkampfarena von Las Ventas, auch Hemingway was here - heute meist junges Bohèmepublikum wie in den anderen Alternativkneipen ringsum.

Madrid für Musikfreunde

Jazz-Clubs: Whisky Jazz, Diego de Leon 7; Manuela, San Vicente Ferrer 29); Ragtime, Ruiz 20.

Südamerikanische Musik: in den Barrios Latinos, z.B. Calle Segovia 19, Tetuan 27.

Agressiver Rock im Rock-Ola, Padre Xifre 5 (Metro Cartagena, Lokal an der Av. America), schon allein des Publikums wegen! Das Marquee nebenan ebenfalls.

Flamenco ist nicht kastilisch, trotzdem kann man nach Meinung von Kennern in Madrid den besten Flamenco sehen, allerdings ist es schwierig, die Spreu von guten Vorstellungen zu trennen. Oft übler Touristennepp..

Discos gibts überall, i.a. teuer und schlecht.

Gut Essen

Mit dem Angebot an ausgezeichneten Restaurants kann in Spanien eigentlich nur noch Barcelona mithalten. Um gleich mit den 3 allerfeinsten einzusteigen:

- Zalacain, Alvarez de Baena 4 (Samittag, So und im August geschl.) Mit Garten und Terrasse, sehr gediegen.
- El Amparo, Callejon de Puigcerda 8 (Sanachmittags, So und im August geschl.) Junge sympathische Mannschaft.
- Jockey, Amador de los Rios 6 (So, August geschl.)

Andere feine Restaurants:

- Sixto Gran Meson, Cervantes 28 (in der Nähe des Hotel Palace und des Prado)
- Casa Lucio, Cava Baja 35 (in Altstadt), grüne Bohnen und Landschinken essen!
- El Schotis, Cava Baja 11 (Soabend u. August geschl.)

> Die Cava Baja - der untere Graben - ist eine der typischsten Straßen von Alt-Madrid. Hier verlief der Graben der Stadtmauer. Die Cava wurde zur Straße der Gasthäuser: Posada del Dragon, del Leon de Oro, del Segoviana, alle aus dem 18. Jahrhundert.

Ebenfalls ein traditionelles Haus ist:

- Botin, Cuchilleros 17. Dieses sehr alte Restaurant in der Altstadt südlich vom Pl. Mayor wurde von Hemingway in Fiesta verewigt. Deshalb trifft man hier auch so viele Amerikaner. Am schönsten sitzt es sich im Erdgeschoß bei dem altertümlichen Ofen. Besonders zu empfehlen sind hier die knusprigen gebratenen Spanferkel (cochinillo asado) und die saftigen Milchlämmer.

Und wenn wir schon dabei sind: ein gutes **vegetarisches Restaurant** gibt es in der Conde de Aranda 11 beim Archäologischen Museum, das La Galette.

Weiter mit Fleischlappen - hervorragende Rindersteaks und günstige plato del dia gibt es im

- La Bola, La Bola 5 (beim Pl. de Oriente). Der gemischte Fleisch- und Gemüseeintopf ist außerordentlich gut (Cocido a madrilena) - und angemessene Preise.

- Valentin, San Alberto 3 (nahe Puerta del Sol), ist beliebt bei Schauspielern, Stierkämpfern und Touristen.
- Lhardy, Carrera de San Jeronimo 8 und das El Luarques, Ventura de la Vega 16, sind gute alte und traditionelle Häuser.

Zum Nachtisch **EIS** ? Die Foremost-Läden in den Calles Goya 68, Barcelo 1, Tirso de Molina 9, Magallanes 13, Lopez de Hoyos 106 bieten feinstes Haselnuß-, Walnuß-, Pistazien-, Mandel- u. div. Fruchteis a la americaine an! Sehr gutes italienisches Eis gibts im Oliveri, Calle Carlos Maurras 2.

Tünnef, Madonnen und Moschusduft: **Der Rastro**

Dieser Flohmarkt beginnt schon am Ausgang der Metro bei Tirso de Molina mit Puppenspielen. Richtig wuselig wird es erst ab der Plaza de Cascorro. Die Ribera de Curtidores, das Ufer der Gerber, und die angrenzenden Straßen wie El Carnero (der Hammel), Mira el Sol (Sonnenblick) oder Mira el Rio (Flußblick) fließen am Sonntagmorgen für einige Stunden über (9 bis 12 Uhr), Freitag und Samstags ist es etwas ruhiger. Auf dem Rastro darf jeder verkaufen, einzige Bedingung ist eine mehr symbolische Miete von 25 Peseten.

Araber haben sich auf Lederarbeiten spezialisiert, sind auch immer gut für pornographische Überraschungen, Zigeuner sind die Uhrenverkäufer, Chinesen und Vietnamesen faszinieren mit genial ineinandergesteckten Holzformen und Mohammedaner verbreiten Suren murmelnd Yasmin- und Moschusduft.

Die Calle de San Cayetana ist das Revier der Kunstmaler und Amateure. Nicht weit davon in der Calle de Fray Ceferino Gonzalez der Ziervogelmarkt. Alte Comics gibts am Plaza del Campillo del Nuevo Mundo ... alles muy barato!

In der Ribera de Curtidores Numero 12, wo es Handwerkskunst und antike Gemälde berühmter Meister zu bewundern gibt, führt rechts vom Eingang eine Treppe auf die erste Etage, von der aus hat man den besten Überblick über den Rastro.

Und zwischendurch ißt man einen klebrigen Pepito oder Relleno, ein süßes Brötchen mit Puddingfüllung.

Falls Sie auf dem Rastro noch nichts Passendes gefunden haben, bleibt noch der **Rastrillo**, der zweite Flohmarkt von Madrid (Metro Valdeancederas, Calle Marques de Viana, sonntags von 9 bis 15 Uhr). Dies ist eher ein Gebrauchtwarenmarkt für den täglichen Bedarf, auch Hunde gibts!

Jeden Sonntag von 9 bis 14 Uhr findet außerdem noch auf dem Plaza Mayor die größte **Briefmarkenbörse** Europas statt (Metro Station Sol).

Wer sich für Bücher interessiert: die **Bücherstände** an der Calle de Claudio Moyano haben ab und zu Interessantes zu bieten. Täglich geöffnet von 9 bis 14 Uhr, Metro Station Atocha.

Im übrigen feilscht man diskret und scherzhaft, die Frage "Es un precio turistico?" läßt den Preis manchmal etwas schwinden.

GOYA

Madrid hängt voller **Goyas** - nicht gleich in den Prado rennen! Am Ufer des Manzanares in der Kapelle San Antonio de la Florida ist er beigesetzt - unter der Kuppel mit eigenen Fresken. Das erstemal, daß uns eine Heiligenszene nicht gelangweilt hat - nur der Nacken schlief mir fast ein.

Goya war der Hofmaler von Karl IV, Minister, Herzoginnen, Infanten, Erbprinzen, die ganze Dekadenz der spanischen Gesellschaft von 1780 waren seine Modelle. Als er die Königsfamilie in ihrer pompösen Hohlheit ohne ziemende Beschönigungen malte, wurde dies noch als realistische Kunst bewundert, als er dann aber mit den 'Schwarzen Bildern', grotesken Dämonen, willenlosen Geschöpfen, Hexen und diversen Grausamkeiten die Verrücktheit seiner Zeit darstellte, hatte der Großinquisitor keine Sympathien mehr für ihn. Goya floh nach Frankreich ins Exil, wo er 1888 in Bordeaux starb. Bilder, die uns immer wieder zu denken geben - also doch noch in den Prado:

Der Prado

Metrostation Banco oder Atocha, tgl. von 10 - 18 Uhr geöffnet, Mo u. Sonachmittag ab 14 Uhr geschlossen, Parkplätze vor dem Museum)

In diese größte Kunstsammlung der Welt (1828 eröffnet, heute rund 8000 Gemälde, darunter allein 119 Gemälde und 500 Zeichnungen von Goya) stolpern jährlich über eine Million Besucher. Vieles ist hier so angelegt, daß man sich darauf freut, wieder an die frische Luft zu kommen - unbeschildert und großenteils unklimatisiert darf man mit den täglich ung. 5000 Besucher den Prado machen.

Eine Pradoübersicht wäre zuviel gesagt, aber eine Pradoorientierung grob möchten wir geben:
Nach dem Treppenaufgang an der Museumsnordseite sind rechts die flämischen u. deutschen Maler wie Hieronymus Bosch (Garten der Lüste), Pieter Brueghel, Dürer, van Eyck. Links die italienischen Kabinette mit Raffael, Tizian, Tintoretto, Boticelli, Campari etc. und die Spanier wie z.B. der Grieche, Ribera, Velazquez, Goya, wobei El Greco besser in Toledo zu besichtigen ist.

Unten hängen Rubens, van Dyck, Jan Brueghel, und nochmal Goya, um nur mal die interessantesten zu nennen. Die klimatisierten Goyas sind die im 1. Stock, darunter das böse Portrait der Königsfamilie Karls IV und die bekannten Mayas. Die 'Pinturas Negras' im Erdgeschoß leiden vorläufig immer noch darunter, daß die einzige Belüftungsmöglichkeit die abgasangereicherte Madrider Luft ist.

Picasso, der während des Bürgerkriegs Direktor des Prado war, hat seine Amtsräume nie betreten. Sein wandgroßes Gemälde **Guernica**, das die deutsche Bombardierung des baskischen Städtchens Guernica 1937 darstellt, wurde nach seinem eigenem Willen erst nach der Herstellung der Demokratie von New York zurück nach Spanien gebracht, das war 1981. Wer sich dafür interessiert: Guernica hängt in einem kugelsicheren Glaskasten im benachbarten Cason de Buen Retiro, Felipe IV, 13 - das ist das große rote Gebäude gleich neben dem Prado in Richtung Retiro Park.

Zum Ausruhen:

Der **Parque del Retiro** mit den Denkmälern, Steinbüsten, Tempelchen und dem künstlichen Teich El Estanque (Ruderboote) ist der ideale Brautpaarpark. Wenn Sie sich nur erholen wollen, Gras zum Ausruhen gibts genug - leider darf man es nicht benutzen! - ebenso kleine Cafes mit Bocadillo-Service. In den zwei Palästen (Palacio de Velazquez u. Palacio de Cristal) finden oft interessante Ausstellungen statt. Im Sommer, vor allem Sonntagvormittags, ist hier recht viel los: Puppentheater, Pantomimen. Jeden Abend auch ein Freiluftkino (La Chopere) mit Vorstellungen bis 23 Uhr.

Verglichen mit dem urwüchsigen **Casa de Campo** im Westen jenseits des Rio Manzanares ist der Retiropark eine Rasenwüste. Früher waren die 1 747 Hektar des Casa de Campo die Jagdgründe der spanischen Könige, heute ist es der Holiday-Park der ärmeren Madrider Bevölkerung: Vergnügungspark, Wald, See, Wanderwege, Fußballfelder und genug Platz fürs mehrgängige Picknick. Ein Sonntagnachmittag hier ist oft interessanter als ein Tag im Prado.

Hinkommen tut man mit der Metro (El Lago oder Batan) oder, der schönen Aussicht wegen, mit der Schwebebahn, die den Casa de Campo mit dem Parque del Oeste verbindet (einfach 110 Psta.).

Die schönsten Sonnenuntergänge und Ausblicke auf die Altstadt von Madrid hat man von den Parkanlagen **Las Vistillas**. Hier gibts auch ein kleines Cafe.

Hinkommen: Auf der Calle de Bailen beim Palacio Real nach Süden, vorbei an der häßlichen unvollendeten Kathedrale, über einen Viadukt in Richtung der Kirche San Francisco El Grande (mehr groß als schön). Auf Viadukthöhe sieht man im Westen bereits die Parkanlagen.

El Escorial

"Ist er schön? Ist er nicht vielmehr von überwältigender Häßlichkeit? Der erste Eindruck ist Ratlosigkeit. Was soll das? Man hat den Escorial das achte Weltwunder genannt. Man hat ihn mit den Pyramiden der Pharaonen, mit den Tempeln Salomos, mit der Akropolis in Athen verglichen. Mir scheint das übertrieben. Aber sicher ist: Dies ist eines der seltsamsten und denkwürdigsten Bauwerke unserer europäischen Geschichte .... Hier hat sich das spanische Mittelalter sein vollkommenstes Denkmal gesetzt. Es ist der uralte Traum vom Königreich Gottes auf Erden."
Horst Krüger im Merian

40 km nordwestlich von Madrid, 1065 m hoch gelegen, mitten in unwirtlicher Gebirgseinsamkeit liegt ein düsteres Bauwerk: El Escorial, der Palast, von dem aus die spanischen Könige regierten und in dem sie begraben sind.

Von weitem aus verschlägt es einem den Atem, das überirdische Licht der Sierra verzaubert es. Von der Nähe besehen erschlägt es einen: ein schwerfälliger, aus grauschwarzen Steinen aufgetürmter Bau, die einzige Auflockerung sind die 4 Ecktürme und die 2500 Fenster. Der Grundriß ist rechteckig, 206 m breit, 161 m lang. Kein Zweifel, daß Philipp der II. etwas für die Ewigkeit bauen wollte. Dafür ließ er auch Madrid im Stich, kurz nachdem er es zur Hauptstadt gemacht hatte, ließ er 1563 mit dem Monsterbauwerk beginnen. Mitten in der Blütezeit des spanischen Weltreichs fiel für seine Hauptstadt nichts Bedeutendes an Baukunst ab: die besten Architekten, zunächst Juan Bautista de Toledo, ein Schüler Michelangelos, und nach seinem Tod Juan de Herrera, waren mit der Bauleitung des 21 Jahre währenden Projekts beschäftigt.

Zu besichtigen sind die königlichen Gemächer (mit Wandteppichen, die teilweise nach den Motiven Goyas gearbeitet wurden), die Nuevos Museos mit Gemälden von Tizian, Bosch, Velazquez, El Greco und die Königsgruft.

Hinkommen ab Madrid: Von dem Paseo Moret 7, in der Nähe der Metrostation Moncloa, fahren täglich mehrmals Busse zum Riesenbau.

Camping: Caravaning El Escorial, bei km 14,8 der Straße 600 nördlich der Stadt (Schwimmbad, Tennis).
Camping La Herreria, 2,5 km westlich der Stadt.

La Mancha

Radikale Ästhetik

Die Mancha ist das weite, flache Land Neukastiliens, sie beginnt 100 km südlich Madrid, etwas genauer irgendwo südlich Toledo, keiner nimmt das so hart. Nirgends ist Spanien so weitläufig, eben und radikal langweilig wie hier: Eine Region für Reizgestresste, Ciudad Real - Valdepeñas - Albacete, ewige Fahrten über dürres Land, monotone Plantagen, nackter Boden in tausend Brauntönen, Staubfahnen, wie soll man das Nichts beschreiben....?

> *"Wieder umfängt uns hier die herbe, kahle Natur des kastilischen Hochlandes mit seiner Weite und Öde, den scharfen und harten Konturen seiner Berge und den zarten von grauweiß über gelb und braun bis zum leuchtenden rotbraun mannigfaltig abgestuften Tönungen des nur ganz selten verhüllten Bodens."*
> O. Jessen, La Mancha, 1930.

Noch heute erlebt man die Mancha wie in dem 50 Jahre alten Zitat von Jessen. Kahles Hitzeland, nur nach den Winterregen gibt es für kurze Zeit neue Farben: Mohnblüten und gelbe Blumenteppiche, dann wieder ein dreiviertel Jahr Agonie. Aber die Öde täuscht, vieles gedeiht: Weizen, Gemüse, riesige Olivenplantagen auf dem Weg nach Albacete, die größe, freilich endlos monotone Weinbauregion des Landes in der südlichen Mancha um Valdepeñas. Sonnenblumenfelder, die von Horizont zu Horizont reichen. Und wer im Oktober unterwegs ist und Glück hat, sieht vielleicht auch eines der dunkelviolett blühenden Safranfelder.

Die Mancha ist ganz sicher kein leichtes Reiseziel, ob es einem hier gefällt, hängt eher von Stimmung und dem Glück der richtigen Stunde ab, ganz sicher aber nicht von den ewig dahergeleierten Don Quijoterien der Tourismuswerbung:

Don Quijote, Tourismus & Co.

Natürlich, wir wissen es, in der Mancha hat Don Quijote, der edle Ritter von der traurigen Gestalt (wer oder was immer das sein mag) sein Heimspiel: Anfang des 17. Jh. veröffentlicht Cervantes "El ingenioso hidalgo Don Quijote de la Mancha". An Ettiketten fehlt es für das Werk nicht. Vom "ersten modernen Roman" bis zum lakonischen Superprädikat von Thomas Mann: "Der Don Quijote ist ein Weltbuch", der fulminante Wälzer Cervantes' läßt seit Erscheinen die Interpreten nicht ruhen.

Vielleicht können schon die Entstehungsbedingungen des Romans neugierig machen: der Kaufmannssohn Cervantes dient 10 Jahre lang als Soldat. Bei der Truppe erlebt er den Niedergang der spanischen Weltgeltung. Nach der Niederlage der 'unbesiegbaren Armada' gegen England bricht Cervantes mit dem Militär und schreibt sich seinen Schmerz vom Leib, er sieht die lange Dekadenz des spanischen Reiches voraus und läßt dagegen seinen Romanhelden Don Quijote antreten. Dieser - ganz Idealist- kämpft sich durch die Wechselfälle des Lebens, ist zur Freude aller Spanier immer für die edle und gerechte Sache - und scheitert immer wieder, weil er die widerspenstige Realität nicht akzeptieren will. Das ist der Stoff, aus dem Träume gemacht werden. Nur daß die Windmühlenflügel, gegen die der edle Held so erfolglos anrannte, heute eher zu Pershings geworden sind. So ist der 'Quijotismo' nach wie vor eine populäre Befindlichkeit, nicht nur in Spanien. Wer glatte Fehlschläge wegsteckt und weiter für das Edle ist, findet für seinen Ego-Trip immer Beifall.

Der traurige Kampf gegen die Realität mußte die Mancha zum Handlungsplatz bekommen. In der Endlosigkeit, wo kein Baum Halt gibt, fangen die Gedanken schnell zu flimmern an. Ganz offenbar auch die der Tourismus-Werber, die den literarischen Ruhm der Mancha auf jede nur erdenkliche Art breittreten. In deren Prospekten wird die Mancha so zum Kasperletheater aus Windmühlen und Burgen. Alles ist auf einer 'Ruta de Don Quijote' zu durchfahren und hinter jeder Hausecke lugt das Trio Quijote nebst treuem Knappen Sancho Pansa und Pferd Rocinante hervor ... Die schönen Flecken liegen natürlich auch hier wieder etwas abseits der ausgelatschten Pfade.

WOHIN in der Mancha ?

Allzuviel darf man sich von den Orten nicht erhoffen, der eigentliche Reiz der Mancha ist ja die Weite und nicht die - zudem oft verbaute - Siedlung. Orientierungshilfen:

Ciudad Real (55 000 E., 640 m,): Die Provinzmetropole hat ein recht gesichtsloses Zentrum mit viel neuen Banken und Verwaltungsbauten. Lohnend allenfalls für einen Zwischenstop. Einfache Hotels gibt es nahe der Plaza Mayor, z.B. in der Calle Cruz und Vasquez. Das Tourist-Office ist in der Avenida Martierez 31, beim Bahnhof. Ein gutes, kleines und familiäres Hotel liegt etwas außerhalb an der Straße N 420, bei km 242. El Molino***, Tel. 223050.

Wasser in der Wüste:

Die 14 türkisblauen **Lagunen von Ruidera** liegen ca. 50 km östl. Manzanares. Das Quellgebiet des Rio Guadina liegt in einer felsigen, bis zu 100 m tiefen Talsohle. Die noch im Hochsommer wasserreichen Lagunen sind untereinander mit Kaskaden und durch Kanäle verbunden, an einzelnen Seen entstanden Wochenendsiedlungen. Von der Talsohle fließt ein unterirdischer Karstwasserstrom 36 km nach Westen zu den Quelltöpfen Ojos del Guadina, nordöstlich des Nationalparks Damiel.

Der **Nationalpark Tablas de Damiel** ist ein weites und flaches Sumpfland, mit Binsen und Schilf dicht überwuchert. Der Wasserstand schwankt jahreszeitlich ganz erheblich. Bei Hochwasser sind nur noch wenige Inseln zu sehen, bei Niedrigwasser gleicht alles einer weiten Sumpf- und Schlickebene. Der Park ist eines der wichtigsten Brut- und Überwinterungsgebiete für viele seltene Vogelarten, z.B. Kolbenenten und Reiher.

Anfahrt von Ciudad Real nach Damiel und 10 km weiter über Molino de Molemocho zum Parkeingang mit Info-Haus, es gibt Lehrpfade im Park (Park Mo. und Die. geschlossen).

Paradores in der Mancha

Was ist schöner, als nach langer Fahrt über Mancha-Weite in einem der komfortablen Paradores abzusteigen? Außerdem liegen die Paradores einsam in der Landschaft, die so viel direkter wirkt als bei Stadtübernachtungen.

Almagro (9 000 E., 650 m): Die Landstadt hat einen schönen Kern mit einem prächtigen langgezogenen Rathausplatz, der Ortskern steht unter Denkmalschutz, an der Südseite der Plaza ist auch eines der ältesten Theater des Landes, der Corral de Comidas. Auch gut essen kann man an der zentralen Plaza, bei Ches, Plaza Mayor 39, in der Bar Tapas, im ersten Stock ein Restaurant.

Der Parador de Almagro****, Tel. 860100, liegt an der Straße nach Ciudad Real. In das edel restaurierte Kloster San Francisco lockt aller Parador-Luxus: riesige Patios und Wandelgänge, Saalzimmer mit kühlen Kacheln, Garten mit Schwimmbad. Ideal zum Relaxen nach langer Fahrt.

Der Parador von **Manzanares**, (20 000 E., 600 m) liegt ein paar km südl. vom Zentrum der recht lauten und industriereichen Stadt. Der Parador***, Tel. 610400, ist ein schlichter Bau an der Fernstraße Madrid - Cadiz, trotzdem relativ ruhig und mit viel erfreulichem Komfort wie Garten und Schwimmbad. Wie alle Mancha-Paradores ideal nach langer Kilometerfresserei.

In **Albacete** (120 000 E., 680 m) wird man aus freien Stücken kaum bleiben. Die rasch gewachsene Industriestadt hat nichts, was einen Aufenthalt lohnt. Außer man bleibt im relativ preiswerten Parador Nacional La Mancha***, Tel. 229450. Ein mächtiger Neubau mit 70 Zimmern am km 249 der Strecke Madrid/Alicante. Im Vergleich zur Stadt eine ruhige Oase, mit Garten, Pool, Tennisplatz und einem großen Patio.

Der schönste Parador in der Mancha ist der kleinste: Der Parador Marques de Villena***, Tel. 331350, bei **Alarcon** (ca. 60 km nördl. Albacete) ist wirklich einen Umweg wert: 11 Zimmer in einem sorgfältig restaurierten Kastell, in ganz ruhiger Lage. Reservieren unbedingt nötig.

Auch der kleine Ort (500 E., 840 m) ist eine Runde wert. Das befestigte Dorf liegt auf braunem Fels, von den Stadtmauern hat man eine herrliche Sicht auf das Umland mit dem Rio Jucar, der nördl. vom Ort gestaut wird und dann den Dorfberg umfließt.

Mancha für Eilige: Consegura

Wer nur ganz wenig Zeit hat und alle Versatzstücke des Mancha- und Don Quijote-Kultes auf einem Platz sehen will, muß nach Consegura. Letztendlich spielt es ja auch keine Rolle, ob die Windmühlen auf dem Burghügel über der Stadt neu oder alt sind. Alles ist da: Mühlen, Burg, Berg - von oben der Blick auf das Dorf mit den sonnengebleichten, hellroten Dächern, dazu am Ortsrand ein wenig Gegenwart mit Mietsblocks, dahinter wieder Mancha-Weite.

Weine der Mancha

Neukastilien - La Mancha ist die größte Weinbauregion des Landes. Das Gebiet liefert über ein Drittel der gesamten Weinmenge Spaniens. Auf die endlosen Weinebenen scheint bei geringen Niederschlägen 200 Tage im Jahr die Sonne. So entstehen kräftige Weine mit hohem Alkoholgehalt und wenig Säure.

Die mit 126 000 ha mit Abstand größte Weinbauregion mit dem Qualitätssiegel ist die D.O. Mancha (**D**enominacion de **O**rigen). Die typischen D.O.- Weine der Mancha sind hellgelb, kräftig, aber leider allzuoft ohne großes Bukett und fast neutral. Sie eignen sich deshalb allenfalls als Konsumwein, große Mengen werden zum Verschnitt in andere Regionen geliefert oder destilliert.

Dennoch gibt es einzelne gute, fruchtige und schön trockene Weißweine aus der D.O.- Mancha, z.B. von der Cooperativa Nuestro Padre Jesus del Perdon in Manzanares und von den Bodegas San Roque in Villanueva de Alcardete.

Das bekannteste Weinbaugebiet der Mancha ist die D.O. **Valdepeñas**. Die typischen Valdepeñas sind Rotweine, die zwar zu 90% aus der weißen Arien-Traube gepreßt werden. Die Farbe und das - im Idealfall fruchtige - Aroma stammen aber von dem zugesetzten Most der Sorten Cencibel und Garnacha Tintoreta.

Wegen ihrer geringen Säure schmecken die Valdepeñas-Weine jung und frisch am besten. Oft erhält man die süffigsten Tropfen offen in einer Bar, viel wird auch ohne Markennamen nach Madrid zum offenen Ausschank geliefert. Die bekanntesten Valdepeñas-Bodegas sind in Ciudad Real. Gute und fruchtige Weine gibt es z.B. von den Bodegas Morenito und von den Bodegas Sanchez Rustaraza, beide in Ciudad Real.

Burgen in der Mancha

Burgen wirken in der radikalen, auf wenige Elemente reduzierten Mancha-Landschaft noch extremer als in anderen Gegenden. Die Burg hat in der Endlosigkeit keine Konkurrenz, sie ist einzig. Während der Reconquista waren die Burgen der einzige Halt in unsicherer Gegend, die Zuflucht. Von hier aus organisierten die militärischen Orden immer neue Vorstöße nach Süden gegen das maurisch besetzte Land. Zwei Beispiele:

Die Festung von **Consegura** ist trotz ihres schlechten Zustandes ein eindrucksvolles Beispiel für mittelalterliche Militärarchitektur. Die von Johannitern gebaute Klosterfestung steht beherrschend auf einer sanften Hügelkette, daneben Windmühlen, Blick bis zum Horizont.

Ab 1456, also nach der Reconquista, entstand bei **Belmonte** im heute vielleicht ödesten Bereich der Mancha eine der prächtigsten Palastburgen des Landes. Nach der Vertreibung der Mauren schwelgte der Adel im Luxus. Militärische Baumotive standen nicht mehr allein im Vordergrund. Pracht war angesagt. Im Burginneren befinden sich denn auch große Säle und Galerien. Die Außenmauern wurden mit Zinnen geschmückt. Die Burginnenräume wurden im 19. Jh. teilweise restauriert, die Arbeiten wurden aber nie abgeschlossen, heute sind darum nur ein paar bemalte Kassettendecken im Palastraum zu sehen.

OSBORNE
SHERRY & BRANDY

Extremadura

"... Bäume, wie ich sie nie zuvor gesehen hatte. Nicht hochgewachsen wie Ulmen oder buschig wie Ahorn, sondern niedrige, außerordentlich kräftige Bäume mit dunkelgrauem Stamm und knorrigen, weit ausladenden Ästen. Sie waren in weiten Abständen gepflanzt; der Wiesengrund, mit kleinen gelben Blumen übersät, leuchtete wie ein goldener Teppich, da und dort weiß getupft von Gänseblümchen und von den stämmigen Bäumen mit den dunklen Kronen wie mit einem Muster überzogen.

Ich hatte das anmutige Bild noch nicht recht in mich aufgenommen, da wandelte es sich schon. Die Stämme waren nun nicht mehr grau, sondern bis zu einer Höhe von etwa drei Metern leuchtend orangegelb, gerade, als wären sie am Morgen frisch gestrichen worden. Aber noch ehe ich mich an dieses Orange gewöhnt hatte, kam ein feuriges Rotbraun, dann ein dunkles, sattes Braun und schließlich wieder das Grau. Alle Bäume aber, die orangefarbigen wie die grauen, reckten die Äste gewunden und verschlungen in die heiße Luft, als rängen sie nach Atem.

'Was ist denn das?' fragte ich den Fahrer.

'Ein Korkeichenwald. Die Bäume mit den orangeroten Stämmen sind erst vor ein paar Tagen geschält worden. Mit der Zeit wird die Rinde dann wieder grau."

J.A. Michener, Iberia

Die Korkeiche wächst auch in anderen Gebieten Spaniens, aber die Extremadura ist 'ihr' Land, außerdem wohl fühlen sich in den Bergen die Zistrose, Thymian, Rosmarin und in den Tälern Oleander und bunte Blumen. Kontraste zwischen verschneiten Berggegenden und einer fast tropischen Flora: Orangen- und Zitronenbäume, Palmen, Pinien, Kastanien, Waldeichen und Nußbäume. Also gar nicht so dürr, wie der Name vielleicht anklingen läßt. Aber die Assoziation wäre sowieso falsch, denn Extremadura bedeutet Grenze, Vorposten des Duerogebiets, das äußerste Ende des christlichen Spaniens, der Name stammt aus der Zeit der Reconquista. An Festungen und Burgen herrscht deshalb auch kein Mangel, am interessantesten sind die Festungsanlagen bei Badajoz und Caceres.

Geographisch zählt die Extremadura zu der zentralen Mesetahochfläche, durchschnittliche Höhe ist 400 m. Zwei Bergketten unterbrechen die weiten Ebenen in west-östlicher Richtung, die Sierra de San Pedro und die Sierra de Guadelupe. Sie unterteilen das Gebiet in Ober- und Niederextremadura, in die Provinzen Caceres und Badajoz.

Die Oberextremadura ist der schönere Teil, urwüchsiger, bergreicher, aber auch ärmer, nur Merinoschafherden und Korkeichenwälder zum Geldverdienen - mehr Schafe als Menschen. Die Niederextremadura zählt zu den fruchtbarsten Gegenden Spaniens, vor allem die Tierra de Barros.

Das Frühjahr läßt sich lieblich an mit Blumen, die Sommer sind heiß, Niederschläge spärlich - gnadenloser blauer Himmel. Von Touristen wird die Gegend kaum beachtet.

Städte in der Extremadura:

Guadalupe

3 000 Ew., 133 km von Caceres, 221 km von Madrid, 640 m

Nordöstlich von Merida in den Bergen das kleine Städtchen mit seinem berühmten Kloster, das Alfonso XI. 1340 zum Dank für seinen Sieg über die Mauren am Rio Salado gründete. Später wurde es von den Conquistadores und Generationen von Fürsten und Granden mit Reichtümern überhäuft, darunter auch viele Gemälde von Zurbaran.

Essen und Schlafen

Gegenüber dem Kloster liegt das Hotel Zurbaran*** (DoZi um 80 Mark), das im 15. Jh als Pilgerhospiz gegründet wurde, genauso ruhig die Hospederia del Real Monasterio** (DoZi um 54 Mark), Plza. Juan Carlos 1, in einem Klosterannex untergebracht. Beide Hotels bieten auch gute einheimische Gerichte und die florbildenden Weine (s. weiter unten) an. Das gleiche gilt auch für das Restaurant Meson el Cordero; Convento 11.

Trujillo

10 000 Ew., 46 km von Caceres, 252 km von Madrid, 520 m
TI: Pl. Mayor

Das San Gimignano Spaniens oder so. Pizarro war hier Schweinehirt, bevor er Peru fürs Abendland 'gewann'. Er erwartet einen gleich auf der Plaza Mayor, mit Pferd und Helmbusch. Zusammen mit der übrigen Conquistadorensippschaft hat er das Städtchen ganz schön herausgeputzt, rund um die Plaza prunken Paläste im Platereskenstil (silberschmiedeartiger span. Kunststil) und Häuser im Renaissancestil.

Auf dem Cabeza de Toro, dem Hügel über dem Städtchen, befand sich zunächst eine römische Festungsanlage, auf der zur Zeit der Araberherrschaft ein Alcazar errichtet wurde, den dann wiederum die christlichen Eroberer gründlich umbauten und vergrößerten, sodaß die große Burg mit den vielen Türmen heute weder ein bestimmbares Alter noch einen bestimmbaren Baustil aufweist. Im Osten sieht man noch die Überreste des Alcazar mit zwei herrlichen Ziehbrunnen.

Unterkommen: Um die Plaza herum ein paar Fondas und Hostals, die aber während der Saison fast immer voll sind. (Beim Tourist-Office Liste mit privaten Unterkünften holen!) Ansonsten gibt es an der Straße nach Madrid einige Hostals (gegenüber den Calles Sola und de Pardos) und Hotels:
- El Conquistador, Straße Madrid-Lissabon bei km 251, 3 km vom Zentrum in schöner Lage ein komfortables Hotel mit großem Garten, Schwimmbad und schlechtem Restaurant.
- Las Ciguenas, km 248, nicht so gut und unwesentlich billiger, mit Garten, Bingo und besserem Restaurant mit la cocina clasica trujillana.

- Der Parador in schöner Lage in einem alten Palazzo mit Innenhof, kleinem Brunnen, oasenmäßig.

Essen: Mit Tapas ist man hier am besten bedient, richtig gute Restaurants gibt es nicht. Ein paar Meter weg von der Plaza in der Calle Domingo Ramos die Bar la Pata (leider nur zwischen 12 und 16 Uhr geöffnet) mit guten Kleingerichten und Weinen aus der Gegend.

Die **cocina extremeña** ist bekannt für ihr gutes Kalbfleisch und ihre sopa de tomates con higos (Tomatensuppe mit Feigen). Außerdem wäre da noch .....
Cochifrito: Lamm im Tongeschirr, gegart in Zitronensaft, Zwiebeln und Knoblauch. **Huevos a la extremeña:** Sauce aus Olivenöl, Zwiebeln, Tomaten, dazu gekochte Kartoffeln, Schinken und Gewürze, mit darübergeschlagenem Ei im Backofen gebacken. **Huevos serranos**: mit Schinken gefüllte Tomaten, obendrauf ein mit geriebenem Käse bestreutes Spiegelei - das Ganze im Backofen gratiniert. **Riñonada:** Gericht aus Lammnieren und Kalbsbrieschen.

In guten Hotels bekommt man als Karaffenwein einen kräftigen Rot- oder Weißwein aus Almendralejo (südl. von Merida), der wichtigsten Weinstadt der Extremadura.

Typisch auch die **florbildenden Weine**: der weiße (eher gelbliche) Cañamero aus dem gleichnamigen Örtchen, 22 km südlich von Guadalupe, und der rote (eher orangefarbene) aus Montanchez in den Hügeln über Merida. Diese leicht trüben Weine werden nach der Kelterung in irdenen tinajas (bis 3 m hohe birnenförmige Tongefäße, die bis zu 1600 l fassen) ca. 1 Jahr gealtert, bis die Hefe auf der Oberfläche erscheint. Die so entstandenen Weine haben ein ausgeprägtes sherry-ähnliches Bukett, 13 - 14% Alkohol und werden gewöhnlich als Aperitif getrunken.

Die Bodega Ruiz in Cañamero ist die einzige, die den Cañamero in Flaschen abfüllt, ansonsten bekommt man diese florbildenden Weine auf jeden Fall in den Bars und Paradores von Merida, Guadalupe.

Cáceres

71 000 Ew, 92 km von Badajoz, 300 km von Madrid, 470 m
TI: Plaza General Mola 33 (Pl. Mayor), westlich vor der Stadtmauer

Cáceres ist eine wachsende Provinzhauptstadt und Universitätsstadt und somit viel lebendiger als Trujillo. Auf dem Hügel der perfekt erhaltene mittelalterliche Stadtkern, das Barrio Monumental, mit einer Ringmauer mit Toren und Türmen samt Storchennester umgeben. Fein säuberlich getrennt von der Neustadt südwestlich davon mit großen Plätzen und breiten Alleen.

Essen

- Manso, direkt am Pl. Mayor, die beste Callos (Kutteln) der Extremadura.
- Dallas, Obispo Segura Saez, exzellente Weine der Sierra de Gata

Unterkommen: ist nicht ganz billig, relativ billig sind die Unterkünfte in der Nähe der Pl. Mayor und der Pl. de San Juan.
- Hotel la Princesa, Camino Llano 34, nahe C. Colon, 500 m außerhalb der Altstadt, im modernen Teil der Stadt:
- Alcantara*** (DoZi um 65 Mark), Avda. Virgen de Guadalupe 14

und unwesentlich teurer
- Extremadura***, Avda. Virgen de Guadalupe, mit Schwimmbad und Garten

Merida

44 000 Ew., 61 km von Badajoz, 342 km von Madrid, 220 m
TI: Calle del Teniente Coronel Asencio 9

Einst die zehntgrößte Stadt des römischen Reiches. Die Antike hält heute noch, die lange Römerbrücke von Merida wird gnadenlos von dichtem Verkehr überrollt. Auch der Fluß kann sich nicht wehren, seine breiten Uferstreifen sind voll Abfall.

Weitere aus der Römerzeit erhaltene Bauten sind Theater, Zirkus, Amphitheater, Triumphbogen, Brücken, Aquädukt und Mosaikböden.

Essen und Schlafen

PN Via de la Plata****,Tel. 313800, Pl. de Queipo de Llano 3, im antiken Konvent von San Francisco (16.Jh.). Hier gibts auch gute regionale Küche, genauso im Hotel Emperatriz***, Pl. de Espana 19, das in einem antiken Palast des Conde de Burnay (16. Jh.) untergebracht ist.

500 m außerhalb der Stadt an der Carretera Madrid-Lisboa, km 340, liegt der etwas billigere Hotelneubau Las Lomas** (DoZi ca 50 Mark).

Badajoz

120 000 Ew., 240 km von Lissabon, 403 km von Madrid entfernt, 184 m.
TI: Pasaje de San Juan 2

7 km von Portugal, und Grenzstädte sind nie besonders beschaulich - eben zum Weiterfahren. Auch die Kathedrale ist hübsch häßlich - innen übrigens noch häßlicher als außen. Aber nichts übereilen: Hier liegen die besten Restaurants der Extremadura, das El Sotano, Virgen de la Soledad 6; das Meson el Tronco, Munoz Torrero 16 und das Los Gabrieles, Vicente Barrantes 21.

Und wer gerne hierbleiben möchte, das beste Hotel am Platz ist das Gran Hotel Zurbaran **** (DoZi ab 80 Mark), Paseo de Castelar. Etwas billiger das Lisboa***, Avda. de Elvas 13, an der Ausfallstraße nach Portugal gelegen.

Adressen

Spanisches Fremdenverkehrsamt:

6000 Frankfurt, Bethmannstr. 50-54, Tel. 069/28 73 20.
CH-8008 Zürich, Seefelderstr. 10, Tel. 01/34 79 30-31.
A-1010 Wien, Rotenturmstr. 27, Tel. 66 31 91
Beim Fremdenverkehrsamt können Sie z.B.folgende Informationsbroschüren anfordern:
Prospekte zu allen größeren Städten und tour. Regionen; Campingplatz- und Paradoresverzeichis; pueblos blancos in Andalusien; Nationalparks ...

Autofahrerhilfen:

Der Spanische Automobilclub Real Automovil Club de Espana (RACE) - Hauptbüro: Madrid 3, Jose Abascal 10, Tel. (91) 447 32 00 - unterhält in verschiedenen größeren Städten Pannendienstzentralen (Rufnummern im jeweiligen Telefonbuch).

Dann gibt es in Barcelona noch einen deutschsprachigen Notrufdienst: (93) 2 00 88 00.

ADAC-Notrufzentrale in München: 07-49-89 - 22 22 22 ist rund um die Uhr besetzt, in der Zeit vom 15. Mai bis 15. Sept. täglich zwischen 8 und 17 Uhr MEZ erreichen Sie unter dieser Nummer auch einen Telefonarzt.

Botschaften:

- Deutsche Botschaft, Madrid 4, Calle Fortuny 8, Tel. (91) 419 91 00. (Generalkonsulate in Barcelona, Bilbao.)
- Österreichische Botschaft, Madrid 16, Av. del Generalisimo 66, Tel. (91) 250 92 00
- Schweizer Botschaft, Madrid 1, Calle Nunez de Balboa 35, Tel. (91) 225 44 61/2

Paradorbuchung:

Nur beim Reisebüro Ibero International in
- 4000 Düsseldorf, Friedrich-Ebert-Str. 54, Tel. 0211-356065
- 6000 Frankfurt, Kirchnerstr. 6 - 8, Tel. 069-20971

Hier gibts auch ein Verzeichnis der Paradores

Literatur

Praktische Reiseführer gibt es von jedem größeren Verlag - so gut oder schlecht wie immer.

Genaue Strandbeschreibungen stehen im ADAC-Reiseführer 'Die Badeplätze in Spanien'.

Merian-Hefte gibts über Andalusien; Kastilien und Madrid; Asturien, Galicien, Baskenland; Costa Brava; Costa Blanca; Costa del Sol (die beiden letzteren nur noch in Bibliotheken).

Aus der Globikiste die zwei Regenbogen-Führer Spanien bzw. Südspanien/Portugal selbst entdecken. Von Express Edition in ihrer Reihe Roter Rucksack 'Ein Reisehandbuch Spanien' - eher ein sozialkritischer Reisebericht als ein praktischer Reiseführer.

Hintergrundliteratur:

Werner Herzog, Spanien - Die zerbrechliche Einheit, Orell Füssli Verlag Zürich 1982. Die 6 Essays des Spanien-Korrespondenten einer Schweizer Zeitung gehören zum Lesenswertesten, was es über das neue Spanien gibt. Herzog analysiert äußerst faktenreich die historische Entwicklung und die aktuellen sozialen und politischen Fragen. Kultur sucht er nicht in Gruften und Domen, sondern dort, wo sie lebt: in Dörfern und Städten. Besonders die Problemregionen Andalusien, Baskenland und Galicien werden ausführlich behandelt. Dabei bleibt Herzog immer kritischer Journalist und sitzt nicht auf den üblichen Spanien-Klischees herum. Und das alles auch noch in flotter Schreibe: Dem Autor würde man einen Verlag wünschen, der auch in der Lage ist, ein der Qualität des Textes entsprechendes Buch zu produzieren. Trotzdem kaufen! Ca. 20 Mark.

Toni Breuer, Spanien. Ein Band aus der Reihe 'Klett Länderprofile'. Die Bücher dieser Reihe sind zwar eher für Geographen als für Reisende geschrieben, also manchmal fast staubtrocken zu lesen. Trotzdem findet man in dem Spanien-Buch eine ausführliche Dokumentation (Stand 1982) spanischer Gegenwartsprobleme, alles aus geographischer Perspektive mit sehr viel empirischem Material belegt. 32 Mark

Hermann Lautensach: Die Iberische Halbinsel, Kaysersche Verlagsbuchhandlung München. Der Klassiker unter den geographisch orientierten Länderkunden. Herr Professor Lautensach war seit 1930 auf der iberischen Halbinsel unterwegs und hat mit der Akribie eines Ibero-Freaks das Land rauf und runter durchgeforscht. So entstand ein schier unglaublich faktenreicher 600 Seiten-Wälzer, der - obwohl 1964 erschienen - noch heute mit größtem Gewinn zu lesen ist. Auch mit Wehmut: Wie schön das Land noch vor 20 Jahren war, erfährt man immer dann, wenn Lautensachs Begeisterung wieder mal größer ist als die Pflicht zur wissenschaftlich distanzierten Beschreibung. Mit einem wahrlich gigantischen Literaturverzeichnis von exakt 1421 Quellen. Nur noch in Bibliotheken.

Wer sich für historische Reiseberichte interessiert:
M. Willkomm, Zwei Jahre in Spanien und Portugal, 3 Bände, Leipzig 1855/56 (nur in Bibliotheken).

Allemann, Goytisolo, Christopher: Spanien, Verlag C.J. Bucher, Luzern, Frankfurt 1978. Ein außergewöhnlich schön und gut gemachter Bildband. Wer sich nur für den Text interessiert, es gibt auch ein suhrkamp tb: **Goytisolo, Spanien und die Spanier.**

Salvador de Madariaga, Spanien: Spaniens Geschichte aus professoraler Kathedersicht. Als Heyne TB und in einer DVA-Leinenausgabe.

Über spanische Burgen gibts eine Sammlung fotografischer Meisterwerke von **Reinhart Wolf: 'Castillos'**, Schirmer und Mosel, München, 98 Mark - dennoch preiswert!

J.A. Michener, Iberia, Droemer Knaur 1969. Das Monumentalwerk ist zwar schon 20 Jahre alt und in epischer Breite, manchmal etwas zu sehr bildungsamerikanerhaft - aber oft auch mit Selbstironie und ausgezeichneten Detailbeschreibungen - lesenswert.

Beste Einstimmung auf Goya: **Lion Feuchtwanger, Goya oder Der arge Weg der Erkenntnis.**

Und dann natürlich noch:
Hans-Magnus Enzensberger: Der kurze Sommer der Anarchie.
Ernest Hemingway: Fiesta; Tod am Nachmittag; Wem die Stunde schlägt; Der Abend vor der Schlacht.
George Orwell: Mein Katalonien

Index

»… eine exotische Alternative zur industriellen Zivilisation existiert nicht mehr. Wir sind eingekreist und belagert von unseren Nachahmern … kein Tahiti ist mehr in Sicht, keine Sierra Maestra, keine Sioux und kein langer Marsch. Den rettenden Gedanken, falls es so etwas geben sollte, müssen wir selber fassen.«
Hans Magnus Enzensberger

Nichts gegen Reiseführer -
aber wir verstoßen gegen viele Regeln, die andere Reiseführerverlage befolgen.

Unsere Regeln heißen:

AKZENTE SETZEN

Unsere Autoren beschreiben die Gegenden, die ihnen gefallen, genau - ohne dabei Datengräber zu schaufeln. Dort, wo es ihnen weniger gefällt, fassen sie sich kurz - ohne die essentielle Lebenshilfe zu vergessen. Und wenn es ihnen gar nicht gefällt, nehmen sie kein Blatt vor den Mund. Objektive Ausgewogenheit überlassen sie den öffentlich-rechtlichen Langweilern.
Oase Reiseführer geben **Orientierungshilfen:** was man wann und wo am besten machen und sehen kann.
Oase Reiseführer geben **praktische Hilfen** zum Hin-, Rum-, Unter- und Weiterkommen - allerdings geben sie keine Tips zum billigen Rumhängen, denn zur Gastfreundschaft gehört auch der angemessene Dank.

ABSCHMINKEN & EINSTEIGEN

Oase Reiseführer räumen auf mit zählebigen Klischees von dem malerischen Fischerdörfchen, dem feurigen Spanier, dem grünen Irland...
Sie führen, ohne an der Hand zu nehmen und machen Lust auf eigene Entdeckungen.

AKTUELL SEIN

Das gelingt uns nicht nur, weil unsere Autoren jedes Jahr auf Recherche sind, sondern auch, weil unsere Leser immer unterwegs sind und uns mit neuen Tips und Ideen auf dem Laufenden halten.

Eine Hand wäscht die andere...
Zum Dank für die Lesermitarbeit beantworten wir jedem Oase Leser (natürlich auch künftigen) individuelle Reisefragen.
Schreiben Sie (Rückporto) oder rufen Sie an:
Tel: **07632 - 7460**